古典文明译丛

主编 郭小凌

副主编 晏绍祥 黄洋 张强 金寿福

古希腊的经济与经济学

〔美〕雨宫健 著　　王大庆 译

ECONOMY AND ECONOMICS OF ANCIENT GREECE

TAKESHI AMEMIYA

商务印书馆
The Commercial Press

2019年·北京

《古典文明译丛》总序

在学术界，对古希腊罗马文明形态有一个统称——"古典文明"（the classical civilization）。这是一个出自西学的、具有高度赞誉色彩的概念。

古典一词是对 classical 一词的中译，这个词与文艺复兴以来西方形成的一门新学科的名称 Classics（古典学）同出自拉丁文形容词 classicus。该词原义主要指罗马高级别公民如"头等公民的"之类，引申义则意味出类拔萃、完美无缺、权威和典型。而中文"典"字有标准、规则之义，与 classical 的意思大体相吻。有趣的是，classical 并没有"古"的时间指代，最初的中译者可能鉴于古希腊罗马早已变为古代事物，近现代西方人又把古希腊罗马时代看作是为自己确立基本价值标准的时代，因此在"典"字前加一"古"字，倒也比较贴切地传达了近现代西方对于古希腊罗马文明的基本认识。顺便说一句，对于近现代的一些文化事物，如 classical music 若译作"古典音乐"就与原义不符了。

古典文明有哪些深具影响的价值观呢？愚以为可大体列出一个清单，如：政治领域的民主与共和理念及其实践经验，包括法治、选举制、任期制、比例代表制、政教分离、民选公职人员控制军队、少数服从多数的集体领导制、多数暴政等；社会领域的数量与比值的平等、公民社会安排、好公民的规定等；文化领域的哲学、史学、政治学、戏剧、美术、医学、数学、物理学、逻辑学等学科的创立与评价标准的设定等。这些价值观对欧美社会率先进入现代社会提供了借鉴的蓝本和进一步发展的依据，因此对认识今天的西方文明具有极其重要的参考意义。

我国目前的主流思想出自西方文明的组成部分马克思主义，我国改革开放并追求中国梦的主要参考样本是率先完成现代化进程的西方列国。在这种情况下，正确认识西方世界并把西方的历史经验与中国的具体实践相结合，始终是自清末以来我国知识分子孜孜不倦的努力方向。马克思主义的奠基人之一恩格斯曾指出："没有希腊文化和罗马帝国所奠定的基础，也就没有现代的欧洲。"[1]他道出了古典文明与现代西方文明之间的源流关系。换句话说，如果仅限于表面认识现代西方，那可以不必了解古希腊与古罗马；但如果要深入认识现代西方，则必须认识古希腊与古罗马。这套《古典文明译丛》如果说对今天的读者具有阅读价值，其主要价值便在于此。

收入这套丛书中的著作都是现代古典学的名作。因翻译语言的局限，它们主要属于英语世界的名作。它们虽然是现代作品，却也可以用classical 来形容，因为这个词原本是指出众、典范的人和事。比如丛书中芬利的《古代经济》一书，颠覆了 19 世纪以来关于古希腊罗马是商品经济、海洋文明的成说，还原了农本社会的属性，体现了 20 世纪中叶西方古典学的一种认识突破。再如，罗纳德·塞姆的《罗马革命》则是共和制向帝制过渡那段波澜壮阔、跌宕起伏的历史的最出色分析与描述，后人在此方面虽也着力甚多，但迄今尚无出其右者。可以说，这些书是已被时间检验过的西方学界对自身历史认识的上乘之作，均被列入了各个高校相关专业本科生、研究生的参考书目。

需指出，翻译这套外国著作的基本目的虽是为读者提供一些拓展视域、深入认识西方文明的读本，但细究起来也还有着另外一层认识意

---

① 《马克思恩格斯选集》第 3 卷，人民出版社 1972 年版，第 220 页。

义，这就是有益于我们的反躬自省。柏拉图曾以其老师苏格拉底之口撰写了众多对话篇，其中多篇谈及"认识你自己"（ γνῶθι σεαυτόν ）的命题。这原是镌刻在中希腊德尔斐的阿波罗神前殿殿墙上的箴言之一，第欧根尼认为最早提出这一命题的可能是哲学之父泰勒斯。不管怎样，希腊最聪明的人都把认识自己看作是极其重要的人生目标。古希腊人能把这个命题刻写在神庙内，当作至理名言，显然认为神也认同这个命题，或者说这是神灵对人的指示。这个指示显然不是适用于一时的，因为人的自我认识是永无止境的任务，每代人都在不断认识外部世界的同时不断认识自身世界，所以认识从来不会一次完成。本丛书中的每一本都是西方人认识自己的阶段性成果，也是我们正确认识自身过去和现在的镜子。

诚恳希望读者对本丛书的选编与译文提出改进意见。

郭小凌

2014 年 5 月 18 日于京师园

中文版序言

　　我非常感谢王大庆教授把我的著作《古希腊的经济与经济学》翻译成中文。我是在 2011 年 10 月见到王教授的，当时他热情地邀请我到中国人民大学讲学。后来，王教授提出他想翻译我的书，对此我真心地表示支持。那时，他送给我他自己的一本关于古代希腊和中国经济思想的著作。有像王教授这样一位有造诣的学者来翻译我的书，我感到非常幸运。我热切地期望，这本译著将会进一步提升中国人对古希腊文化的兴趣。

雨宫健

2015 年 11 月 29 日

目　录

第一部分　历史、社会和文化

第二部分　经济

第三部分　经济学

图表目录

前　言

　　这本书一开始将会简要地介绍一下从迈锡尼时代到公元前 4 世纪的 希腊文明史，接着对公元前 5 世纪和公元前 4 世纪的雅典经济进行一番详细地描述，最后以色诺芬、柏拉图和亚里士多德的经济思想作为结束。

　　对雅典经济的研究不仅本身十分有趣，而且对解决"原始派－现代派（primitivist-modernist）"之争和"形式派－实质派（formalist-subtantivist）"之争会提供帮助。尽管概念不同，但这两对相反的看法之间的关系却十分密切。"形式派"相信雅典的经济可以通过现代经济学的基本行为假说——效用最大化（utility maximization）和利润最大化（profit maximization）——进行分析，而"实质派"则认为必须用另一套不同类型的行为假说，诸如地位最大化（status maximization），取而代之。一个"形式派"很可能更接近一个"现代派"，一个"实质派"则很可能成为一个"原始派"，尽管并不一定如此。例如，一个相信即使现代的美国经济也不能使用效用最大化和利润最大化来加以解释的人，从现代美国经济的角度来看，既是一个"现代派"，也是一个"实质派"。因此，对这些问题的思考不仅与雅典的经济相关，而且也与现代的经济相关，它将迫使我们对普通的经济学理论的作用进行更为深入的思考。

　　继韦伯（Weber）和波兰尼（Polanyi）之后，芬利（Finley）提出，在古代希腊没有"独立的"经济；它被"嵌入"（embedded）在社会之

1

中。他把这种看法称为"实质主义"（substantivism），因而把争论的重点从"原始派－现代派"转移到"实质派－形式派"上面。为了理解雅典的经济，我们需要研究其社会不同的侧面，诸如它的宗教、法律、制度和政治组织。这对于理解不论是现代的还是古代的任何社会的经济都是十分重要的，对于古代社会的经济更为重要，因为在这些社会中，经济"嵌入"的程度更深。

对雅典的经济和社会的研究将会为我们理解柏拉图和亚里士多德的经济思想提供一个背景。不论是柏拉图还是亚里士多德，都对小规模的自给自足的经济赞美有加，同时，针对公元前 4 世纪出现在雅典的正在迅速成长中的市场经济，他们都对贪婪地攫取利润的行为持反对意见。他们更为关注的是公正，而不是市场的均衡。他们都从"善"本身，而非那些可以带来快乐的东西中发现了价值。对柏拉图和亚里士多德的经济思想的研究——他们的经济思想正是其伦理理论的一个组成部分——可以帮助我们对我们习以为常的那些价值观进行重新思考。尤其是，它将有助于澄清那些赞成还是反对功利主义的有关争论，而功利主义正是现代经济理论的伦理学基础。

本书的章节要点如下：

第 1 章　历史

这一章讲述的是从公元前 1600 年印欧人入侵到公元前 322 年雅典民主制度结束的希腊文明史，其中包括对重大事件和人物的讨论。尽管本书主要考察古典时代，但在结尾的部分还是提供了一个希腊化时代的简要年表。

第 2 章　社会和文化

这一部分通过一些具有原创性的作家，如荷马、希罗多德、修昔底德、色诺芬、吕西阿斯、德摩斯梯尼以及悲剧和喜剧诗人，同时还包括一些评论者，如芬利、伊斯特林（Easterling）、缪尔（Muir）和多福尔（Dover），从探讨希腊的社会和文化特征开始，然后扩展到对宗教、文学和大众道德的讨论。

第 3 章　雅典的民主制度
第 4 章　雅典的民主制度成功吗？

这两章描述了雅典民主制度是如何产生的，这个国家又是如何经受了伯罗奔尼撒战争以及马其顿的战争，直到公元前 322 年终结的。这种制度如何运作，有哪些特点？成功和失败的事例有哪些？同时还讨论了精英和大众之间的权力平衡问题。

第 5 章　"现代派 – 原始派"和"形式派 – 实质派"之争
第 6 章　公元前 5 世纪和公元前 4 世纪的雅典经济

根据文献和铭文材料，我们发现，公元前 5 世纪和公元前 4 世纪的雅典拥有一个很大的货币和市场体系。手工业也得到了很好的发展。第 6 章分别讨论了市场、农业、商业、公共财政、货币和银行。这些讨论结合在一起，组成了一个综合的整体，那就是这个部分所提出的公元前 4 世纪雅典经济的一个模式。这个模式开始于对阿提卡的人口和谷物产量的估算。从中推导出对谷物的进口量，以及雅典为了支付进口粮食的费用必须出口的货物量的一个估算。尽管对谷物产量的估算多种多样，但学者们还是一致认为，雅典必须依靠很大的一部分进口粮食来满足需要。不过，对于雅典是如何支付粮食进口费用的问题，并没有达成一致的看法。芬利认为，这笔费用大多是用白银支付的。然而，最近的共识是，手工业品的出口占据了中心的部分。这后一种看法将在我提出的关于雅典经济的模式中得到佐证。

xii

这个模式的基本构成材料就是作为雅典经济的五个组成部分——贫穷的农场主、富有的农场主、手工业和服务业、政府、对外贸易——

的总收入和总支出。雅典经济的各个方面——农业、商业、公共财政等——都有很多专门的研究，但是，呈现出一个整体画面的综合研究却很少，这就是我在这本书中所要尝试的事情。学者们都害怕做出这样的尝试，因为他们不能够提出一种用来解释雅典经济的恰当的行为模式。我在本书中将要阐明的是，只要使用一系列简单的会计学等式，以及最低限度的行为和制度假说，就可以极大地推进我们对雅典经济整体画面的理解。

第7章　色诺芬的经济学

色诺芬的《经济论》包括两个部分：一是苏格拉底和克里托布罗斯（Critobulos）之间的对话，二是苏格拉底和伊斯霍马库斯（Ischomachos）之间的对话。第一部分包含着一个非常具有原创性的价格理论。例如，一只长笛对于那些不会演奏的人来说不具有使用价值，但它却具有市场价值；不过，如果把卖掉长笛得到的钱不道德地花掉了，那么它的市场价值也就失去了。第二个部分包括了一篇关于如何训练一个年轻的妻子掌握家庭管理的技艺和一篇关于农学的论文。色诺芬还有另外一篇名为《雅典的收入》的作品，对于如何重建公元前4世纪中叶的雅典经济提出了很多的建议。其中包括通过给予外国定居者和商人以好处来发展比雷埃夫斯港的计划。另外一个建议就是增加对劳里昂银矿的投资。很显然，色诺芬非常清楚地认识到了减少产量的原则和供给随利润发生变化的原则。

第8章　柏拉图的伦理学

柏拉图的伦理学的基本特点是：1. 它是以人为中心而不是以行为为中心的；2."善"和"快乐"是不同的。这两个方面都与功利主义存在着重大的不同。第一个特点意味着柏拉图相信，善的品质一旦通过教育形成，自然就会有善的行为。第二个命题出现在很多作品中，但最有力的说明是在《高尔吉亚篇》中。柏拉图的伦理理论的另外一个重要的特征,就是它是建立在其诸相理论的形而上学的坚实基础上。

第9章　亚里士多德的伦理学

亚里士多德的伦理理论与柏拉图的伦理学基本相同,即使有人认为他更看重快乐。在他的《尼各马科伦理学》中提出关于"幸福"(*eudaimonia*)的理论不应该被错误地看作是功利主义的,因为希腊文中"幸福"一词与"善"而不是与"快乐"更为接近。亚里士多德相信,每种事物都有其恰当的功用,这种功用被充分发挥出来的状态被称为"阿瑞特"(*aretē*)。例如,一只眼睛的"阿瑞特"就是能够很好地看见东西,一匹马的"阿瑞特"就是跑得很快。但是,十分有趣的是,一个人的"阿瑞特"并不只是完全像一个人,而是要努力超越人本身。因而,亚里士多德相信,"幸福"的最高目标就是"像一个神"(*theōria*)。

第10章　柏拉图的经济学

在《理想国》的第二卷,柏拉图解释了人类社会是如何发展起劳动分工的。他的劳动分工论与亚当·斯密的分工论既有相似性,又有区别。他们都一致认为,劳动分工可以提高生产的效率;不同之处则在于,柏拉图说劳动分工是理性决策的结果,而斯密说它是出于人类的本能。

在《法律篇》中,柏拉图用了很长的篇幅强调贪图钱财的害处。他还为他的理想国家制定了很多规则用以控制经济行为,比如个人财产的最高和最低限度,物价法规,禁止收取利息和赊卖,等等。

第11章　亚里士多德的经济学

亚里士多德在《尼各马科伦理学》的第五卷中,提出了他的富有争议的价格决定理论,被赋予了诸如功利主义理论、劳动理论以及其他理论等不同的解释。在这里,他似乎对公正价格的观念而不是对由非个人的市场决定的价格更感兴趣。毕竟第五卷的主要论题就是公正。

亚里士多德对贪图钱财的责难与柏拉图一样强烈。在《政治学》的第一卷，亚里士多德探讨了"家庭管理"（*oikonomikē*）的技艺，声称其目的就是努力获取家庭生活的必需品，他强烈地告诫人们，不要试图获取超出需要的物品，他把后者称为"零售术"（*kapēlikē*）。亚里士多德憎恶零售术的获取财富的无限度，而家庭管理的技艺则被需求限制在一个自然的限度内。对于亚里士多德来说，零售术中最坏的一种形式就是有息借贷。众所周知，这种观念贯穿了整个中世纪。

第 12 章　功利主义

正如边沁（Bentham）最早提出这个概念时所说的，功利主义是这样一种伦理理论，它认为一个行动的价值完全依据它所产生的效用、幸福和快乐（包括精神上的快乐）这些后果来衡量。边沁的目标就是使个体效用的社会总量得以最大化。在这个意义上，它不应该等同于自私。事实上，很多学者，比如罗尔斯（Rawls），都对这种理论提出了批评，因为它为了社会的福利而牺牲了太多的个人的幸福。就像前面所讲，它与柏拉图和亚里士多德的伦理学存在着根本的区别，因为它仅仅考虑到一个行动的后果，而对做出这一行动的人的动机或其他的思想状态全然不顾，没有认识到效用伴随的价值观。

xiv　　功利主义是现代经济学的基石。个人被认为按照效用最大化的原则去行动。然而，在现实中，我们并不清楚他们是否真的这样去做了，更不用说他们是否应该这样去做。有一些经济学家，最明显的是阿玛蒂亚·森（Amartya Sen），就曾经批评这一理论，他说在某些情况下，人们行动的基础与其说是效用的最大化，不如说是出于信仰或义务。

这本书主要的目的是为大学本科生提供一个介绍性质的课本，也可以用作研究生的参考书。它的基础是在过去的五年中我为在斯坦福大学开设的"古希腊的经济与经济学"课程所撰写的讲义。我还没有见到过其他类似的书。过去有过一些仅仅论述古代经济的书，例如，芬利的《古代经济》（*Ancient Economy*）第二版（加利福尼亚大学出版社，1985 年）；奥斯汀（Austin）和维达尔－纳奎特（Vidal-Naquet）的《古希腊经济和社会史》（*Economic & Social History of Ancient Greece*）（加利福尼大学出版社，1977 年）；卡特利奇（Cartledge）、科恩（Cohen）和福克斯霍尔（Foxhall）编辑的《货币、劳动力和土地》（*Money, Labour and Land*）（劳特利奇出版社，2002 年）。前面两本基于"原始派"看法的著作有些过时了，第三本是论文集，其中的很多篇文章反映了最近的学术进展。还有很多就古代经济的某个领域的专门研究，其中比较重要的有：安德里阿德斯（Andreades）的《希腊公共财政史》（*History of Greek Public Finance*）（哈佛大学出版社，1933 年）；布坎南（Buchanan）的《戏剧基金》（*Theorika*）（J.J. 奥古斯丁出版社，1962 年）；科恩的《雅典的经济和社会：一项金融学的考察》（*Athenian Economy and Society: A Banking Perspective*）（普林斯顿大学出版社，1992 年）；戴维斯（Davies）的《古典时代雅典的财富和财富的权力》（*Wealth and the Power of Wealth in Classical Athens*）（阿尔诺出版社，1981 年）；加布里尔森（Gabrielsen）的《雅典海军的资金筹集》（*Financing the Athenian Fleet*）（约翰·霍普金斯大学出版社，1994 年）；伽兰（Garlan）的《古代希腊的奴隶制》（*Slavery in Ancient Greece*）（康奈尔大学出版社，1988 年）；伽恩西（Garnsey）的《古典古代的城市、农民和食物》（*Cities, Peasants and Food in Classical Antiquity*）（剑桥大学出版社，1998 年）；伊萨格尔（Isager）和汉森（Hansen）的《公元前 4 世纪的雅典社会面面观》（*Aspects of Athenian Society in the Fourth Century B.C.*）（奥登塞大学出版社，1975 年）。此外，还有很多杂志上的文章和文集中的章节。这些著述的成果被汇集在一起，就成为了本书对雅典经济的一幅全景的描绘。

关于希腊的经济学，有两本由郎霍尔姆（Langholm）撰写的精彩的专著：《亚里士多德传统中的价格和价值》（*Price and Value in the Aristotelian Tradition*）（大学出版社［Universitetsforlaget］，1979 年）和《经济思想中的经院哲学遗产》（*The Legacy of Scholasticism in Economic Thought*）（剑桥，1998 年）。不过，它们只是论及了亚里士多德经济学的经院式的解释及其对经院学者的影响。劳瑞（Lowry）的《经济观念的考古学》（*The Archaeology of Economic Ideas*）（杜克大学出版社，1987 年）从功利主义的立场出发，对柏拉图和亚里士多德的伦理理论做出了一种完全不同于本书的解释。当然，还有很多关于柏拉图和亚里士多德的伦理学的精辟著述和文章，使我受益匪浅。尤其要提到茱莉亚·安娜斯（Julia Annas）的著作，在本书中引用颇多。

这篇前言之后附有希腊和阿提卡的地图、年表和希腊的度量衡单位。正文之后附有人名和术语表及参考书目。

致　谢

在本书写作的过程中，朱利乌斯·莫拉维斯克（Julius Moravcsik）、 xv
迈克尔·詹姆森（Michael Jameson）、伊安·莫里斯（Ian Morris）、伊
藤贞夫（Sadao Ito）和樱井真理子（Mariko Sakurai）给了我很多的鼓
励和有益的建议，对此我深表谢意。我还想感谢川岛重成（Shigenari
Kawashima），在我参加了他的很多次希腊旅行之后，是他激发了我对古
代希腊的兴趣。我还要感谢阿纳塔西奥斯·卡拉亚尼斯（Annatassios
Karayiannis），他阅读了整部原稿，还有茱莉亚·安娜斯，她阅读了其中
的一部分。他们两个人都给予了我有价值的评论。然而，我担心，由于
我的能力所限，我没有能够对这些人的建议全部采纳。我的女儿雨宫直
子（Naoko Amemiya）阅读了整部原稿，使我的英文表达更加地道了。

古希腊地图

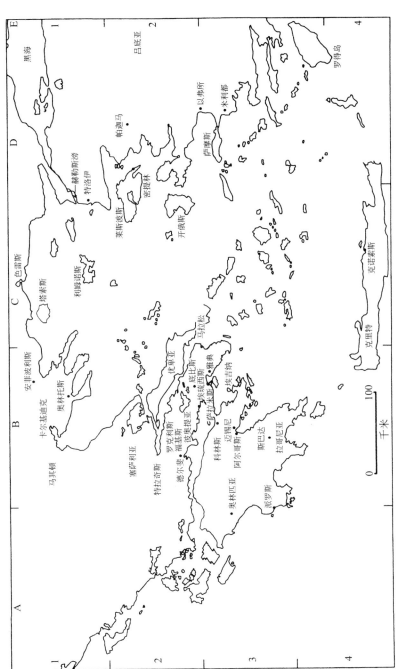

黑海

马其顿

卡尔基迪克
安菲波利斯
奥林托斯

塞萨利亚

特拉奇斯
德尔斐
罗克利斯
福基斯
彼奥提亚
底比斯
埃莱西斯
奥林匹亚
阿尔哥斯
科林斯
迈锡尼
萨拉米斯
埃吉纳
雅典
斯巴达
拉哥尼亚
派罗斯

塔索斯
色雷斯

利姆诺斯

赫勒斯滂
特洛伊

莱斯波斯
密提林

开俄斯

优卑亚
马拉松

以弗所
萨摩斯

帕迪马

吕底亚

米利都

罗得岛

克里特
克诺索斯

0   100

千米

阿提卡地图

底比斯

奥伊诺伊
埃琉泰莱

菲莱

戴凯莱亚

马拉松

阿卡奈

埃琉西斯

麦加拉

萨拉米斯

雅典

萨拉米斯
比雷埃夫斯
法莱隆

埃吉纳

劳里昂

| 0 | 2 | 4 | 6 | 8 | 10 | 英里 |
| 0 | | 4 | 8 | 12 | 16 | 千米 |

迄至公元前 600 年的年表

	美索不达米亚	埃及	希腊
3300	苏美尔人的书写		
3200			
3100		象形文字的书写	
3000		古王国	早期青铜时代开始
2950			
2900			
2850			
2800	阿卡德人的征服		
2750			
2700			
2650			
2600			
2550			
2500			
2450			
2400			
2350	萨尔贡一世		
2300			
2250	萨尔贡王朝的衰落		
2200			
2150			
2100		中王国	中期青铜时代开始
2050			
2000			克诺索斯的古王宫
1950			
1900			
1850			
1800			

1750	巴比伦的汉谟拉比		
1700			克诺索斯的新王宫
1650		喜克索斯人的统治	1630 泰拉的地震
1600	汉谟拉比王朝的衰落		晚期青铜时代开始
1550		新王国	
1500			
1450			克里特的征服
1400	加喜特人在巴比伦的统治		迈锡尼统治下的希腊
1350			克诺索斯王宫的被毁
1300			
1250		拉美西斯二世	1220 特洛伊被毁
		（1279—1212）	
1200	赫梯王国的衰亡		
1150		拉美西斯三世	多利亚人入侵
1100		（1186—1155）	
1050			
1000			爱奥尼亚人移民小亚
950			950 铁器时代开始
900			
850			800 殖民开始
800			776 第一届奥林匹亚运动会
750	亚述帝国		750 荷马
700			700 赫西俄德
650			
600			620 德拉古立法

公元前6—前5世纪雅典年表

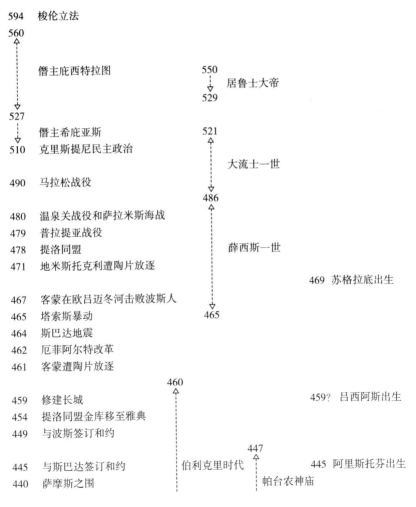

594	梭伦立法	
560		
	僭主庇西特拉图	550 居鲁士大帝
		529
527		
	僭主希庇亚斯	521
510	克里斯提尼民主政治	大流士一世
490	马拉松战役	486
480	温泉关战役和萨拉米斯海战	
479	普拉提亚战役	薛西斯一世
478	提洛同盟	
471	地米斯托克利遭陶片放逐	
		469 苏格拉底出生
467	客蒙在欧吕迈冬河击败波斯人	
465	塔索斯暴动	465
464	斯巴达地震	
462	厄菲阿尔特改革	
461	客蒙遭陶片放逐	
	460	
459	修建长城	459? 吕西阿斯出生
454	提洛同盟金库移至雅典	
449	与波斯签订和约	447
445	与斯巴达签订和约	伯利克里时代 445 阿里斯托芬出生
440	萨摩斯之围	帕台农神庙

15

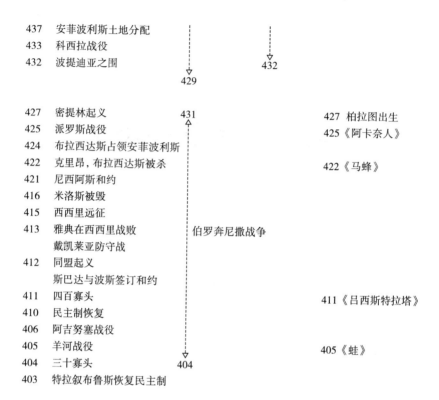

437　安菲波利斯土地分配
433　科西拉战役
432　波提迪亚之围　　　　　　　　　432

427　密提林起义　　　　431　　　　　427　柏拉图出生
425　派罗斯战役　　　　　　　　　　425《阿卡奈人》
424　布拉西达斯占领安菲波利斯
422　克里昂，布拉西达斯被杀　　　　422《马蜂》
421　尼西阿斯和约
416　米洛斯被毁
415　西西里远征
413　雅典在西西里战败　　　伯罗奔尼撒战争
　　　戴凯莱亚防守战
412　同盟起义
　　　斯巴达与波斯签订和约
411　四百寡头　　　　　　　　　　　411《吕西斯特拉塔》
410　民主制恢复
406　阿吉努塞战役
405　羊河战役　　　　　　　　　　　405《蛙》
404　三十寡头　　　　　404
403　特拉叙布鲁斯恢复民主制

公元前 4 世纪雅典年表

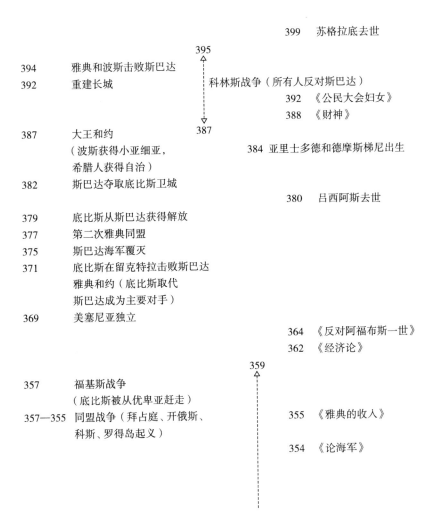

	399	苏格拉底去世
395		
394 雅典和波斯击败斯巴达		
392 重建长城	科林斯战争（所有人反对斯巴达）	
	392	《公民大会妇女》
	388	《财神》
387		
387 大王和约		
（波斯获得小亚细亚，	384 亚里士多德和德摩斯梯尼出生	
希腊人获得自治）		
382 斯巴达夺取底比斯卫城		
	380	吕西阿斯去世
379 底比斯从斯巴达获得解放		
377 第二次雅典同盟		
375 斯巴达海军覆灭		
371 底比斯在留克特拉击败斯巴达		
雅典和约（底比斯取代		
斯巴达成为主要对手）		
369 美塞尼亚独立		
	364	《反对阿福布斯一世》
	362	《经济论》
359		
357 福基斯战争		
（底比斯被从优卑亚赶走）		
357—355 同盟战争（拜占庭、开俄斯、	355	《雅典的收入》
科斯、罗得岛起义）		
	354	《论海军》

17

349—348	德摩斯梯尼《奥林托斯演说辞》		
348	腓力征服奥林托斯	腓力 348	柏拉图去世
347	腓力在德尔斐近邻同盟		
	中取代了福基斯人		
346	《菲罗克拉特斯和约》		
340	腓力进攻培林托斯；和约废除		
338	喀罗尼亚战役	336	
333	亚历山大击败波斯		
		325？	《雅典政制》
323	亚历山大去世	323？	《反对狄奥尼索多洛斯》
323—322	拉米亚战争		
322	安提帕特征服雅典	亚里士多德和德摩斯梯尼去世	

度量衡和货币单位

长度：1 stadion（希腊里，又译斯塔特）＝ 203 码
    1 plethron（希腊尺）＝ 100 英尺
面积：1 plethron（希腊平方尺）＝ 0.235 英亩
    1 公顷＝ 10000 平方米＝ 2.471 英亩
体积：1 *medimnos*（麦斗）＝ 48 *choinixes*（希腊升）＝ 51.8 公升＝ 1.47 蒲式耳
    1 *metretes*（希腊桶）＝ 10 加仑（液体）＝ 12 *choes*（希腊壶）
    1 *chous*（希腊壶）＝ 12 *kotylai*（希腊杯）
    1 kotyle（希腊杯）＝ 8.79 盎司
货币：1 talent（塔兰特）＝ 60 minas（明那）
    1 mina（明那）＝ 100 drachmas（德拉克马）
    1 drachma（德拉克马）＝ 6 obols（奥波尔）
    1 obol（奥波尔）＝ 3 铜币
    1 波斯金币＝ 20 德拉克马
    1 Cyzicos gold coin（库吉科斯金币）＝ 28 德拉克马

第一部分
历史、社会和文化

第 1 章 历史

我将对古希腊的历史做出一个简单的勾勒，时间范围大致从公元 前 1600 年（最早的一批印欧人入侵希腊的时间）到公元前 322 年，在这一年，雅典被马其顿征服。这个时段又可以被进一步地划分为以下四个时期：公元前 1600—前 1200 年的迈锡尼时代，公元前 1200—前 800 年的黑暗时代，公元前 800—前 510 年的古风时代和公元前 510—前 322 年的古典时代。在本书中，我将主要关注于古典时代和雅典的历史，因为在这个时间和空间中，我们可以得到最大数量的历史资料。读者可以查阅在本书的开头部分提供的年表。涵盖这一整个时期的一些参考书有格林（Green）（1973 年）、法恩（Fine）（1983 年）、斯塔尔（Starr）（1991 年）和波默罗伊（Pomeroy）（2004 年）等人的著作。

1. 迈锡尼时代，公元前 1600—前 1200 年

可以说，希腊的历史开始于公元前 1600 年左右，在这一时期，印欧人侵入到希腊大陆。所谓的印欧人是指一个拥有着共同的语言但并不一定属于同一种族的人群，他们生活在黑海和里海之间的某个地区。大约从公元前 4000 年，他们开始了移民。一些人迁移到欧洲，一些人则进入到伊朗和印度。这些移民的一支大约在公元前 1600 年前后进

入到希腊。在他们到来之前很久，希腊就已经有人居住了，一种先进的米诺斯文化曾经在爱琴海诸岛上盛极一时，其中心在克里特岛。这些土著居民被认为在种族上不同于印欧人，不论是在文化上还是在语言上。克里特岛北部的克诺索斯王宫，在 1899 年被亚瑟·伊文斯（Arthur Evans）发掘出来，是米诺斯文明的中心。在那里发现了一种写在泥板上的线形文字，被称为线形文字 A。至今它还没有被释读，不过，它被认为是一种非印欧语。与罗马字母不同，线形文字 A 的每个符号或者代表了一个元音，或者代表了一个辅音和元音的组合。在这个意义上，它很像日语的平假名。

4　　入侵希腊的印欧人在很多地方建立起城镇，比如迈锡尼、梯林斯、派罗斯、底比斯和雅典，每个城镇都有一位国王统治，住在一个有着良好的防御设施的宫殿里，统治着一个等级制的官僚机构。从迈锡尼的带有围墙的宫殿和 1874 年被海因里希·施里曼（Heinrich Schliemann）在那里发掘出的财宝中，我们可以看出这些国王所享有的权力和财富的程度。因为在这些王国中迈锡尼是最强大的，所以，我们把这些印欧人创建的文明称为"迈锡尼文明"。在入侵希腊大陆之后的 150 年里，迈锡尼人入侵了克里特，毁灭了克诺索斯王宫，从而终结了米诺斯文明。这个时代的特点是青铜制品的广泛使用。关于迈锡尼文明的更为详尽的研究，读者可以参阅德鲁斯（Drews）（1988 年）、柴德威克（Chadwick）（1976 年）和狄金森（Dickinson）（1994 年）的著作。最后一部著作还涵盖了米诺斯文明。

带有迈锡尼文字的泥板在上面提到的这些城市的遗址中被发掘出来，尤其值得注意的是派罗斯和克诺索斯。它被称为线形文字 B，它使用的基本上是与线形文字 A 一样的刻符，但它所呈现出的语言却不同于线形文字 A，它在 1952 年被迈克尔·文特里斯（Michael Ventris）所释读，发现它含有希腊语的特点。到目前为止出土的大部分泥板上的文字，描述了很多不同种类的人员和工人，以及由中央管理机构收集和分配的产品和货物的很多清单。除了一些男神和女神的名字之外，从这些文字中就得不到更多的文化和社会信息了。关于线形文字 B 的性质和我们能够从中了解到迈锡尼社会的那些情况，可以参阅前文提到的柴德威克（1976 年）的著作。

除了语言上的不同之外，米诺斯文明和迈锡尼文明最主要的不同表现在以下几个方面：（1）迈锡尼城市的宫殿都有着坚固的防御设施，而克诺索斯王宫则没有。很多武器从迈锡尼城市的遗址中被发掘出来，而从米诺斯城市中则很少发现。从中我们可以推测，米诺斯的世界更为和平。（2）在米诺斯社会中，妇女的地位似乎要高于迈锡尼社会。一些人认为，米诺斯社会是母权制的，但却没有有力的证据。另一方面，迈锡尼社会是父权制的社会。（3）迈锡尼人最强大的神灵是男神宙斯，而女神似乎在米诺斯文明中扮演着一种更加重要的角色，这一点可以从米诺斯城市中出土的大量女性小雕像中看出。迈锡尼人对米诺斯人的征服在神话性的史诗中被展现了出来，比如宙斯和赫拉的婚姻，阿喀琉斯打败阿玛宗人，以及珀耳修斯杀死蛇发女妖美杜莎。（4）米诺斯人比迈锡尼人更富有艺术才能。我们可以看到从克诺索斯王宫中发掘出来的壁画，现在陈列在伊拉克利翁博物馆里。迈锡尼的绘画则要差一些。

大约在两千年前发生在日本的弥生（*Yayoi*）部落对绳纹（*Jōmon*）部落的征服，与迈锡尼人对米诺斯人的征服处在同一时期。例如，绳纹部落是一个母权制社会，而弥生部落则是一个父权制社会，绳纹部落比弥生部落更加热爱和平。

迈锡尼文明在大约公元前 1200 年突然衰亡了。人们推测可能有几种原因，比如自然灾害、饥荒和外族入侵。但是，我们不知道是其中的一个还是它们的共同作用才是真正的原因所在。不论是什么原因，迈锡尼时代所有的主要城市都遭受到了巨大的物质上的破坏，在这一时期，其人口也急剧下降。这场灾难并不局限于希腊大陆，还延伸到了安纳托利亚和埃及。学者们通常认为这是由于多利亚人的入侵所致，这支希腊

5

人来自于希腊北部，他们不同于那些维持迈锡尼文明的希腊人。他们说一种多利亚方言。在公元前 1200 年和公元前 900 年之间的某个时期，确实出现了一场多利亚人的南下运动，但它的发生是否伴随着在如此短的时间里造成了整个希腊的破坏的武力征服是令人怀疑的。多利亚人最终把斯巴达作为他们的堡垒，但是考古资料却证明，斯巴达的建立不会在公元前 900 年之前很久。参看德鲁斯（1993 年）对这场灾难发生原因的精彩讨论。

遭到破坏的迈锡尼城市的很多居民迁移到了其他地区，比如阿凯亚、阿卡狄亚和被称为小亚细亚的安纳托利亚的西岸。他们中的大多数人迁移到小亚细亚西岸的中部地区，被称为"爱奥尼亚人"，这个地区的方言也被称为"爱奥尼亚方言"。这次移民得到了以下事实的证明，即爱奥尼亚方言与阿提卡方言十分接近。

2. 黑暗时代，公元前 1200—前 800 年

迈锡尼文明衰亡之后的四百年被称为"黑暗时代"，因为这个时代的考古发现与前面的时代相比十分稀少。房子小多了，陶器的质量下降了，坟墓不仅较小，而且随葬的财宝也很少。线形文字 B 似乎消失了，没有留下任何书面语言的痕迹。然而，如果由此得出这个时代没有发生任何事情，那就大错特错了。在这四百年当中，经济从最初的破坏中得到了逐渐恢复，种种发展的迹象在后来的希腊文明的兴盛中达到了高潮。这一时期的发展体现在以下的事件中：（1）城邦（polis）的出现。与迈锡尼时代的以王宫为中心的王国相比，城邦的特点是在共同的法律和共同的宗教统治下的公民权和公民社会。（2）与上述特点紧密相关的是，出现了一次从君主制到贵族制的转变。（3）从黑暗时代的晚期一直延续到下一个时期，东方国家对希腊文化的影响开始显现出来。（4）出现了一种几何风格的新型陶器。

3．古风时代，公元前 800—前 510 年

上节提到的种种趋向在这个时代仍然在继续，并且还产生了结果。在前一个时代开始出现的城邦中，雅典发展成为人口最多的和最为繁荣的一个城邦。它是在黑暗时代的破坏中幸存下来的唯一的一个。因此，雅典人骄傲地称他们自己为"土生的"（*autochthonos*），意思是他们一直生活在那里。根据雅典的传统记载，德拉古在公元前 620 年制定了关于惩治杀人和其他罪行的法律。然而，对德拉古其人，我们所知甚少。在公元前 6 世纪初，梭伦对雅典城邦的发展做出了很大的贡献。他编制了一部新的法典，取代了大部分更加严厉的德拉古的立法，建立起雅典政治制度的基础（在第 3 章"雅典的民主制度"中将详细讨论），免除了雇工阶级（*thētes*）（收入最低的阶级）的债务，使公民的被奴役成为非法的，并通过把定居的外邦人（*metics*）引进到雅典，让他们从事手工业和商业活动来刺激经济和贸易的发展。这种由外邦人和奴隶主要从事手工业和商业活动的传统被保留下来，贯穿了整个古典时代。梭伦的政治制度带有更多的贵族制而不是民主制的特点。不过，下述说法似乎也是对的，即他播下了民主制度的种子，这些种子在经历了五十年的庇西特拉图和希庇亚斯的僭主统治之后，在公元前 510 年克里斯提尼建立起民主制度的时候开花结果了。

6

在这个时期，在所有的希腊城邦中都出现了人口的增长和对外贸易的扩展。作为人口过剩的结果，希腊的城邦在诸如西西里和黑海这样的地区建立起很多的殖民地。

来自于黎凡特和美索不达米亚的文化上的影响仍然在继续（参看伯克特［Burkert，1992 年］关于这种东方影响的范围的讨论）。这个时代最重大的事件之一就是公元前 9 世纪腓尼基字母被引入希腊。在线形文字 B 消失之后，没有任何文字的材料。荷马的诗歌是最早用希腊字母写

下来的书面材料，而希腊字母则是通过改造腓尼基字母而创造出来的。（不过，人们相信，荷马自己并没有把这些诗句写下来。）这些字母证明比诸如线形文字 A 和线形文字 B 这样的文字更适合于表达希腊的语言。

人们相信，荷马在公元前 8 世纪中期的小亚细亚十分活跃。他的《伊利亚特》描绘了来自于很多不同的希腊王国的武士们在攻打特洛伊的战争中的英雄行为。这种口头传说中讲到的特洛伊战争，被认为就发生在迈锡尼文明于公元前 1200 年的崩溃之前不久。这场战争是否真的发生过仍然不能够确定。施里曼认为它确实发生过，并在 19 世纪 70 年代对特洛伊进行过几次发掘。他认为他找到了被希腊人劫掠过的特洛伊古城的遗址。不幸的是，他挖掘得太深了，以至于达到了这座城市的前后相继的遗存的更早的地层，错误地把存在于公元前 2200 年的古代城市当作了荷马史诗中所描写的特洛伊。（关于特洛伊战争以及对特洛伊的考察的进一步的讨论，参看伍德的著作 [Wood, 1985 年]。）荷马对《伊利亚特》的传诵对于生活在爱奥尼亚的希腊人应该极为熟悉，因为它使他们回想起了爱奥尼亚人生活在希腊大陆的时候的光辉岁月。因为荷马的诗歌是建立在口头传说的基础上，所以它们所描绘的世界一定在某种程度上反映了迈锡尼时代的现实生活，但是却没有办法知道其确切的情况。毫无疑问的是，史诗的某些内容必定与荷马本人生活的时代更为接近。比如，《奥德赛》中的故事就可能表现了希腊的殖民活动和公元前 8 世纪对外贸易的扩展。

7　　　同样在这个时期，阿提卡的黑绘陶瓶在公元前 600 年前后也取代了几何风格的陶器。

4. 古典时代，公元前 510—前 322 年

我把古典时代的开始定位在公元前 510 年，在这一年，克里斯提尼在雅典结束了希庇亚斯的僭主政治，建立起民主政治；把这个时代的下

限定位在公元前 322 年，在这一年，作为向马其顿投降的一个结果，雅典的民主制度也宣告终结。按照年代顺序，我在下面列出了古典时代的大事，并做了一些简要的评论：

公元前 510 年　克里斯提尼的立法。我将在第 3 章"雅典的民主制度"中详细地讨论这个问题。

公元前 494 年　米利都被波斯征服。

公元前 490 年　马拉松战役。雅典的重装步兵在雅典将军米泰雅德的指挥下打败了波斯军队。根据希罗多德的说法，在这场战役中，有 6 400 个波斯人和 192 个雅典士兵被杀死。

公元前 483 年　蕴藏量很大的银矿在劳里昂被发现。在地米斯托克利的建议下，雅典人用这笔从银矿得来的钱打造了 100 艘战舰。他们还修筑了比雷埃夫斯的港口。

公元前 480 年　31 个希腊城邦联合起来，在斯巴达国王的率领下，对抗薛西斯的侵略军。在温泉关战役中，斯巴达的国王列奥尼达被杀，但雅典的海军在靠近萨拉米斯湾的战斗中摧毁了波斯的海军。

公元前 479 年　斯巴达和雅典的联军在斯巴达国王波桑尼阿斯的率领下，击败了由薛西斯的侄子和女婿玛多尼阿斯率领的波斯军队。

公元前 478 年　提洛同盟。雅典组织提洛同盟的目的是为了抵御波斯人，其总部最初设在提洛岛，后来移至雅典。开俄斯、萨摩斯和莱斯波斯提供船只，其他城邦则提供金钱。在其全盛时期，大约在公元前 467 年前后，有 200 个城邦加入了同盟。为什么是雅典而不是斯巴达组织起了这样的一个同盟，其原因在于前者在抗击波斯人的战争中发挥了越来越重要的作用，它急于获得赫勒斯滂附近的地区，从而可以保障从黑海地区粮食进口的安全。这个同盟逐步发展成为一种雅典的霸权，雅典控制了其他盟邦的政治和司法事务，在公元前 5 世纪 40 年代，它成为了一个经济上的统一实体，拥有一种货币和度量衡统一的体系。

公元前 462 年　厄菲阿尔特的改革。克里斯提尼开创的民主制度得到了完善。

公元前 461 年　客蒙遭到了陶片放逐。参看本书最后的"希腊人名和术语表"中的"客蒙"和"陶片放逐法"词条。他的被放逐预示了伯利克里时代的到来，伯利克里是他主要的政治上的对手。

公元前 460 年　伯利克里时代开始。该时代一直持续到公元前429 年伯利克里去世。公元前 477—前 432 年修建了帕台农神庙。这个时代也被称为希腊的黄金时代。

公元前 431 年　伯罗奔尼撒战争开始。最初引发冲突的是雅典和科林斯之间的一场争端，但很快就发展成为雅典同盟和斯巴达领导下的伯罗奔尼撒同盟之间的战争了。雅典同盟的主要成员有莱斯波斯，开俄斯，萨摩斯，小亚细亚的城市，赫勒斯滂，色雷斯的城市，除了米洛斯和锡拉之外的大部分岛屿，以及科西拉。斯巴达同盟的主要成员则包括科林斯，除了保持中立的阿尔哥斯和阿凯亚之外的伯罗奔尼撒半岛的所有城市，麦加拉，彼奥提亚，罗克利斯，福基斯，以及琉卡斯。这场战争一直持续到公元前 404 年，在公元前 421 年的《尼西阿斯和约》签订之后有过一个短暂的间歇期。在战争刚刚开始之后，伯利克里就命令雅典的公民放弃他们的农场，从阿提卡的乡下移居到带有围墙的城市中心。在冬季，他们回到他们的农场，因为斯巴达军队也返回家乡了。当公元前 430 年瘟疫爆发的时候，过于密集的城市人口导致了很高的死亡率，最终夺去了全部人口的三分之一，包括伯利克里自己。

公元前 416 年　米洛斯的被毁。参看第 4 章"雅典的民主制度成功吗？"中的"失败的例证"。

公元前 415 年　西西里远征。在个人的贪婪和野心的驱动下，以亚西比德为首鼓动发起了一场远征，尽管存在着反对者的合理的呼声，但亚西比德还是劝说公民大会通过了决议。亚西比德和尼西阿斯被选为将军，负责统率由 40 000 人组成（根据修昔底德的说法）的远征军。

就在船只即将开赴西西里之前，发生了某种渎神的行为。有几尊赫尔墨斯的神像遭到了破坏，一个埃琉西斯秘仪的秘密也被揭露。因为此事，亚西比德受到了指控，并被判处死刑，财产也被没收和拍卖。不过，我们并不知道他是否真的有罪。听到这个消息之后，亚西比德赶紧上了岸，逃到了斯巴达，并把所有的军事秘密和盘托出。然而，不久之后，他又与斯巴达人闹翻了，逃到了波斯。

公元前 413 年　雅典兵败西西里。

公元前 411 年　四百寡头时期。参看"术语表"中的特拉门涅斯和特拉西布罗斯。这是由亚西比德的狡猾的阴谋所致。当民主制在第二年得到恢复之后，亚西比德以其典型的突变手法，加入了民主派，并在几年之后恢复了雅典的公民权。

公元前 406 年　阿吉努塞战役。阿吉努塞是位于莱斯波斯和小亚之间的小岛。雅典人取得了对抗斯巴达的一场决定性的海战的胜利，但在那里战斗的八位雅典将军中的六位后来都被召回，并被判死刑，罪名是没有解救落水的雅典士兵和收回死去士兵的遗体。实际上，海上风急浪高，不太可能拯救他们。在这一天，这项决议得到了批准，苏格拉底是公民大会的主席，反对这项决议，与大众的情绪相对抗。关于阿吉努塞战役的详细描述以及接下来的围绕处死这些将军的决议而展开的争论（参看色诺芬的《希腊史》，I. vi，vii）。

公元前 405 年　羊河战役。羊河位于赫尔索尼斯的东岸。作为一次军事决策重大错误的结果，171 艘雅典战舰被莱山德将军率领下的斯巴达人俘获。它实际上宣告了斯巴达的胜利。

公元前 404 年　三十寡头时期。雅典接受了斯巴达人提出的所有条件。长城被拆除，雅典只被允许保留 12 条船。莱山德建立起一个寡头制政府，其头目就是苏格拉底从前的学生克里底亚。参看"术语表"中的特拉门涅斯。

公元前 403 年　民主制得到了恢复。参看"术语表"中的特拉西

9

布罗斯。

公元前 399 年　苏格拉底受审并被处死。告发苏格拉底的表面原因是，他不相信传统的希腊神灵和腐蚀青年。这两项指控都是违背于真相的，控告者自己也知道这一点。有些人，比如斯通（Stone，1988年）就指出，苏格拉底被处死是因为策划了一场推翻民主的阴谋。作为证据，他们指出，三十寡头时期的领袖克里底亚就曾经是苏格拉底的弟子。色诺芬（《回忆苏格拉底》，I.ii.12-16）正确地指出，如果他的一些学生——如亚西比德和克里底亚——尽管受到过他的教育，但被证明是自己变坏的话，他是不会受到指控的。斯通的论点与苏格拉底在柏拉图的《克里托篇》中的陈述正好相反，其大意是他尊重雅典的法律，因此应该遵守它们。斯通的书把苏格拉底看成是一个三流的政客，而不是一个一流的哲学家。苏格拉底被处死是因为他超前于他的时代太远了。例如，他反对通过战争获取利益，并且反对奴隶制度。（需要注意的是，即使柏拉图也把奴隶制视为理所当然的。）色诺芬（《回忆苏格拉底》，I.ii.1）写道：

> 对我来说，竟然有人相信对苏格拉底腐蚀青年的指控。首先，除了我所说过的，在控制他自己的激情和欲望上，苏格拉底是最强的人；而且，在忍受寒冷、炎热和所有种类的苦事上，他是最坚毅的；此外，他的需求被约束到了如此的中庸的状态，以至于拥有很少的东西也会非常满足。这就是他本身的性格；那么，他会把其他人带到不虔诚、犯罪、贪食、纵欲或懒惰中去吗？
>
> （E.C. 马钱特［E.C.Marchant］英译，劳埃伯古典丛书）

色诺芬（《回忆苏格拉底》，IV.viii.11）得出如下结论：

> 所有那些了解苏格拉底的举止的人和那些到今天仍然在追求德性

的人，都比所有其他的人更想念他，他们是寻求德性的过程中主要的帮助者。对我自己来说，我已经如实地描述了他：他在宗教上是如此虔诚，以至于在没有向神请示的情况下什么也不做；因此，他不伤害任何人，不管这种伤害是多么微不足道，但却给予所有与他打过交道的人以最大的益处；他是如此自律，以至于他从未选择过安逸，而会选择善的道路；他是如此富有智慧，以至于他能够准确地判断好与坏，不需要任何顾问，而是依赖于他自己对于它们的认识；在阐述和界定这些事情上十分高明；同样高明的是把其他人引入到考察当中，使他们认识到错误，并鞭策他们追随德性和高贵。因此，对我来说，他具备了一个真正善良的和快乐的人必须具备的所有品质。

10

（E.C. 马钱特英译，劳埃伯古典丛书）

即使苏格拉底被雅典的法庭判处了死刑，但他还是可以通过交上一笔钱或逃到国外而获得自由的；但苏格拉底却平静地接受了死亡，因为他相信这样做是符合正义的。他生命中最后的时刻在柏拉图的《斐多篇》中得到了动人的描述。在把他的妻子和孩子送回家之后，苏格拉底与他的几个弟子开始进行哲学讨论。他所有的弟子都情绪低落，满含热泪；只有苏格拉底平静依旧，举止与往常没有什么不同。

公元前 395—前 387 年　科林斯战争。在战争结束之后，希腊城邦的力量平衡迅速地改变了。斯巴达作为飞扬跋扈的希腊新领导者，突然间变得不受欢迎了，它致力于向其他城邦强迫推行寡头制的政府形式。在科林斯战争中，雅典、底比斯、科林斯、阿尔哥斯以及波斯联合起来对抗斯巴达。在战争结束的时候，斯巴达与波斯的薛西斯二世签订《大王和约》，作为希腊人自治的交换，小亚细亚和塞浦路斯的城市落入了波斯的控制下。

**公元前 392 年　**在波斯的资助下，长城得到了重建。

**公元前 377 年　**第二次雅典同盟。最初，雅典对待盟邦并不怎么张扬。例如,盟邦交纳的金钱从前被称为"贡金",现在改称为"捐献"。但雅典很快就又回到了从前的老路上,招致了盟邦的憎恨。

公元前 371 年 底比斯在留克特拉击败斯巴达。从这时起,底比斯取代斯巴达成为雅典的主要对手。

公元前 359 年 腓力成为马其顿国王。公元前 357 年,他包围了安菲波利斯,公元前 352 年,他击败了色萨利的僭主和福基斯人。不过,在这个阶段,腓力并没有对雅典构成主要的威胁。在德摩斯梯尼的两篇演讲——《反阿里斯托克拉特斯》(XXIII) 写于公元前 352 年,《为了罗得岛人的自由》(XV) 写于公元前 351 年——中,腓力只是作为次要的威胁被提到(西利[Sealey],1993 年,第 125—126 页)。

公元前 357—前 355 年 同盟战争(拜占庭、开俄斯、科斯和罗得岛的起义)。它的起因更多的是由于起义城市的野心,而非雅典的帝国主义(西利,1993 年,第 110 页)。

公元前 355 年 第二次雅典同盟终结。伊索克拉底的《论和平》和色诺芬的《雅典的收入》都提出了在没有同盟的情况下增加雅典的财政收入的建议,欧伯罗斯(见"术语表")把他们的建议变成了现实。

公元前 348 年 腓力攻占并摧毁了奥林托斯。稍早,在公元前 349—前 348 年,德摩斯梯尼在他的第一、第二和第三篇《奥林托斯演说辞》(I,II 和 III)中,提出抵抗腓力保工奥林托斯的主张。

公元前 347 年 腓力把福基斯归还给德尔斐近邻同盟(一个为了保卫德尔斐圣所而建立的希腊城邦同盟)。他控制了温泉关。这个具有重要战略意义的隘口位于从北希腊进入中希腊和南希腊的要道上。

公元前 346 年 腓力和雅典签署《菲罗克拉特斯和约》。德摩斯梯尼最初支持它,但后来批评它,声称他被菲罗克拉特斯和艾斯奇尼斯欺骗了(XIX,《论使节》,写于公元前 343 年)。

公元前 340 年 腓力进攻培林托斯,俘获了运送谷物的船队。结果,雅典撕毁了《菲罗克拉特斯和约》。

公元前 338 年　喀罗尼亚战役。腓力和亚历山大打败了雅典和底比斯的联军。

公元前 333 年　伊苏斯战役。亚历山大打败了大流士三世率领的波斯军队。

公元前 323 年　亚历山大去世。

公元前 322 年　拉米亚战争。马其顿击败了希腊军队。亚历山大的继承人安提帕特征服了雅典。

5．希腊化时代，公元前 322—前 30 年

从公元前 322 年到公元前 30 年——在这一年克利奥帕特拉在屋大维（后来的奥古斯都）征服了亚历山大之后自杀了——这段时期被称为希腊化时代。即使在公元前 322 年雅典的民主制度终结之后，雅典仍旧是希腊化帝国有影响的政治和文化中心，与埃及的亚历山大和小亚细亚的帕迦马并驾齐驱。即使希腊化时代展现出文化上的一种新的重大发展，但在这个年表中，我还是主要集中在与雅典有关的政治发展上。在这个时代的大多数时间里，希腊化帝国都涵盖了一个十分广阔的区域，包括希腊、马其顿、埃及、小亚细亚、黎凡特、美索不达米亚和印度，处在马其顿国王或将领的统治之下。因此，古典时代意义上的统治着一个独立国家的雅典的民主制度不复存在了。然而，作为一种地方政府的统治形式，民主制在很多地区得到了复兴。公元前 30 年之后，雅典成为罗马的附属国。不过，即使在罗马的控制下，雅典仍旧是一个重要的文化中心。

公元前 322 年　安提帕特在雅典建立起寡头制度。他为寡头设置的财产资格是 2 000 德拉克马。

公元前 319 年　安提帕特死后，民主制得到了短暂的恢复，直到

安提帕特的儿子卡珊德再次建立起寡头政治，法莱隆的德米特里乌斯实际上作为卡珊德的代理人统治着雅典。法莱隆的德米特里乌斯把财产资格减少到 1 000 德拉克马。他组建了一个称为"法律护卫者"（*nomophylakes*）的办公机构，实际上取代了"违法法令诉讼制度"（*graphe paranomon*）（见"术语表"）。他还建立了一个称为"妇女监管处"（*gynaikonomoi*）的机构，不仅负责监督妇女的举止，还包括所有的家庭活动。在经济上，雅典在法莱隆的德米特里乌斯统治期间十分繁荣。

公元前 307 年　在另外一位希腊化统治者"独眼"安提格努斯和他的儿子狄米特里乌斯·波利奥切特斯（波利斯·西格尔）的帮助下，法莱隆的德米特里乌斯被驱逐，地方的民主制得到恢复。雅典通过了一项法令授予来库古以荣誉，这位雅典的英雄曾经在古典时代最后的几年里英勇地抗击马其顿人。但是，没过几年，狄米特里乌斯·波利奥切特斯就开始实行集权统治。

公元前 295 年　狄米特里乌斯·波利奥切特斯重新获得了对城市的控制权。

公元前 287 年　雅典人在包括埃及的托勒密一世在内的其他希腊化统治者的帮助下，打败了德米特里乌斯的军队。

公元前 260 年　德米特里乌斯的儿子安提格努斯·格纳塔斯再次占领了这座城市。此后，一连串继任的马其顿国王控制了雅典。

公元前 201 年　罗马在第二次布匿战争中打败了迦太基的汉尼拔。此后，罗马把矛头转向了雅典。

公元前 146 年　罗马征服了迦太基。雅典也被罗马人控制，一种寡头制的倾向得到了加强。

公元前 31 年　屋大维征服了希腊化帝国最后的堡垒埃及的亚历山大城。

第2章 社会和文化

我将展示出希腊社会和文化的很多不同的方面，主要涉及古典时 13
代，但有时也会讲到更早的时代。

1. 宗教

对希腊宗教的不带理性主义偏见的一个很好的概述是由伊斯特林
和缪尔（1985年）做出的。在古希腊的宗教和日本的传统宗教神道
教之间有着惊人的相似性。下面就是通过比较得出的两种宗教的一些
异同。

（1）多神教。很多神灵，尤其是奥林匹亚的众神，都被赋予了一些
特殊的功能。宙斯是最强大的雷神；哈德斯掌管冥界；波塞冬掌管海
洋；阿波罗掌管音乐、医药、射箭和预言；阿尔忒弥斯掌管野生动物和
女性的贞洁；阿弗洛蒂忒掌管爱；赫尔墨斯掌管旅行；赫淮斯托斯掌管
手艺和打铁；狄奥尼修斯掌管葡萄酒和剧院；德墨忒耳掌管土地丰产。
村庄、家庭和商业都把某些特殊的神灵与自己联系在一起。神灵不必是
道德的典范。他们拥有某些人类的性情，比如贪玩、嫉妒、欺诈和淫欲。
他们也不是世界和人类的创造者，与犹太教和基督教的全能的神不同。

神道教也是一种多神教，具有上述希腊宗教的那些特点。在它的神灵中，有的代表了天体，有的代表了自然现象，有的代表了动物，有的主管人类的很多行为，有的代表了抽象的概念，人们求助于神灵是因为他们的英雄主义行为以及诸如此类的事情。不过，希腊和日本的神灵之间还是有一些区别：①希腊的神灵有着更加丰富多彩的人格。②在希腊，代表抽象概念的男神和女神更多。③代表人造物品的神灵只存在于日本的宗教中。

（2）除了神庙，每个家庭都有一个放在灶台（hestia）上的神龛，在那里，某些神灵受到膜拜。在每顿饭之前，家长负责向神灵供奉食物和饮品。灶台是神圣的；在吕西阿斯的《论埃拉托色尼的谋杀》中，欧菲莱托斯暗示说，如果他能够在灶台藏身的话，他是不会杀死埃拉托色尼的（见下文）。在日本的很多民居里也是这样，我们能够看到祭台，上面摆放着供奉神灵的酒和食物。

（3）古希腊人和日本人都喜爱节日。根据一份材料，在雅典每隔一天就有一个节日，其中有 54 天是国家节日，公民大会在当天闭会。根据一本最新的东京指南，我们能够发现几乎每周都在东京的某个地方有一个节日。与过去不同，现在的一些节日完全是世俗性的了，比如樱花节；但是在从前的日本和古典时代的雅典，所有的节日都起源于宗教，其中有很多节日来源于农业上的仪式。然而，在性质上，它们不只是宗教节日。在泛雅典娜节上，雅典人享受着运动比赛、马赛、音乐比赛和诗歌朗诵的乐趣；在狄奥尼修斯节上，他们参加悲剧和戏剧表演。所有人都可以参加节庆活动，不仅仅是公民，还包括妇女、儿童、定居的外邦人和奴隶。有一个节日叫"地母节"（Thesmophoria），只有妇女操办和参加。如果有人观看了一个日本的节日，甚至只是走到一座神龛或神庙的前面，就能够注意到这些庆祝活动是多么放纵和吵闹。看到男人、女人和小孩蜿蜒地穿过狭窄的街道，肩膀上扛着一个小小的神龛，快乐地叫喊着，就会使我们想起阿里斯托芬在《蛙》这部戏中所描绘的

14

埃琉西斯节上举办的入会者的盛装游行场景。这种神圣和世俗的并存，是古希腊宗教和日本神道教的共同特征。与犹太教和基督教不同，两种宗教都没有圣书，没有中央的教会组织，没有在神庙举行的共同的崇拜活动。宗教是日常生活的组成部分。与日本人不同的是，希腊人会举行献祭仪式。在献祭仪式中，牛、绵羊、山羊和猪会被作为祭品献给神灵。之后，公民中间会分配烤肉。大部分的肉类消费都发生在这样的仪式中。

（4）正如前文所述，在一定程度上，希腊和日本的宗教最初都肯定了现世生活的重要性，没有叙说多少关于死后生活的事情。通过祈祷和献祭，人们期待得到神灵的恩宠。多福尔（1994 年，第 265 页）指出，只有一个为人们所知的古典时代的墓志铭中提到了一个死者的灵魂在奥林匹斯山上与众神在一起，但在较晚的时代则发现了很多这样的说法。在古典时代开始受到欢迎，在希腊化和罗马时期达到鼎盛的埃琉西斯密教和奥尔菲斯崇拜，就强调死后的报偿，强调在现世的生活中通过秘密的入会仪式和善行而为死后的生活做好准备。尽管古希腊和日本的宗教的确讨论过天堂和地狱，但在日本，是 6 世纪佛教的引进使天堂和地狱的观念变得更加明显了。《古事记》（*Kojiki*）（8 世纪初编写的最古老的日本史书）提到了冥界（*yomi*），伊耶那美（*Izanami*，日本主要的女神）在死后去了那里，还提到了永恒之国（*Tokoyo no Kuni*，一个人们既不会变老也不会死亡的乐土），但其描述却十分模糊。我认为，它们在人们的心目中并没有占据一个很重要的位置。荷马提到的哈德斯和"埃琉西斯之地"也存在同样的情形。

（5）神谕——尤其是德尔斐的神谕——和预言，不论是在个人还是在城邦的日常决策中都发挥着十分重要的作用。在德尔斐发生的事情是这样的：阿波罗的女祭司名叫皮提亚，她生活在德尔斐的圣域中，终生保持着贞洁。当有人提出一个问题的时候，她就会说出预言，由一个守候在她身旁的男祭司写下来交给提问者。《蓝色指南》（*Blue Guide*）以一种典型的理性主义者的偏见写道，皮提亚是通过咀嚼月桂

15

树叶和用力吸入她座位底下的裂缝中的烟气而进入到狂迷状态的。有学者已经令人信服地否定了这一解释（伊斯特林和缪尔，1985年，第129页）。它是在这一时期风行于整个亚洲和西伯利亚的古老的萨满教传统的一个组成部分。由进入精神恍惚状态的妇女说出预言的风俗，在今天的日本仍然可以见到。

（6）希腊人敏锐地认识到不朽者和凡人之间的不可逾越的鸿沟。两个相互矛盾的方面同时存在于神灵当中。一方面，神灵是一种十分亲近的存在，如果人们向他们祈祷并通过仪式和献祭做出虔诚的行动的话，神灵就会赐福于他们。另一方面，他们又是陌生的异类，应该尽量避开，使得他们不能够用诅咒加害于人。有一个叫作安特斯节（Anthesteria）的节日，在2月中的三天中举行，是为了向狄奥尼修斯表达敬意。在节日的最初两天，人们喝酒，在最后一天，所有房子的门柱上都被涂上了沥青作为一种驱邪的标记，人们嘴上还念叨着："出去！不再是安特斯节了。"（伊斯特林和缪尔，1985年，第19—20页）在日本，每年的2月4日也要过一个相似的节日"节分日"（Setsubun）。在这一天，日本人用一个小树枝刺穿一条沙丁鱼的头，把它放在门廊里以驱赶想象中的恶魔，并向它们抛洒烘烤过的豆子，还喊叫着："恶魔出去！"与众神居住在另外一个世界的观念紧密相联的就是神灵喜欢洁净而憎恶肮脏。在希腊和日本，用水来净化都是一种非常重要的仪式。日本人称之为 misogōi，它原来的意思是用水——尤其是海水——的精神力量洗净罪恶和不洁。在雅典，每年9月举行的埃琉西斯秘仪中，在新入会者参加仪式之前，都要被要求在海里洗澡来净化他们自己。

（7）与对现实生活的肯定相一致，对希腊人和日本人来说，更重要的不是死者去了哪里，而是他们会如何影响生者。一个恰当的葬礼被视为活着的亲属的神圣职责，就像我们在索福克勒斯的《安提戈涅》中所看到的那样。儿子最重要的责任之一就是埋葬他的父亲和继续执行家庭的崇拜活动。人们相信，如果死者受到了恰当的埋葬和祭拜，他们就会保护活着的亲属，否则会诅咒他们。因此，在两种文化中，祖先崇拜都很重要。

2. 荣耀和羞耻

本尼迪克特（Benedict，1948 年）声称，日本伦理观的基础是一种羞耻感，而美国文化的基础则是一种罪恶感。她的意思是说，与如何遵循自己的道德规范或某位神灵的意志相比，一个日本人更关心的是其他人会如何看他。多兹（Dodds，1951 年，第 17 页）引用了本尼迪克特的话，断言在荷马的世界中，古希腊也是一种耻感文化。他写道：

> 荷马中的人物的最高的善并不是享有一种平静的良心，而是享有 *tīmē*（荣耀），公众的尊敬——荷马中的人所知道的最强大的道德动力，并不是对神灵的惧怕，而是对公众观点的尊重，即 *aidōs*。

最后一个希腊文 *aidōs* 可以翻译成"羞耻"或"对其他人的尊重"。正是这种 *aidōs* 迫使赫克托尔去迎战阿喀琉斯。多兹接着指出，在黑暗时代和古典时代，这种耻感文化逐渐让位于罪感文化。但是这种观点还有待证实。现代的希腊人自己也认为，这种耻感文化一直保留到了今天。

关于在古典时代耻感文化的重要性的证据，请看下面引自德摩斯梯尼的《第一篇反腓力》演说（IV，10）中的一句话："就我自己而言，我认为，对于一个自由人来说，没有什么比处在他们的位置上的羞耻感更为强大的强制力了。"（J.H. 文斯［J.H.Vince］英译，劳埃伯古典丛书）其中翻译成"羞耻"的希腊文是 *aischynē*（αἰσχύνη），与 *aidōs* 的意思相同。

一个人的失败和罪恶不仅使他自己，也使他的家庭和后代蒙羞，同样，某位祖先的成就也是骄傲自豪的一种来源。因而，一个希腊人感到与家庭和祖先有着紧密的关联。可以看一下《伊利亚特》第6卷中的格劳库斯对他的家世的充满骄傲的叙述。当一个家庭的成员成为了另一个家庭留宿的客人，那么，在两个家庭的很多代人之间就形成了一种被称为 xenia（礼节性朋友）的强大联系。所以，当狄奥墨得斯得知格劳库斯的一位祖先曾经在他的祖先家中做客的时候，两位武士就扔掉了武器，拥抱在了一起。

3. 家庭和城邦

对希腊人来说，维持家庭的财产而不把他们从祖先那里继承的东西挥霍掉十分重要。参看伯利克里在公元前430年的演说——来自于修昔底德的记载（《伯罗奔尼撒战争史》，II.62）：

> 你们的父亲们得到这些财产不是来自于其他人，而是来自于他们自己，没有把他们辛苦得来的一切丢掉，而是把它们安全地交到了你们的手上；在这个问题上，至少你们必须要证明你们自己能够和他们一样，记住，失去一个人已经得到的东西比在获得它们的时候受阻更加可耻。

（理查德·克劳利 [Richard Crawley] 英译，劳埃伯古典丛书）

17　　多福尔（1994年，第301—306页）指出，尽管总的来说，人们认为希腊人会把公共的利益摆在他的私人的利益前面，但在有些时候，还是存在着对国家的义务和对他的父母、宾客或乞援者之间的冲突，或是与任何其他的未成文的道德和社会法的冲突。解决这种困境并不容易。安提戈涅把她的安葬她的兄弟的宗教责任放在了禁止她这样做的国家的法规之上，但是，她却为此付出了生命的代价。多福尔就引用了很多涉及这种困境的演说家的演说。正如多福尔所指出的，一个人对父母的责任可能会与他对城邦的责任存在着潜在的冲突，但对他的妻子和孩子的保护却不会。后者必须要为城邦的利益做出牺牲。

4. 帮助朋友和伤害敌人

希腊人生活在一个在那些属于圈内的人和处于圈外的人存在着明显分界的世界里。一个基督徒的爱自己的敌人的理想是不可想象的。当苏格拉底说你不应该伤害别人，甚至你的敌人的时候，他就已经超越了他所处的时代了（《理想国》，第 1 卷，335E）。多福尔（1994 年，第273—275 页）写道，一个雅典人认为，他的首要的私人的责任是对他的父母，第二位的是对他的亲属，第三位的是对他的朋友和恩人，虐待父母被认为是最严重的过错，而对父母的尊敬则可以被归入到对全体长辈的尊敬当中。

5. 竞争

在很多生活领域，希腊人都喜欢竞争和竞赛——在体育运动，戏剧比赛，还有法庭中。雅典人的好讼是出了名的，伊斯霍马库斯告诉苏格拉底，他每天都在家里练习为自己辩护，对抗诬告者们（sycophants）（一个专靠指控富人骗取钱财的混混儿，见"术语表"）的指控（《经济论》，xi.23）。柏拉图抱怨说，在雅典有太多的医生和律师，这是一个病态城市的症状（《理想国》，405A）。与此同时，也有很多防止竞争走向极端的制度。抽签选官的制度就是一个。陶片放逐法（见"术语表"）是另外一个。好讼受到了赔偿金制度（epōbelia）（见"术语表"）的制约。竞争的推动力是 tīmē（荣誉）或 philotimia（热爱荣誉，野心）。对 philotimia 的矛盾态度表明了希腊人意识到了竞争精神既有利也有弊。从积极的意义上讲，philotimia 与对公共事业的无私服务是同义语（多福尔，1994 年，第 231 页）。从消极的意义上讲，它也是贪欲的一种展示，几乎就像对于利益的欲求那样是一种坏的东西（多福尔，1994 年，第 232 页）。

竞争精神最坏的展现可以用 hybris 这个词来表达。里德尔（Liddell）和斯科特（Scott）对这个词有很多种翻译：放肆，胡作非为，傲慢和暴行。多福尔（1994 年，第 54 页）写道："Hybris 是这样一种行为，一位公民对待另外一位公民的时候就像他在对待一个奴隶或一个外邦人，在雅典的法律下，这是一种明目张胆的冒犯之举。"为了抑制竞争的这种倾向，希腊人强调 sōphrosynē（精神的健全，中庸）的重要性。多福尔（1994 年，第 46 页）说，形容词 sōphrōn 可以有很多种翻译，即"细心的""有才智的""守法的""冷静的""纯洁的""明白事理的""谨慎的"或"有智慧的"。刻写在德尔斐的阿波罗神庙大门口上的两句话是"不要过度"（μηδὲν ἄγαν）和"认识你自己"（γνῶθι δεαυτόν），意思就是提醒人类不要忘记他们的道德和与神灵之间的不可逾越的鸿沟。那些超越了这一界限的人就犯了 hybris 的罪过。

6. 富有与贫穷

与现代人的心态相比，希腊人并不赞美富有或贬低贫穷。实际上，他们把富有和贫穷都看作是不好的。修昔底德在《伯罗奔尼撒战争史》（III.45.4）中说，贫穷会由于需要而导致作恶，富有也会由于 hybris 去作恶。"有一种强烈的倾向把富有和贫穷都看作是一种运气"（多福尔，1994 年，第 174 页）。当然，任何人都更喜欢富有而不是贫穷。但是，存在着一种普遍的怀疑，那就是富人是通过不诚实的手段致富的。

> 对于那些由于商业上的敏锐、有创造力、擅于抓住机会而获得财富的人，或是一心赚钱而白手起家成为百万富翁的人，在现代社会，会

成为人们赞美的对象，但在希腊却得不到人们的赞赏。

（多福尔，1994 年，第 172—173 页）

因而，富人总是急于在法庭里指出，他们总是捐出大量的钱财，用于各种各样的对穷人有利的公共开销来安抚穷人。获得钱财并不受到赞扬，但通过勤劳工作保住了遗产或增加了农场的价值则被看成是有德之人（例如，参看色诺芬《经济论》，xx）。通过商业和金融获利，只有在城邦从中受益的情况下才被认为是好事（多福尔，1994 年，第 173 页）。

与基督教的伦理观不同，在古典时代的希腊，劳动本身并不被看作是一种美德。原因有二。第一，人们认为，公民们应该有足够多的闲暇以保证他们能够有时间参加政治活动。（注意，希腊文中的"劳动"是 *ascholia*，正是 *scholē*［闲暇］的反义词。）第二，人们认为，一个自由人为别人工作是不好的事情。因而，人们认为，最理想的状态是，大部分的工作由外邦人和奴隶来做。不过，在现实中很多贫穷的公民出于无奈不得不工作，这并不是一种罪恶。如果需要工作的话，勤奋当然还是优于懒惰。德摩斯梯尼（LVII，《反欧布里德斯》，35）说："恳求大家，雅典人啊，不要嘲笑那些受穷的人（他们的贫穷已经够不幸的了），更不要嘲笑那些选择经商以及通过诚实的手段谋生的人。"在同一篇演讲中还提到了一条法令，规定任何人在市场里责备那些做生意的人都会受到出口伤人的责罚。伯利克里称赞那些在照料他们的私家生意的同时提供公共服务的人（修昔底德，《伯罗奔尼撒战争史》，II.40.2）。

色诺芬（《回忆苏格拉底》，II.vii）告诉了我们苏格拉底给阿里斯塔库斯提出的建议。在伯罗奔尼撒战争的困难岁月里，阿里斯塔库斯的很多女性亲属都来投靠他，但他却不能够养活她们，他也不想让她们工作，因为他认为自由人不应该工作。苏格拉底使阿里斯塔库斯相信，对这些女人来说，使用令人尊敬的才能——比如缝补和做饭——来赚钱并不丢人。阿里斯塔库斯接受了苏格拉底的建议，结果，不论是阿里斯

19

塔库斯，还是他的女性亲属们，都过上了好的生活。

我将在第4章"雅典的民主制度成功吗？"中的题为"精英和大众"的部分进一步讨论这个问题。

7. 戏剧和艺术

（1）悲剧

悲剧在节日上演出，其中最大的节日是狄奥尼西亚城举办的。狄奥尼修斯剧院可以容纳14 000位观众，在狄奥尼西亚悲剧节上，有三部悲剧和一部萨提尔剧（一种怪诞和晦涩的带有一支萨提尔组成的合唱队的戏剧，萨提尔是森林和山脉之神，狄奥尼修斯的侍从）上演。演出的费用由富有公民从他们的"捐助"（leitourgia，见"术语表"）中划拨。10名裁判从阿提卡的10个部落中选出，决定一、二、三名的奖励。当时有很多剧作家，但只有埃斯库罗斯、索福克勒斯和欧里庇得斯的戏剧流传至今。这三位戏剧家分别创作过80（6）、123（7）和92（19）部悲剧，括号里标出的是幸存下来的悲剧的数量。所有幸存的戏剧都是在公元前5世纪上演的。悲剧的主题都来自于神话，除了埃斯库罗斯的《波斯人》，其主题取材于波斯人在萨拉米斯战役中的失败。戴面具的演员扮演男人、女人和神灵，一个演员在一部戏中通常会扮演很多个角色。在希腊语中，"悲剧"（τραγωδία）一词的来源，或者是作为奖励的一只山羊（τράγος），或者是在狄奥尼修斯节上被献祭的一只山羊。

狄奥尼西亚城上演悲剧，可以追溯到庇西特拉图家族执政时期的公元前538年。在克里斯提尼改革之后的公元前502年，它由民主制的雅典城邦恢复，并进行了重新组织。一个被称为choregos（合唱队队长）的富有的雅典人负责承担悲剧演出费用的做法就开始于这个时期。choregos又被称为didaskalos（老师），这说明了人们认为，悲剧在教育雅典公民和灌输团结的意识与骄傲感方面发挥着重要的作用。合

唱队通常代表了雅典公民的声音。在波斯人被打败的几年之后上演的
埃斯库罗斯的《波斯人》，肯定直接地激发起了雅典人的民族主义热
情。然而，埃斯库罗斯的戏剧，绝不是建立在一种庸俗的民族主义主题
上的。它描述的是人的悲剧困境和他与神灵的疏离；因此，它可以感染
任何时代以及任何地方的人。索福克勒斯和欧里庇得斯的戏剧也都含
有普遍性的主题。柏拉图就悲剧对公民的教育作用提出了质疑（《理想
国》，606D）。然而，亚里士多德却认可它们的益处，他说它们可以起到
一种宣泄的作用，一种用怜悯和恐惧的情感治愈心灵的作用（《诗学》，
1449B24—28）。

（2）喜剧

在狄奥尼西亚喜剧节上，有五部喜剧上演。只有阿里斯托芬的喜剧
幸存了下来，在他创作的 33 部喜剧中，有 11 部完整地保存了下来。他
的喜剧是粗俗的和下流的，但在它们的外表下，我们可以察觉到他的人
本主义思想（对普通公民的同情和对和平的热望）和令人难以置信的
天才。就像悲剧一样，喜剧也常常扮演着教育公民的角色。一个例子就
是阿里斯托芬的《蛙》（686—687），当中合唱队宣布，它的任务就是教
育公民，并做出政治上的提议，比如赦免那些参与四百寡头统治的人，
并批评了公元前 406 年铸造铜币。另外一个例子就是在《阿卡奈人》中，
狄凯奥波利斯（其名字的含义是"公正的城市"，代表了阿里斯托芬本
人）发表了一篇长篇演说，当中提出了终结伯罗奔尼撒战争的号召。

在公元前 4 世纪末，出现了一位名叫米南德的十分重要的喜剧诗
人。他的写作风格被称为"新喜剧"。他写了大约一百部喜剧，但只有
少数残篇幸存下来。他的语调比阿里斯托芬更加含蓄，反映出他的时
代特点。希腊文"喜剧"（κωμωδία）一词，来自于"村落"（κώμη）和
"歌曲"（ᾠδή）。

（3）陶器

希腊最早的陶器可以追溯到公元前 6000 年。米诺斯和迈锡尼文化

20

都制作出了精美的陶器。在黑暗时代的末期，几何风格的陶器开始出现。在公元前7世纪，科林斯以其风格独特的陶器而闻名。雅典的陶器生产开始于公元前6世纪，由于其大量地保留至今而最为我们所熟悉。最初，黑色的图案被画在红色的背景上，但是到了公元前530年左右，一种红色的图案画在黑色背景上的新的风格开始出现，很快取代了原来的风格。由于他们在陶器上的签名，一些画匠或陶匠的名字被保留下来。雅典的陶器制作者和画匠大多是外邦人和奴隶，他们在一个被称为卡拉梅克斯（Kerameikos，来自于希腊文 *κέραμος*，意思是"黏土"）的地方工作。大量的雅典陶器从那里出口到其他地方。

（4）雕刻

最优秀的和最有名的雅典雕刻家是菲迪亚斯，他制作了帕台农神庙的中楣。据说，他负责监管整个帕台农神庙的修建。他还由于帕台农神庙里面的雅典娜巨型雕像和奥林匹亚的宙斯神像而闻名于世。两尊雕像都采用了木质核心外边包上黄金和象牙的办法，并且用珠宝、白银、珐琅、玻璃和涂料加以装饰。两尊雕像都没有保存下来，但可以在波桑尼阿斯撰写的《希腊指南》（*Guide to Greece*）一书中读到关于它们的描述，他曾经于2世纪到希腊旅行。

8. 教育

21　　在题名为"遗传和环境"的部分中，多福尔（1994年，第83—95页）提出了希腊人更看重两个当中的哪一个的问题。回答并不是直接的，不过，希腊人基本上认为环境更为重要：因而，教育十分重要。

一般来说，来自于富有家庭的男孩子在七岁的时候会进入私立学校，尽管父亲们可以自由地选择他们认为适合于他们的儿子们的教育形式。一个被称为 *paidagōgos*（教仆）的男性奴隶常常会陪着孩子去学校。*paidagōgos* 常常会扮演私人教师的角色。在雅典，没有公立学校。一般来说，女孩子不上学，在家里接受教育。然而，波默罗伊（1997年，第133页）指出，在公元前4世纪，一些妇女也开始像男子那样接受教育，在自由的技艺和其他行业中工作。读书、写字、体育和音乐构成了教育的主要内容。这些科目由私立学校的老师来教授。在公元前5世纪，智者开始从事高一级的教育。智者通常是在希腊世界广泛游历的外邦人，向他们的学生收取费用。他们教授的科目包括科学、哲学、数学、历史、地理和人类学。普罗泰戈拉（生于公元前485年）和高尔吉亚（约公元前485—前375年）是那个时代最有名的智者。苏格拉底（柏拉图）批评他们收取费用的做法，认为普罗泰戈拉的相对主义哲学和高尔吉亚教授的修辞学只是一种劝说的艺术，不能够发现真理。

在公元前4世纪90年代的某个时候，伊索克拉底（见"术语表"）在雅典建立了第一所"大学"，主要是一所讲授高级修辞学的学校，他的做法很快得到了柏拉图的效仿，创办了他的更加以哲学思想为基础的"学园"。

9. 哲学和科学

这部分中的大部分简要的回顾都出自于格思里（Guthrie）的著作（1975年）。关于更为深入的分析，读者可以参看海德格尔的著作（Heidegger，1984年），篇幅虽短，但十分富有启发性。

在古代希腊，哲学和自然科学之间没有明显的分界。二者都产生于公元前6世纪的爱奥尼亚，稍后出现在西西里。早期的哲学家试图对天体和其他的自然事物以及它们的运动做出非神话的解释。在希腊的宗教中，没有关于创始的神话，没有与天体相联系的重要的神灵，这个事实一定对哲学和科学研究最初起源于希腊而不是其他地方做出了贡献。另外一个原因可能是，像米利都这样的爱奥尼亚沿岸的港口，是地中海贸易的中心，观测星象对于海上的商人来说十分重要。不过，这并不意味着他们的哲学就是唯物主义的。早期的希腊哲学家并没有对物质和精神做出明确的区分。即使原子论物理学的创始人德谟克利特,也探讨过精神的原子。苏格拉底、柏拉图和亚里士多德将在第三部分专门做出讨论。

（1）泰勒斯

22　　泰勒斯在公元前 6 世纪早期的米利都十分活跃。他没有留下著作,但人们相信他曾经预测了公元前 585 年的一次日蚀。他通过预测橄榄油的一次大丰收并买断了榨油坊而赚了一大笔钱。

（2）阿那克西曼德

阿那克西曼德活跃于米利都的时间与泰勒斯大体相当。他"把这个世界看成是性质相反的东西的相互斗争的集合体,其中有四种东西是最主要的——热和冷,湿和干"（格思里,1975 年,第 26 页）。用这个原则,他试图解释宇宙的起源和从鱼到人的进化过程。

（3）阿那克西美尼

阿那克西美尼活跃于公元前 6 世纪下半叶的米利都。他说空气滞留在身体里就是灵魂,很像中国的"气"的思想。他还相信,空气从身体里释放出来就组成了宇宙中的气体。这会使我们想起东方哲学。

（4）赫拉克利特

赫拉克利特出生在以弗所,活跃于公元前 500 年前后。他的著作只有残篇留下来。他的作品隐晦而神秘；不过,它们十分有趣。他最著名的话或者说人们相信他说过"万物皆流"（πάντα ῥεί）。另一个著名的评论就是"一个就是全部,全部就是一个"（ἕν πάντα πάντα ἕν）,也会使我们想起一种东方的哲学。

（5）毕达哥拉斯

毕达哥拉斯出生于公元前 6 世纪中叶的萨摩斯岛,在大约公元前 530 年移居到意大利南部的克罗顿,在那里创建了一个大众教派。后来,他由于政治的原因遭到驱逐,结果却使毕达哥拉斯社团遍布了整个希腊。他相信灵魂转世，强调 *kosmos*（秩序、恰当、优美）的观念，把数字看作是宇宙的核心存在。他的这些观念都对柏拉图产生了影响。就毕达哥拉斯而言，哲学家关注的中心问题从物质转向了形式和结构。

（6）巴门尼德

巴门尼德出生在埃利亚（南部意大利），在公元前 5 世纪前半叶十分活跃。他认为运动是一种幻觉，只有精神而非感觉，才是通向真理之路。

（7）阿那克萨戈拉

阿那克萨戈拉于公元前 500 年出生于爱奥尼亚，但他生活在雅典。他最著名的观点就是太阳不是一个神祇，而是一块白色的和炽热的石头。他因为不虔诚而受到了迫害，被迫离开了该城。

23

（8）德谟克利特

德谟克利特大约出生于公元前 460 年。他说万物都是由原子构成的，原子是如此之小，以至于人们看不到它们，也不能够毁坏它们；可见事物的不同是由于组成它们的原子在大小和形状上的不同，以及它们的相对位置和运动方式上的差异造成的。他强调德性和对贪婪的警醒，这对柏拉图和亚里士多德都产生了影响。他在柏拉图之前提出了劳动的分工出自于人的不同的性情和技能。他还被看成是精神上的享乐主义思想之父（参看卡拉亚尼斯［Karayiannis］［1988 年］的更详尽的讨论）。

10. 妇女的地位

古希腊妇女的地位当然远远低于现代西方国家中的妇女地位。但在到底有多低的问题上存在争议。我将给出双方的观点。有人提出，妇女在大部分时间都待在家里，我首先会呈现出赞成还是反对这种观点的不同看法，在撰写这部分时，我要特别感谢樱井（Sakurai）（1992 年）。

关于希腊妇女地位问题的标准的英文参考书是波默罗伊（1975 年）和布伦德尔（Blundell）（1995 年）的著作。但在此之前，我将给出吕西阿斯的演说《论埃拉托色尼的谋杀》的一个概要，因为它包含了关于妇女地位的有用信息，同时还有古典时代雅典家庭生活情况。

（1）吕西阿斯：《论埃拉托色尼的谋杀》

起初，欧菲勒托斯尽可能地看住他的妻子，但在生了一个孩子之后，他就开始信任她，让她负责家内的事务。他把她看作是有成效的家庭管理者和"最好的妻子"。欧菲勒托斯的房子有同样大小的两层。最初，他住在楼下，他的妻子住在楼上，但在生了一个孩子之后，他和他的妻子交换了楼层，因为这样可以在楼下更为方便地抚育孩子。

埃拉托色尼第一次见到欧菲勒托斯的妻子是在她外出参加欧菲勒托斯的母亲的葬礼的时候。打那以后，埃拉托色尼试图通过让她的女仆传信给她来引诱她。一天，与埃拉托色尼有染的另一个女人派一个老年妇女来告诉欧菲勒托斯，埃拉托色尼与他的妻子有恋情。这个女人生了埃拉托色尼的气，因为他来看她的次数比往常少了。听到这件事之后，欧菲勒托斯就跟他的女仆谈话，强迫她交代他的妻子和埃拉托色尼的奸情。

24　　　在听到这件事的来龙去脉之后，欧菲勒托斯回想起了某些事情，并把这些事情赋予了新的含义，尽管在它们发生的时候，他并没有怀疑有人做错了事情。一天，当欧菲勒托斯比预期得早一些从乡下回来的时候（就像那个时代的很多富有的绅士那样，欧菲勒托斯在乡下一定也拥有一个农场，需要经常打理），女仆就把孩子弄哭以警示妻子。另外一次，他在半夜听到了开门的声音，并且问了他的妻子。她解释说，由于油灯灭了，她必须要到隔壁的邻居家去借个火。

一天，欧菲勒托斯邀请他的朋友索斯特拉图斯来吃饭。那天晚上，在索斯特拉图斯回家之后，欧菲勒托斯就睡觉了，女仆就用信号告诉欧菲勒托斯，埃拉托色尼已经进入了房子。欧菲勒托斯接着就出来召唤他的朋友，捉奸在床，并当场杀死了他。

在这篇演说中，吕西阿斯为欧菲勒托斯写了辩护词，他被指控谋杀。（尽管是欧菲勒托斯请求吕西阿斯写的辩护词，但是，是他自己在法庭上以第一人称说出来的。）欧菲勒托斯为自己辩护说，他杀死埃拉托色尼既非谋财，也不是为了报仇。他指出，他这样做是根据可以杀死通奸者的古老的法律。根据雅典的法律，一个勾引者会受到比强奸犯更重的惩罚。他还认为，这不是一次有预谋的谋杀，他说，如果他知道那天晚上埃拉托色尼会来他家的话，他就不会让索斯特拉图斯回家，因为在夜里把朋友纠集起来并不容易。

（2）观点：妇女大部分时间都待在家里

① 色诺芬的《经济论》讲了一个 30 岁的男人教导他的不到 15 岁的妻子如何管理家务的故事。"她到我家来的时候还不到 15 岁，在那时之前，她都过着受到管教、观察、倾听和尽量少地说话的生活。"（vii. 5，E.C. 马钱特英译，劳埃伯古典丛书）"因而，对于女人来说，待在家里比住在田里更体面，但对于男人来说，与其待在家里，不如到外边去工作更为恰当。"（vii. 30）

② 在吕西阿斯的《论埃拉托色尼的谋杀》一文中，欧菲勒托斯的妻子很少离开家。出门买东西都是由女仆来完成的（8）。在一个少有的情况下，当她出门参加欧菲勒托斯的母亲的葬礼时，他被他的诱惑者埃拉托色尼看到了（8）。

③ 伯利克里的公元前 451 年的公民法令，使得公民的女儿变得非常珍贵，因而更受到家庭的保护。

④ 当在一户人家举办宴会的时候，是由"女伴"（*hetaira*）来招待男人，妻子不会受到邀请。

⑤ 即使在今天，当一个人到希腊的农村旅行，在咖啡馆里也很少看到希腊妇女。

⑥ 在阿里斯托芬的《吕西斯特拉塔》（15—19）中，卡罗尼克说：

25　"你知道，妇女是很难出门的。一个人必须照看好她的丈夫；一个人叫醒她的女仆；一个人哄孩子睡觉；一个人给孩子洗澡；一个人给他喂食。"（A.B. 罗格斯英译，劳埃伯古典丛书）

（3）观点：妇女经常出去

　　① 雅典很多穷人家的妇女必须要外出工作。德摩斯梯尼（LVII，《反欧布里德斯》，35）写道："你会发现，现在有很多雅典妇女给别人家当保姆……如果我们很富有，我们是不会去售卖缎带，也不会有这样的需求的。"在第45段，他再次写道："很多妇女成为了保姆，在织机前或葡萄园里做工，原因在于这座城市那些时日的悲惨状况。"（A.T. 默里英译，劳埃伯古典丛书）。

　　② 阿里斯托芬（《吕西斯特拉塔》，640—645）描述了一个富家女孩参加了很多节庆活动："七岁时我已被甄选为阿勒福拉，十岁时开始为主神春谷磨面。在波劳朗尼亚我穿着鲜红的衣裙把小熊装扮。后来我出落成亭亭玉立的姑娘，熟透的无花果盛满我的筐篮。"*

　　③ 有一个只是由妇女筹划和参加的节日。这个为了向德墨忒耳致敬的长达三天的节日叫作"地母节"。阿里斯托芬的《地母节妇女》就描绘了这个节日。在吕西阿斯的《论埃拉托色尼的谋杀》（20）中，欧菲勒托斯的妻子也参加了地母节的活动。

　　④ 从德摩斯梯尼那里（LV，《反卡里克勒斯》，23），我们得知，在乡下，住在相邻房子里的妇女经常相互串门。

（4）观点：妇女的地位相对较低

　　① 妇女不能参加投票，或出现在公共法庭中，不论是作为原告还是被告。

　　② 家庭的财产只能传给一个男性的后代；因此，男孩比女孩更受

　　＊　中译文参见张竹明、王焕生译，《阿里斯托芬喜剧集》（下），凤凰出版传媒集团，2007年，第212页。文中的"阿勒福拉"的意思是，雅典国家每年都要安排一些妇女为雅典娜女神缝制节日盛装，被选出来的给这些妇女当帮手的四个七到十一岁的女孩就叫阿勒福拉。——译者

重视,女孩常常在出生之后的十天就被丢弃到山谷里。这样的行为是不会受到法律制裁的。如果只有一个女孩,她会成为女性继承人,但必须要嫁给她父亲的一位男性亲戚。接下来,只有丈夫才能管理财产,直到一个男孩子出生并成年为止。

③ 希腊文"勇敢"(*andreia*)一词就来自于"男人"(andres)。希腊文使用另外一个词 *tharsos* 用来指称蛮族人和妇女的勇敢。在色诺芬的《经济论》(IX.19)中,苏格拉底在听到伊斯霍马库斯赞扬他的妻子的时候说:"你的妻子有着与男人一样好的头脑!"

④ 在公元前 431 年的葬礼演说中,伯利克里向妇女建议,对于她们来说,最好不要被男人谈论,不论是好事还是坏事(修昔底德,《伯罗奔尼撒战争史》,II.35)。

⑤ 在修昔底德的书中,有很多贬低妇女的段落,而希罗多德则更为宽容。亚里士多德说,妇女有着不健全的推理能力(《政治学》,1260A10)。柏拉图把一些妇女纳入到了他的理想共和国的护卫者阶层中,但他在《法律篇》中则有一些对妇女贬低的言论。

(5)观点:妇女的地位相对较高

① 嫁妆(*proix*)是妻子的财产。在履行了某种法律程序之后,一个妻子可以与丈夫离婚(麦克道威尔[MacDowell],1978 年,第 88 页),当她离了婚之后,她可以带走她的嫁妆。前夫每年必须支付一笔 18% 的利息,直到把嫁妆还清。嫁妆的数额会十分巨大。德摩斯梯尼的父亲,在他去世的时候留下了 14 塔兰特的财产,其中留出了 2 塔兰特作为他的五岁的女儿的嫁妆(德摩斯梯尼,《反阿福伯斯一世》,4—5)。

② 在色诺芬的《经济论》和吕西阿斯的《论埃拉托色尼的谋杀》中,妻子们都被委以家庭管理的重任。在阿里斯托芬的《公民大会妇女》(205—240)中,帕拉科萨哥拉自夸说可以设法利用妇女的才能。在《吕西斯特拉塔》中,吕西斯特拉塔说:"我们不是家庭财务的管理者吗?"

③ 在《吕西斯特拉塔》中,妇女组织了一场性罢工,以迫使男人签

26

订和平条约。在《公民大会妇女》中，妇女接管了公民大会。当然，它们都是非现实的虚构。然而，为了使雅典的观众感到这样的喜剧好笑，在现实中一定存在着对妇女的深层的害怕，至少在一些家庭中，一定有很多怕老婆的丈夫。

④ 伯利克里的情妇阿丝帕希娅是一个外邦人，是一个非常有思想和文学才能的女人，据说苏格拉底还跟她学习过修辞学。

⑤ 在吕西阿斯的演说《反狄奥格通》中，狄奥格通把他的女儿许配了给了他的兄弟狄奥多图斯。她生了两个儿子和一个女儿，但是狄奥多图斯在战斗中阵亡了。接着，狄奥格通篡夺了大部分的家产，即使到了狄奥多图斯的孩子们成年之后，也没有留给他们一份儿恰当的财产份额。因此，狄奥多图斯的女儿的丈夫起诉了狄奥格通。在这个案件被提交到法庭之前，狄奥格通的女儿（她自己不能提出诉讼，因为雅典的法律禁止妇女提出诉讼）把她的家庭成员和亲戚召集起来，其中也包括狄奥格通，以一种庄重的方式劝导她自己的父亲。

⑥ 雅典娜和德墨忒耳的女祭司占据着许多拥有很大权威的职位。

⑦ 伪亚里士多德的《经济论》，被认为是亚里士多德的一个学生所写，包含了关于妇女的贬低的和赞扬的两个方面的评论；因此，作者比真实的亚里士多德在妇女的问题上更加积极。例如，他写道，一个丈夫在尊敬他自己的父母之外，也要尊敬他的妻子（1，8），丈夫和妻子是平等的（1，9）。

⑧ 在公元前4世纪，一些妇女开始获得与男子相同的教育，在自由的技艺和职业中任职（波默罗伊，1997年，第133页）。

11. 公民权、婚姻和继承

公元前451年，伯利克里通过了一项法规，如果并且只有父母双方都是公民的情况下，其子女才可以被认定为雅典的公民。为了使这项法规有意义，情况似乎是，一个女性公民应该被定义为一位公民父亲的孩子。当然，在现实中，一个男性公民可以享有所有的政治和法律上的权利，正如上文所定义的，这些权利是女性公民所享受不到的。一个男性公民被称作 *polites*，一个女性公民则被称为 *politis* 或 *astē*。在伯利克里的法规颁布之前，公民权的认定只需要父亲是公民就可以了。在公元前 5 世纪中期以后，一个雅典公民——不论男女——与一个非公民结婚就成为了非法的事情。一个非公民被发现违反了这项规定就会被卖为奴隶，而一个雅典男人娶了一个非公民则会被判处 1 000 德拉克马的罚金（德摩斯梯尼，LIX，《反尼阿拉》，16）。像伯利克里与阿丝帕希娅那样，与一个作为情妇的非公民妇女生活在一起是允许的。因此，德摩斯梯尼半开玩笑地说："我们包养名妓（ εταιρας ）是为了获得快乐，情妇（ ταλλακας ）是为了照顾我们的日常生活，而妻子（ γυναικες ）则为我们生育合法的孩子，同时也是我们的家庭的忠诚守护者。"（同上引文，122，A.T. 默里英译，劳埃伯古典丛书）情妇有两种：那些为了生育公民后代的和不生育后代的。根据伯利克里的法规，前者自己必须就是公民，阿丝帕希娅例外，他们的孩子由于某种特殊的法规被认定为公民。后一种通常是奴隶，她们的孩子也将成为奴隶（麦克道威尔，1978年，第 89 页）。根据第欧根尼·拉尔修的记载（《名哲言行录》，II.26），公元前 406 年的一项法律允许一个已婚男人与他的妻子以外的一个女人拥有合法的孩子。由于在伯罗奔尼撒战争期间公民人口的减少，伯利克里的公民法规实际上被忽视了，到战争结束的时候才开始实行，直到雅典民主制的衰亡前一直有效。

婚姻通常都是由父亲来决定的。儿子们在他们的婚姻中有一些发言权，但女儿则完全没有。在法律上，一个女人不能嫁给直系的前辈和后代，也并不能嫁给她的同母或异父的兄弟。她可以嫁给他的同父异母的兄弟，或者她的叔叔或旁系亲属。

没有留下关于婚姻的文字记录或注册信息。法庭记录中的合法婚姻的证明是一种被称为 *engyē* 的婚姻协定,双方是一个男人和新娘的父亲。为了在氏族名册中为一个孩子注册,父亲必须宣誓,这个孩子是通过 *engyē* 的协定由一位公民母亲生的 (ἐξ ἄρτες χαὶ ἐγγυήτες)。

当一家之长去世的时候,他的地产在他的活着的儿子之间平分。如果他没有儿子但有一个女儿 (称为 *epiklēros*),她就要嫁给他的去世的父亲的最近的男性亲属。这个丈夫将负责管理其地产,直到一个儿子出生。这个儿子将最终继承这些地产。如果一个男人既没有儿子,也没有女儿,通常他会收养一个儿子 (麦克道威尔,1978 年,第 95—100 页)。寡妇需要与他们的儿子住在一起。65% 的寡妇都会继续守寡 (伽兰特 [Gallant],1991 年,第 27 页)。

12. 奴隶制

(1) 奴隶人口

28　　　奴隶在古典时代的雅典起着十分重要的作用。尽管确切的数字并不知道,而且也难于估算,但汉森 (Hansen,1991 年) 还是做出了这一猜测,认为在公元前 4 世纪阿提卡有超过 150 000 的奴隶,而当时公民的人口 100 000 (包括妇女和儿童),外邦人 40 000。这使得奴隶人口超过了整个阿提卡人口数量的一半。与此相比,奴隶的比率在美国南方是三分之一,在古代罗马是十分之一。汉森的估算可能是奴隶的上限,但毫无疑问的是,奴隶在雅典社会中是无所不在的 (参看表 2.2 中估算的人口范围)。雅典的大多数奴隶是异族人 (非希腊人),尽管并非全部。例如,在公元前 416 年米洛斯被毁之后,其妇女和儿童就全部被抓回来做了奴隶。大部分奴隶来自于诸如色雷斯、斯基台、卡利亚、叙利亚、利比亚、弗里吉亚、吕底亚、黑海沿岸和埃及这样的地区。雅典是奴隶贸易的中心,新的奴隶源源不断地被运送到雅典 (参看第 6 章 "公元前 5 世纪和公元前 4 世纪的雅典经济" 中的 "雅典的奴隶进口"

一节）。家生奴隶很少。在色诺芬的《经济论》（ix.5）中，伊斯霍马库斯告诉苏格拉底，在他的地产上，女仆的住处用一道带门闩的门与男仆的住处隔开，以防止仆人们在未经他允许的情况下生孩子。在德尔斐的一份释放奴隶的记录中表明，在 841 名被释奴中有 217 名奴隶（大致占到了四分之一）是家生的，但这似乎偏高了，因为家生的奴隶更容易得到释放（普里切特［Pritchett］和皮平［Pippin］，1956 年，第 281页）。在公元前 414 年的一个被没收地产的奴隶清单中，40 名奴隶中只有 3 名（7.5%）是家生的（普里切特和皮平，1956 年，第 281 页）。然而，据波默罗伊（1994 年，第 299 页）考察，在古典时代的雅典，女奴的数量可能超过了男奴，奴隶奶妈的存在（德摩斯梯尼，ILVII，56）表明，一些奴隶可以生孩子。她猜测家生奴隶的比率可能达到 12%（波默罗伊，1994 年，第 30 页）。

　　古典时代希腊的释放奴隶似乎并不多，至少与罗马相比是如此（卡特利奇，1985 年，第 38 页），尽管的确存在着这种事例。不过，在伯罗奔尼撒战争即将结束的时候，很多充当三列桨舰桨手的奴隶得到了释放。被释奴被称为 *apeleutheros*，其地位相当于外邦人。只有经过了这个阶段，他才能够获得完全的公民权，只是这种情况十分罕见。

公元前 4 世纪 20 年代的被释奴清单（出自戴维斯［Davies］，1981年，第 48 页，载列维斯［Lewis］，1959 年）：

　72　家奴（50 个织工）

　36　零售业

　28　工匠（鞋匠、铁匠、制革工等）

　13　农业

　6　服务业（理发师、女裁缝等）

　4　运输

　12　混杂

29

171　总数

公元前 403 年的被释奴清单（出自詹姆森［Jameson］，1977/1978
年，第 143 页，来源于 IG 2² 10 和 2403。这是一篇推翻"三十僭主"之
后奖励雅典的民主支持者的铭文，被释放之前和之后的情况不清楚）：

　18　农业（务农、园丁、花圃工）

　41　工匠

　23　零售

　　8　运输

　　5　技术性服务业（厨师、占卜师、文书）

　　5　混杂

100　总数

（2）工种

有不同种类的奴隶依靠他们从事的不同种类的工作为生。按照他
们的工作状况的优劣从高到低排列如下：

① 拥有独立作坊的奴隶，他们向其主人支付酬金（*apophora*）。他
们很少出现在书面文献中。精通制鞋的奴隶需要向他们的主人每天交
纳 2 个奥波尔（参看"度量衡"），商铺的主管交纳 3 个奥波尔（艾斯
奇尼斯，《反提马库斯》，97）。这种类型的奴隶与他的妻儿生活在他自
己的房子里，甚至还有他自己的奴隶。这种奴隶的例子是帕西翁（见
"术语表"），他最终获得了公民权。他是雅典最富有的人之一，留给后
代价值 80 塔兰特的地产。他所拥有的奴隶福米翁也最终获得了公民
权。梅内克勒斯是一个拥有 7 000 德拉克马财产的奴隶（伊萨伊俄斯
［Isaios］，II，29 和 35）。另外一个奴隶斯特拉托克里斯给后代留下了
价值 5 塔兰特和 3 000 德拉克马的财产（伊萨伊俄斯，XI，42）。伪色

诺芬《雅典政制》中说，我们不能从他的穿着上判断一个人是奴隶还是公民。

② 家庭奴隶和农业奴隶。在很多故事中，家庭奴隶几乎被当作家庭成员对待。除了做家务活之外，他们当中的很多人也要干农活（詹姆森，1977/1978 年，第 137 页）。根据"阿提卡碑刻"记录，在公元前 414 年卖掉的 53 个奴隶中，40 个没有标明工种，因此被认为是家内服务（戴维斯，1981 年，第 47 页）。这大致占到了总数的四分之三。在上文列出的公元前 4 世纪 20 年代的被释奴清单中，有 72 个（42%）是家用的，其中有 50% 是织工。詹姆森（1977/1978，第 124—125 页）和伽兰（1988 年，第 64 页）都相信，在雅典存在着相当多的农业奴隶，并且引用了很多文献上的证据。在公元前 4 世纪 20 年代的被释奴清单上，只有 13 个是农业奴隶，但是詹姆森（1977/1978 年，第 133—134 页）认为，当时有一种自上而下的偏见，因为与那些在手工业或服务业做工的奴隶相比，农业奴隶不太可能挣到足够的钱来购买他们的自由。

③ 在手工作坊、商业和服务业做工的奴隶。在某些情况下，店铺占据了主人私人的房子。参看上文中的公元前 4 世纪 20 年代和公元前 403 年的被释奴名单。吕西阿斯和他的兄弟在他们的制盾作坊中雇佣了 120 名奴隶（吕西阿斯，XII，《反埃拉托色尼》，19）。帕西翁在他的制盾作坊中雇佣了 60 名奴隶（德摩斯梯尼，XXXVI，《为福米翁辩护》，II）。老德摩斯梯尼在他的制剑作坊中雇佣了 32 名奴隶，在他的制床作坊中雇佣了 22 名奴隶（德摩斯梯尼，XXVII，《反阿福伯斯一世》）。提马库斯在他的皮革作坊中雇佣了 12 名奴隶，在他的皮匠铺中雇佣了 13 名奴隶（艾斯奇尼斯，《反提马库斯》，97）（见表 2.1）。

④ 公共奴隶。他们的任务包括在市场上监察货币的成色，协助行政官员，做三列桨舰的下层桨手，道路清理，铸币等，还有 300 个斯基台弓箭手在公民大会和法庭维持秩序。

⑤ 在劳里昂银矿的奴隶。这部分奴隶数量最大。当斯巴达人占领狄塞里亚（公元前414—前413年）的时候造成了银矿采掘的瘫痪，据说有 20 000 以上的奴隶逃往斯巴达（修昔底德，Ⅶ.27.5）。尽管这个明确的数字存在疑问，但它表明了确实有大量的奴隶在银矿劳动。伊萨格尔和汉森（1975 年，第 43 页）估算，公元前 5 世纪末在银矿劳动的奴隶数量有 30 000 人。这个估算的根据如下：当银矿的开采在大约公元前 340 年达到顶峰的时候，国家每年把大约 140 个矿租出去，租期是 3—7 年，这就意味着同时至少有 400 个矿在进行采掘。据估算，一个矿的开采大约需要 50 个奴隶，相关店铺的运作大约需要 30 个奴隶。因此，他们估算 80 乘以 400 约等于 30 000（第 44 页）。不过，应该注意的是，一些富人使用很多的奴隶——尼西阿斯 1 000；希波尼库斯 6 000；菲勒蒙尼德斯 300（戴维斯，1981 年，第 42 页和第 79 页）。古典学教师联合会（J. A. C. T. 1984 年，第 185 页）估计，劳里昂银矿的奴隶数量在其顶峰时期达到了 40 000 人。另一方面，奥斯邦（Osborne，1991 年，第 134 页）则给出了一个 10 000 人的较低数字。矿区的工作条件十分糟糕。

（3）奴隶的占有

有人说，奴隶的存在使雅典的民主制度成为可能，因为公民无须做很多工作，可以有闲暇时间来参加政治活动和从事公共服务。为了证明这种观点的合理性，我们必须看一看公民中拥有奴隶的比例是多少。卡特利奇（1985 年，第 23 页）写道："在公元前 5 世纪末的时候，大约有 5 000 名公民没有土地，无疑也基本上没有奴隶……（但是）在这里，贫困线以上的家庭拥有奴隶实际上是很普遍的。"因为在那时男性公民大约有 50 000 人，所以这就意味着有 90% 的公民拥有奴隶。

一些富有的公民拥有大量的奴隶。前面提到，尼西阿斯拥有 1 000 名奴隶在劳里昂银矿劳作（色诺芬，《雅典的收入》，Ⅳ.14）。除了 34

名在作坊里劳动的奴隶之外，老德摩斯梯尼还有 10 名左右的家内奴隶（伽兰，1988 年，第 62 页）。在公元前 5 世纪晚期，一个其富裕程度足以支付公共合唱队费用的人拥有 10 名家内奴隶（出处同上）。在公元前 375 年，一个有两塔兰特财产的人拥有两个女仆和一个年轻的少女奴隶（出处同上）。柏拉图有 5 个奴隶，亚里士多德有 13 个，特奥弗拉斯托斯有 9 个（出处同上）。伽兰（第 61 页）列举出了九处阿里斯托芬所提到的不同的人拥有的奴隶的数量。根据他的清单，一个富人拥有 5—8 个奴隶，平均每个公民拥有 2—4 个奴隶。

想通过工作来挣取工资的一些贫困公民却不能这样做，部分原因在于为他人工作被人看不起，另一部分原因是雇主更愿意雇佣工钱更低的奴隶。正是为了帮助这些贫穷的公民，伯利克里启动了一个巨大的公共工程，并且为参加陪审法庭的人发放津贴。后来，参加公民大会和议事会的人都可以领到津贴。有人指出，奴隶制度阻碍了技术进步，因为可以得到廉价的奴隶劳动极大地削弱了技术发明的动力。

（4）德摩斯梯尼，《反阿福伯斯一世》

我将简单地介绍一下这篇演说，因为它关系到下面的关于奴隶价格和生产力的讨论。我也会在第 6 章 "公元前 5 世纪和公元前 4 世纪的雅典经济" 中的 "货币、贷款和借贷" 一节中提到这篇演说。

当德摩斯梯尼 7 岁，他的妹妹 5 岁的时候，他的父亲留给他 13 塔兰特和 46 明那的财产；然而，他的监护人阿福伯斯、德莫丰和特里皮德斯用掉了其中的一大部分。当他到了 18 岁的时候，只给了德摩斯梯尼 70 明那（14 名奴隶，价值 30 明那的房子和价值 30 明那的白银）。为了展示出他父亲的遗产的庞大，德摩斯梯尼指出，这些监护人以德摩斯梯尼的名义在 *symmoriai**（雅典的 1 200 个最富有的人）上支付了

---

*　雅典缴纳特殊财产税的联合小组。雅典最富有的 1 200 个公民，被编成 20 个这样的联合小组，各个小组轮流缴纳特殊财产税以供应军费和建造战舰等费用。——译者

20% 的税, 达到了 3 塔兰特。

阿福伯斯在娶寡妇为妻的前提条件下得到了 80 明那的嫁妆。他收下了这 80 明那却娶了另外一个人。在这种情况下, 他应该在老德摩斯梯尼去世和德摩斯梯尼长大成人的十年间支付 18% 的利息, 但德摩斯梯尼说他自愿把利率减少到 12%(《反阿福伯斯一世》, 17)。在第 35 段, 德摩斯梯尼说, 他的三个监护人承认拿到的财产分别是, 阿福伯斯 108 明那, 特里皮德斯 2 塔兰特, 德莫丰 87 明那。(我认为阿福伯斯获得的 108 明那包含了 80 明那的嫁妆。)总共加起来是 5 塔兰特和 15 明那, 从中减去给德摩斯梯尼的 77 明那用于生活(《反阿福伯斯一世》, 35), 还剩下大约 4 塔兰特。接下来就是下面这段话: "现在, 如果你在这最终的数字上再加上十年的利息, 按照 1 德拉克马计算的话, 那么, 你将发现连本带利总共是 8 塔兰特和 4 000 德拉克马。"(A.T. 默里英译, 劳埃伯古典丛书)默里在这里做了一个脚注, 说"按照 1 德拉克马计算"的意思是利息为 12%。在同一个脚注里, 默里指出, "8 塔兰特和 4 000 德拉克马"大致是这样算出来的: $0.12 \times 240 \times 10 + 240 = 528$ 明那 $=$ 8 塔兰特和 48 明那。十分有趣的是, 我们注意到, 德摩斯梯尼在这里没有使用复利(compound interest)。如果他使用的话, 那么, 经过这样的计算将得出一个大得多的数字, 即 $240 \times 1.12^{10} \cong 745$ 塔兰特 $=$ 12 塔兰特和 25 明那。我认为, 德摩斯梯尼是想为了陪审员的方便而简化了计算。有理由认为, 他自己知道复利, 因为在第 59 段他说, 他父亲的地产将在十年之内翻三倍, 这是由以下的计算而来的: $1.12^{10} \cong 3.1$。

德摩斯梯尼在与伊萨伊俄斯学习修辞学的两年之后对阿福伯斯提起诉讼。法庭判给他 10 塔兰特, 但显然他最终只拿到了其中的一部分。另外两个人在法庭之外了结。这个诉讼发生在公元前 364 年。

德摩斯梯尼父亲的 13 塔兰特和 46 明那的具体情况如下。其中对 A.T. 默里翻译的"劳埃伯古典丛书"中的记载做了一个小的修正。

制剑作坊中的 32 或 33 名奴隶	190 明那
制床作坊中的 22 名奴隶	80 △
作坊中使用的象牙、铁、木头、缎带和铜	150
房子	30
家具、器皿和杯子、珠宝、衣服、装饰品	100
现金（白银）	80
利息为 12% 的贷款	60
海洋贷款	70
无息贷款	60
帕西翁银行中的储蓄	24
皮拉德斯银行中的储蓄	6
德摩斯梯尼银行中的储蓄	16
总计	866

△ 默里的这个数字是 40，因为他使用的是贷款的价值，而我使用的是保证金的价值。

（5）奴隶的价格

公元前 415 年　在被没收的财产中，25 个奴隶的平均价格是 174 德拉克马（普里切特和皮平，1956 年，第 276 页）。男奴和女奴的价格没有什么不同。

公元前 4 世纪早期　一个家庭奴隶（*oiketes*），2 明那（德摩斯梯尼，XLI，8）。

公元前 4 世纪早期　家庭奴隶的价格从 50—1 000 德拉克马不等。尼西阿斯购买了一个用于其银矿的监工，花了 1 塔兰特（色诺芬，《回忆苏格拉底》，II.5.2）。

公元前 380 年　德摩斯梯尼的制剑作坊的 32 或 33 个奴隶平均价格 5—6 明那，最少的是 3 明那。一个制床作坊中的 22 个奴隶的价格可以减少到每个平均 3.6 明那左右（德摩斯梯尼，XXVII，《反阿福伯斯一世》，9）。

公元前 4 世纪　一个在银矿做工的奴隶花了 125 德拉克马（德摩

斯梯尼，LIII,《反尼克斯特拉图斯一世》)。

公元前4世纪　一个农业奴隶，125—150德拉克马。一个矿山奴隶，不足185德拉克马。

公元前4世纪　一个奴隶的花销（维持和转让），300德拉克马一年（安德里阿德斯，1933年，第257页）。

公元前330年　埃皮克拉特斯购买了一个奴隶男孩，他的父亲和兄弟出了40明那给了制作香水的人雅典奥格尼斯（希波里德斯，《反雅典奥格尼斯》)。

（6）奴隶的生产力

在上文提到的老德摩斯梯尼的制剑作坊（公元前380年）中，奴隶的总价值是19 000德拉克马，每年产出3 000德拉克马，这也就意味着每年的产出率是16%。在制床作坊中，总价值估计有8 000德拉克马，因为财产的价值通常是保证金的两倍，收益是1 200德拉克马，这就意味着每年的产出率是15%。相比较而言，老德摩斯梯尼贷款的回报率是13%。产出率在农业上大约8%（卡森［Casson］，1976年，第37页）。在银矿业产出率是33%，提马库斯在他的皮革作坊中，奴隶的产出率是20%—25%（伽兰，1988年，第73页）。

上面估算的生产力得到了以下的计算。下面每条列出的是《反阿福伯斯一世》的文本中给出的数字，用普通的字体；我的计算是用粗体。我的计算的根据用数字的解释性说明注出。

制剑作坊

32—33个奴隶　　平均每个5或6明那，不少于3明那

奴隶的价值△　　190明那

净收益　　　　　每年30明那

回报率　　　　　30÷190 ≅ 0.16

制床作坊　　　　　　　　　　　　　　　　　　　　　　34

22 个奴隶　一笔债务的保证金是 40 明那

奴隶的价值[△△]　　　80 明那

净收益　　　　　　　1 年 12 明那

回报率　　　　　　　$12 \div 80 \cong 0.15$

能够产出的资本（以下列出的以 12% 为利息的贷款）

价值　　　　　　　　60 明那

净收益[△△△]　　　　一年多于 7 明那，按 8 明那计算

回报率　　　　　　　$8 \div 60 \cong 0.13$

总数

价值　　　　　　　　290 明那

净收益　　　　　　　50 明那

解释性注释：

△　这是从"全部价值（290）－制床作坊的债务价值（40）－能够产出的资本的价值（60）"而计算出来的。由于 $190 \div 33 \cong 5.76$，所以它与每个奴隶的价值 5 或 6 个明那相一致。

△△　根据德摩斯梯尼，XXXIV，《反福米翁》，6 和 XXXV，《反拉克里图斯》，18，保证金的价值据估算是贷款价值的两倍。

△△△　这是由"全部的净收益（50）－制剑作坊的净收益（30）－制床作坊的净收益（12）"计算出来的。这与每年高于 7 明那的净收益的表述相一致。

（7）作坊的规模

表 2.1 翻译自伊藤（Ito，1981 年，第 7 页），得到了作者友好的授权。

哈里斯（2002年，第81页）说，以地产作为抵押的贷款的数额，刻写在八块石碑上，就放置在作坊的旁边。最高的两笔数额是60明那，第二高的是17明那，其他的是5—8明那。为了计算出作坊的价值，我们应该将这些数字翻倍，因为保证金的价值大致是贷款的两倍。

表2.1　手工作坊的规模

来源	主人	奴隶	产品	年收入	独立作坊	监管人
艾斯奇尼斯，I，97	提马库斯的父亲	9—10	鞋	大约12明那	不	是
德摩斯梯尼，XXVII，9	德摩斯梯尼的父亲	20	床	12明那	不	是（？）
德摩斯梯尼，XXVII，9	德摩斯梯尼的父亲	32—33	刀子	30明那	不	是
德摩斯梯尼，XXXVI，11	帕西翁	60—100	盾牌	60明那	是	是
吕西阿斯，XII，8，19	吕西阿斯，波勒马库斯	100—120	盾牌	？	是	？

13．同性恋

在古希腊，一个成年男人和一个男孩之间的关系模式，与我们今天两个成年男人之间的那种同性恋是不同的。在古典时代的雅典，与现在的大部分西方世界相比，两个成年男人之间的同性恋，并不是很不普遍，也不是更不被接受。在成年男性的同性恋关系中的那些选定为被动角色的人尤其受到谴责，被称为 kinaidoi（娈童）。然而，希腊人对一个成年男子和一个男孩之间的关系更加容忍，除非这个男孩被强迫在性行为上处于被动的地位，或者他是为了获得报酬而提供性服务。在这些限度之内，一个男人被一个漂亮的男孩所吸引被认为是正常的事情。如果超出了这些限度，双方不仅都被认为是可耻的，还会受到惩罚，最严厉的惩罚是不允许在公民大会上发言（参看艾斯奇尼斯，《反提马库斯》，13—20）。有很多法律都保护年轻的男孩免受下流的成年人的侵害（同上书，12）。在古典时代的雅典，年轻的未婚女人是不容易接近的。在公元前451年，伯利克里通过了一项法规，规定一个人当且仅当其父母都是公民的情况下才能成为一个公民。这使得公民的女儿变得极端宝贵，所有的公民家庭都会小心地保护他们的女儿，直到她们嫁给公民为止。因此，一些男人试图从妓女和男孩身上得到性的满足。

一个成年男人和一个男孩之间的爱情故事有时被看作是这样一种关系，即年轻人的教育被用来换取某种色情的满足。柏拉图在《会饮篇》中讲述了下面的故事：年轻的亚西比德有一次邀请苏格拉底去他的家。苏格拉底想在吃饭前就离开，但是亚西比德坚持说他应该留下来吃饭。在苏格拉底吃过饭后正要离开的时候，亚西比德又恳求他过夜，对此，苏格拉底默许了。接着，亚西比德邀请苏格拉底上他的床，但苏格拉底自己坚持要睡在沙发上。然而，在夜里，亚西比德悄悄地溜到了沙发上。第二天早上，亚西比德醒来之后说，他好像与他自己的父亲或兄弟睡了一觉。苏格拉底很高兴教导了亚西比德，即使他没有收到任何的报偿。

不论是柏拉图还是亚里士多德都认为，一个男人和一个女人之间的爱是自然的，而一个男人和一个男人之间的爱是违反自然的（见《法律篇》836—841和《修辞学》1384A）。在《尼各马科伦理学》（1162A16-17）中，亚里士多德声称，丈夫和妻子之间的爱（*philia*）是自然的，认为人类从本性上讲，与社会的动物相比，更是一种成双成对的动物（ἄνθρωπος γὰρ τῇ φυσει σύνδυαστικὸν μᾶλλον ἤ πολιτικὸν）。我们在色诺芬的《会饮篇》（VIII.3）中可以看到，他提到在尼科拉图斯和他的妻子之间存在着一种情欲之爱（*eros*）。伊索克拉底（III.40）把一个男人在家外寻找性的快乐而把一个忠诚的妻子留在家里看作是一种道德上的恶习（*kakia*）。

多福尔（1994年，第206页）认为，在古典时代，与我们从阿里斯托芬的喜剧和瓶画上得到的印象相比，希腊人在性的问题上更加压

36

抑一些。

14. 人口

公元前 5 世纪和公元前 4 世纪雅典人口的估算是极端不准确的。表 2.2 呈现出的是不同的作者（安德里阿德斯 1933 年，伽恩西 1988 年，汉森 1988 年、1991 年、1992 年，古典学教师联合会 1984 年，奥利弗 1995 年，维特比 1998 年）估算的人口数量的范围（单位是千人）。

表 2.2　人口估算（千人）

	公元前 431 年	公元前 4 世纪中叶	公元前 322 年
成年男性公民	30—60	21—35	21—30
及其家庭（×4）	120—240	84—140	84—120
外邦人	24—25	20—30	10—25
及其家庭（×2）	48—50	40—60	20—50
奴隶	30—10	50—150	50—150
总计	198—390	174—350	154—320

第3章 雅典的民主制度

关于这个话题的一个很好的简明参考书是斯托克顿（Stockton）的
著作（1990 年）。

1. 梭伦的立法

亚里士多德的《雅典政制》第 7 卷记载，根据一年的谷物、橄榄油和葡萄酒的产量，梭伦把公民划分为以下的四个等级：

富豪级（*pentakosiomedimnoi*）。500 麦斗以上（参看"度量衡"）。

骑士级（*hippeis*）。300—500 麦斗。可以装备一匹马在骑兵服役。

双牛级（*zeugitai*）。200—300 麦斗。构成了重装步兵的主体部分。（重装步兵这个词的词源是 *hoplon*，意思是"大盾牌"。）

日佣级（*thētes*）。其余的人。

日佣级只被允许参加公民大会（*ekklēsia*）和陪审法庭（*dikastēria*）。在梭伦时期，公民大会的职能并不很清楚；可以确定的是，它还不像克里斯提尼和厄菲阿尔特改革之后那么重要。人们可能只是对提交给它的提案进行投票，无须辩论。最重要的官员是九位执政官，其中包括名年执政官（*epōnymos*）——有点像现代的首相（梭伦自己就担任这个职务），王者执政官（*basileus*）负责宗教事务，军事执政官（*polemarchos*）指挥军队，其他的六位执政官被称为司法执政官（*thesmothetai*）。只有属于前两个财产等级的人才能够充任这些官职。第二重要的机构是战神山议事会（Ἄρειος πάγος），由退任的执政官组成，是法律的保护者，有权除掉或惩罚那些阴谋推翻现行法律的人。战神山议事会来自于希腊文"战神阿瑞斯的山"（*Areios pagos*），位于卫城的西北。最后，梭伦创立了四百人议事会（*boulē*），每个部落（*phylai*）出100人作为代表。亚里士多德的描述并没有说清楚这个议事会的职能。有人猜测其主要的职能与后期的相同：为需要在公民大会上投票的事项制定议事日程。

2. 克里斯提尼的立法

（1）行政分区

38 　　正如我在上面所提到的，在梭伦时期有四个部落（*phylai*，单数是*phylē*），它们是血缘组织。克里斯提尼根据地理上的分区建立起十个新的部落。每个部落包括三个"三一区"（*trettyes*，单数是*trittys*），每个"三一区"都是从阿提卡的三个地区中——城市区、海岸区和内陆区——挑选出来的。而且，一个三一区由"德莫"（*dēmoi*，单数*demos*）构成。每个三一区包括一个或多个德莫，通常就是临近德莫组成的一个街区。德莫最重要的功能就是接受新的公民。在一个男孩到了18岁的时候，德莫的会议就会通过投票来确认其公民权的资格，如果他被确认拥有公民父母，他的名字就会在德莫的名册上登记注册。从此以后，他就会用三个名字来确认身份，即他自己的名字，他父亲的名字，以及他所在的德莫的名字，比如"德摩斯梯尼，德摩斯梯尼的儿子，属于派阿尼亚德莫"。德莫的其他功能主要与仪式和节庆活动有关。一共有139

个德莫，它们的人口规模相差很大，阿卡奈（雅典北部的一个大区）的人口最为密集。一个德莫向议事会派出的代表人数大致是根据其人口规模。

还有其他的团体，其功能更多的是宗教的和社会的而非政治的。其中最重要的就是胞族（*phratriai*）和氏族（*genē*，单数是 *genos*）。氏族可能是胞族的下属单位。得到这些团体以及各个德莫的成员的支持，对于政治上的成功十分重要。

（2）公民大会

在克里斯提尼时期，公民大会成为最重要的政治机构。所有年满 18 岁的男性公民都能够参加公民大会和投票。不过，因为在公元前 403 年建立了一种制度，规定年满 18 岁的青年男子（*ephēboi*，单数是 *ephēbos*，参看"术语表"）要进行两年的军训，所以，参加公民大会的实际年龄是 20 岁。每一年公民大会召开 40 次，其中有 10 次被称为主会议，解决政府官员的审计（*euthunai*）、弹劾、粮食供应和国家安全等问题。在其中的一次主会议上，商议"陶片放逐"（参看"术语表"）的问题。设置陶片放逐是一种减少政治争斗的方式，但到公元前 5 世纪末因为其滥用就被废除了，代之以"违法法令诉讼"（*graphē paranomōn*）的制度。在其他的日常会议上，商议并对私人事务、宗教事务和外交政策进行投票。公民大会的议事日程（*probouleumata*）（参看"术语表"）由议事会决定，但有时公民大会也会对议事会就下一次会议的议程发布指令。议事日程在每次开会前四天在阿戈拉（*agora*）公布。议事日程有两类：具体的和开放的。前者是关于完全由议事会提交的法令或法规，被送到公民大会进行投票表决。后者则是关于那些由公民大会本身提出的事项。

我们应该对法律（*nomos*）和法规（*psēphisma*）做出区分，前者是长期执行的规定，后者则是关于某个具体的事情做出的规定。大约从公元前 410 年开始，雅典对现存法律中的模糊不清或前后不一致的地

39

方进行了修订，并把修订好的法律刻写在石碑上；从此以后，没有刻在碑上的法律不再生效，也没有法规能够超越法律。从大约公元前 403 年开始，新的法规还是由公民大会来制定，但是新法律的制定则被转移到了被称为"立法者"（nomothetai）的公民团体的手中，他们通过抽签从 6 000 名陪审员中产生。我将在稍后的第 4 章 "雅典的民主制度成功吗？"里讨论这个问题。

直到大约公元前 360 年，公民大会还起着审判严重犯罪的法庭的作用，但接下来，司法事务被移交给了单个的法庭。公民大会的另外一个功能就是每年选举十将军（stratēgoi），每个部落选出一位。这个职务是少有的几个仍旧通过选举而不是通过抽签产生的官员之一。起初，一位将军扮演着政治和军事的双重角色，但后来他成为专门的陆军和海军的军事指挥官。从公元前 443 年到前 429 年，伯利克里几乎每年都被选为将军。然而，正如我在后边所讲到的，伯利克里的政治影响力并不是仅仅，也不是主要来自于充任这一职位。

尽管年满 18 岁的所有男性公民都有权参加公民大会，参与讨论和投票，但对一些公民来说，也存在着一些障碍。首先，大多数的公民都住在他们的乡村农场上，要参加通常在早上召开的公民大会的话，需要在前一天夜里就要动身赶路。不过，伊萨格尔和汉森（1975 年，第 51 页）说，农民在参加公民大会的时候也可以到城里的市场做些生意。根据奥斯邦（1985 年，第 68—72 页）的说法，大约有 39% 的雅典人住在离城 15 公里以外的地方。其次，对于那些贫穷的公民，他们既养不起奴隶，也必须要在农场或店铺里劳作，参加公民大会也就意味着收入上的损失。部分是为了缓解这个难题，从公元前 403 年民主制度刚刚恢复之后，就设立了向参加公民大会的人支付 1 奥波尔的津贴的制度。到公元前 392 年，这个津贴增加到了 3 奥波尔，在公元前 330 年前后达到了日常会议 1 德拉克马（等于 6 奥波尔），主会议 1 德拉克马和 3 奥波尔。注意下面的在阿里斯托芬的《公民大会妇女》中合唱队的歌词（写于公元前 392 年）：

> 我们要把那些穿戴漂亮、熙熙攘攘结群而来的城里人挤到一边。早先来开会，每人只发一个奥波尔的铜钱。他们戴着花冠，坐在那里径自聊天，就像在市场上赶集一样。对这些人你简直毫无办法。遥想当年，米罗尼德斯刚毅果断，谁也不会因为参加公民大会把国家的钱揣进自己口袋。但大家都踊跃前来普倪克斯（Pnyx），各自在背囊里带着面包、葱头和酒罐，外加一把油橄榄。而现在虽然每人发了三个奥波尔，一讨论起国家大事来，就只知道在会上喧嚷叫喊，像雇佣来的泥瓦杂工一般要工钱。[*]

> （301—310，B.B. 罗杰斯 [B.B.Rogers] 英译，劳埃伯古典丛书）

正像我在下面的 "议事会" 部分将要更为全面阐述的那样，议事会　40
由 500 人组成，10 个部落各出 50 个人。每个部落的 50 个人轮流主持公民大会。他们被称为 *prytaneis*（主席团），坐在一个台子上，负责主持会议的议程。当需要制止骚乱的时候，他们就会把斯基台人弓箭手喊来。在阿里斯托芬的《阿卡奈人》的第一场，就描述了一次公民大会的场景：

> 可是，自从我第一次洗脸以来，还从未像今天这样让碱水伤了我的眉毛。现在言归正传：定好今天开公民大会，时间已经不早，可普倪克斯还是空空如也。人们还在市场里谈买卖，溜过来溜过去，躲避那条涂着赭石粉的赶人索。那些主席官也没有到，但在他们迟迟到来之后，你难以想象他们会怎样一拥而至，你碰我撞，挤成一团争坐前排座位。至于讲和的事他们全不放在心上。啊，城邦呀城邦！可是，我总是第

---

[*]　中译文参见张竹明、王焕生译《阿里斯托芬喜剧集》（下），凤凰出版传媒集团，2007 年，第 407 页。——译者

一个到来，坐在这地方，然后独自个儿叹叹气，放放屁，打呵欠，伸懒腰，烦躁不安，揪揪头发，写写字，算算账，想念田野，向往和平；我厌恶城市，想念我的村庄，那里从来不听见有人叫"卖木炭啊！""卖醋啊！"、"卖油啊！"，不知有叫卖，自己生产一切，什么都不用买。这次我是完全有备而来的，要吵闹、打断和痛骂演讲的人，如果他们只说别的，不谈议和。已到中午了，主席们才姗姗来迟。我不是说过吗？一切都像我说过的那样：大家都往前排座位上挤。*

（www.perseus.tufts.edu）

公民大会通常在卫城附近的一个户外的半圆形场地（称为"普倪克斯"）举行，在公元前 5 世纪能够容纳 6 000 人，在公元前 340 年容纳的人数几乎翻了一倍。不难想象一个人要让 6 000 个观众心服口服地按照他的方式投票，得需要多大的勇气、个人魅力、大嗓门和演说的技巧，尤其是参加会议的人会毫不犹豫地把发言者轰下台，如果他们执意要这样做的话。然而，伯利克里在公元前 460 年和公元前 429 年之间"执政"期间却可以控制好每一次公民大会。他是如何做到的呢？除了前面讲到的个人的特质之外，还有两种影响投票的途径。一种就是通过他自己的德莫、部落和胞族的民众的支持。还有一种被称为 *hetaireiai* 的上层阶级俱乐部，很多杰出的政治家都属于这些俱乐部。（我们对雅典的政党不是很了解。）不过，据说伯利克里躲开了上层阶级俱乐部，试图直接影响大众。苏格拉底告诉克里托布罗斯："……第二，你必须很大方地招待很多外来的客人。第三，你必须经常宴请市民并对他们有所帮助，否则你就要失掉你的追随者。"（色诺芬：《经济论》，II，5，E.C. 马钱特英译，劳埃伯古典丛书）

41　　在客蒙被陶片放逐之前，他和伯利克里是政治上的主要竞争对手。

---

* 中译文参见张竹明、王焕生译《阿里斯托芬喜剧集》（下），第 6—7 页。——译者

客蒙极为富有，并且慷慨地招待他的雅典同胞。据说，为了对抗这个举措，来自于一个贵族家庭但并不像客蒙那样富有的伯利克里，就建立了一个陪审法庭每天发放两奥波尔津贴的制度（亚里士多德，《雅典政制》，XXVII.3）。伯利克里还雇佣很多工人开始修建帕台农神庙。这项工程为这些工人提供了很好的收入来源。这些行为使伯利克里成为一个很受普通民众欢迎的人。

伯利克里时代民主力量的增长部分是由海战的重要性大增所造成的。在马拉松有 9 000 名重装兵参加了战斗，而在萨拉米斯则有 36 000 名水手操控的 180 艘三列桨舰参加了战斗。读一读伯利克里在公元前 431 年发表的葬礼演说中对民主制度的颂扬吧：

> 我们的宪法没有照搬毗邻城邦的法律，相反地，我们的宪法却成为其他城邦模仿的范例。我们的制度之所以被称为民主制，是因为城邦是由大多数人而不是由极少数人加以管理的。我们看到，法律在解决私人争端的时候，为所有的人提供了平等的公正；在公共生活中，优先承担公职所考虑的是一个人的才能，而不是他的社会地位，他属于哪个阶级；任何人，只要他对城邦有所贡献，绝对不会因为贫穷而湮没无闻。*
>
> （修昔底德：《伯罗奔尼撒战争史》，II.37，理查德·克劳利英译，劳埃伯古典丛书）

在伯利克里时代，民主制的出现是与爱国主义和帝国主义携手并进的，在下面摘引的发表于公元前 430 年的演说中，伯利克里不加掩饰地承认了雅典的帝国主义的立场：

---

* 中译文参见徐松岩译注《伯罗奔尼撒战争史》，世纪出版集团·上海人民出版社，2012 年，第 150—151 页。——译者

还有一点，你们的邦国有权要求你们尽职效力，以维护帝国的尊严。对于你们每个人来说，帝国都是可以引以为豪的共同资源。对你们而言，拒绝承担帝国的责任，同时又企图分享其荣耀，这是不可能的。你们还应当知道，你们进行战争的目的不单单是为了享受自由而不遭受奴役，同时也牵涉到帝国的丧失以及帝国在实际管理中所招致的仇恨而产生的危险。此外，假如在危难时刻你们当中确实有人曾认为放弃帝国是一种正直的行为，那么，放弃这个帝国已经是不可能的了。坦率地说，因为你们维持帝国靠的是一种暴政；过去取得这个帝国也许是错误的，然而放弃这个帝国一定是危险的。*

（修昔底德：《伯罗奔尼撒战争史》，II.63，理查德·克劳利英译，劳埃伯古典丛书）

（3）议事会

克里斯提尼建立了 500 人议事会（*boulē*），由 10 个部落中各出 50 人组成。议事会成员在 30 岁以上且属于梭伦的前三个等级的成年男性中抽签产生。不过，到了公元前 4 世纪后期，财产资格上的限制实际上不存在了。从德莫中产生的议事会成员的人数大致与人口的规模成正比。最大的德莫阿卡奈，向议事会派出 20 名代表，但也有很多小德莫，每个德莫只派出一名议员。公民进入议事会不能超过两次，不能连续两年入选。议事会成员要有一年住在雅典，除了节日（一年大约有 40 天）之外，每天都要在阿戈拉西侧的议事会厅（*bouleutērion*）开会。议事会的主要工作就是为公民大会准备提案。重要部门的官员和杰出的公民可以向议事会提交议案。普鲁塔克说，人们几乎每天都可以看到伯利克里到议事会厅去。

从每个部落中产生的由 50 个议员组成的主席团在一年的十分之

---

* 中译文参见徐松岩译本，第 166 页。——译者

一时间里主持工作。这段时间段被称为一个 *prytaneia*（主席团）。主席团每天都要工作。他们负责组织议事会和公民大会的召开，接待使节和接收寄到国家的信件，以及处理其他的日常事务。每天他们在议事会厅旁边的一个叫作 *tholos*（圆屋）的圆形建筑里生活和用餐，餐费来自于公共开支。每天主席团中的一个成员通过抽签被挑选出来成为他们的"团长"（*epistatēs*）。在公元前 5 世纪，他是当天召开的议事会或公民大会的任何会议的主席。在公民大会审判从阿吉努塞召回的六位将军（参看第 1 章"历史"的"古典时代"部分）的那一天，苏格拉底正好担任主席。在公元前 4 世纪，主席的职责被一位从那些非主席团成员中选出来的议事会的成员（称为 *proedros*［主席］）接管下来。

除了为公民大会准备提案之外，议事会还有以下职能（亚里士多德，《雅典政制》，XLVI）：①监督和控制公民大会决议的执行；②监管国内的税收和支出；③任命其自身成员中的十位作为审计员审查所有公职人员的账目；④监督三列桨舰的打造；⑤监管公共建筑和工程；⑥监管节庆活动。

在亚里士多德撰写《雅典政制》（XLII.3）的时候，议事会成员的津贴是每天 5 奥波尔，一个主席团成员是每天 1 德拉克马。

（4）陪审法庭（*dikastēria*）

有两类案件分别称为 *dike*（私诉）和 *graphē*（公诉）。前者是由受到伤害的一方或他们的监护人或亲属提起的诉讼。后者则涉及公共事务，可以由任何人提出诉讼。雅典人十分好讼。为了防止有太多的"公讼"，有一种被称为 *epōbelia*（赔偿金制度）的十分有趣的规则，它规定，如果起诉人不能得到陪审员的五分之一的投票，就要向他收取损失金额的六分之一。每年要从年龄超过 30 岁的公民中选出 6 000 名陪审员（*dikastai*，单数 *dikastēs*），每个部落选出 600 人。这些陪审员再通过抽签分配到各个法庭。根据案件的性质，一个法庭的陪审员的人数从

43 201 人到 1 000 人以上不等。法庭的判决是最终的；没有向上一级法庭
上诉的制度。原则上非公民必须由他们的保护人（*prostatēs*）代表他们
出庭。不过，伊萨格尔和汉森（1975 年，第 68 页）引用过外邦人可以
直接作为辩护人和原告发言的法庭演说。在雅典同盟建立之后，法庭案
件的数量大增，因为同盟规定，在同盟国成员中出现的大多数法律诉讼
都要在雅典的法庭进行审理。

　　法庭审理的最重要的案件之一就是前面提到的 *graphē paranomōn*
（违法法令诉讼）。在公元前 4 世纪，它是攻击那些杰出的政客的一种流
行的方法。阿里斯托芬（约公元前 435 年—约前 335 年）据说曾经自
夸说，他在 75 次这样的指控中最终无罪释放。最有名的例子就是艾斯
奇尼斯指控泰西封，因为他建议向德摩斯梯尼授予一顶金冠。幸存下来
的艾斯奇尼斯（参见"术语表"）的演说《反泰西封》和德摩斯梯尼的
《论金冠》就是为这个案件的审理而撰写的。

　　陪审员的津贴是每天 2 个奥波尔，是伯利克里在公元前 5 世纪 50
年代设置的，在公元前 5 世纪 20 年代提高到每天 3 个奥波尔。一些争
端由仲裁人（60 岁以上的老人）来处理，如果涉案的双方不服从他们
的决定，就会被移交到陪审法庭进行审理。在表 3.1 中列出了古典时代
雅典的三个公共机构的特征。

表 3.1　雅典公共机构的特征

机构	资格	选择	地点	会议	职能
公民大会	18 岁以上的男性公民	自由参加	普倪克斯，容纳 6 000 人	一年 40 次	法律和法规
议事会	30 岁以上的男性公民	500 人组成，每个部落通过抽签选出 50 人。不能超过两次	议事会厅	每天，除了 40 个节日	为公民大会准备提案
陪审法庭	30 岁以上的男性公民	6 000 人，每个部落出 600 人。参加一次算一次	很多的法庭	根据需要召开，常常会开	私讼和公讼

（5）执政官

执政官的权力在克里斯提尼和厄菲阿尔特改革之后逐步受到了削弱。产生的办法也逐步由选举改为了抽签。与此同时，财产资格的限制越来越小。在公元前 5 世纪晚期和公元前 4 世纪，执政官的职责主要是宗教（包括节日）和司法事务。他们负责对诉讼进行事先的调查，然后把它们转交给陪审法庭，后者做出裁决。军事执政官的职责逐渐被将军所取代。

（6）战神山议事会

正如前面所提到的，战神山议事会在梭伦时期是一个很重要的机构，但在克里斯提尼改革之后，其重要性也随着执政官的重要性的降低而降低了，它的一些职能被议事会所接管。在公元前 462 年，它的权力进一步被厄菲阿尔特削弱，其大部分司法职能被转移到议事会和陪审法庭手中。这种变化表明，权力逐步由贵族转移到平民手中。战神山议事会保留了审判杀人、伤害、纵火和一些宗教案件的权利。

（7）公职人员

有两种类型的公职人员，一类抽签产生，另一类选举产生。后一类包括了需要技术和专业知识的工作。将军和雅典同盟的司库就是这类公职人员的代表。选举产生的官员被允许可以连任，只要他们再次当选。所有公职人员，大约 300 人，由公民大会选出，并受到议事会的监督（参看亚里士多德，《雅典政制》）。尽管如此，还是会出现腐败的情况。艾斯奇尼斯在《反提马库斯》的演说中（106—107）就提到，一个地区的长官职位曾经以 30 明那被出卖。

（8）兵役

麦克道威尔（1978 年，第 159 页）写道：

> 所有 18 岁到 60 岁的男子，如果他是雅典的公民或阿提卡的定居的外邦人，在需要的时候都要服兵役。他或者在骑兵中服役（自备马

匹和装备），或者作为重装兵（全副武装的步兵，自备武装），或者作为轻装兵（*psilos*），或者作为水手。

克里斯特（Christ）（2001 年，第 405 页）说，在公元前 5 世纪，一个男人需要足够的富有才能成为一名重装兵，但在公元前 4 世纪，不那么富有的人也可以充任重装兵了，因为他们不需要准备那么多的装备了，国家提供盾牌和长矛。所有种类军队的招募都是以德莫的注册为依据。我们需要注意的是，定居的外邦人也要在德莫进行注册，而他的公民保护人也住在那里。

第 4 章　雅典的民主制度成功吗？

1. 引言

　　我们可以有把握地说，雅典的民主制度是富有活力的。从克里斯 45
提尼在公元前 510 年建立起民主制度的基础，它一直存在到公元前 322
年马其顿将军安提帕特建立起寡头制度为止。在此期间，曾经在公元前
411 年和公元前 404 年有过寡头统治，但每次民主制度都不到一年就恢
复了。即使在公元前 322 年之后的希腊化时代，也出现过几次民主制度
的恢复，成为地方政府的统治形式。不过，只有对民主制进行批评的著
作保留了下来：包括柏拉图、亚里士多德和老寡头（被划归到色诺芬的
著作中的《雅典政制》的作者）的著作。正如在第 1 章"历史"的"古
典时代"部分的"苏格拉底受审并被处死"中所说的，苏格拉底自身似
乎是支持雅典民主制的，因为即使被判死刑，他还是遵从雅典的法律的。

2. 失败的事例

　　（1）公元前 428 年，位于莱斯波斯东南角的一个城邦密提林发动
起义反抗雅典，它这样做是受到了斯巴达人的鼓动。公元前 427 年，雅
典的将军帕契斯率领 1 000 名重装兵征服了莱斯波斯。在克里昂的建议

下，公民大会起初投票，要把密提林的所有成年男子都处死。所以，雅典人派出了一条三列桨舰到密提林，向帕契斯传达命令执行这项公民大会的决议。第二天早晨，雅典人又对他们的决定后悔了，召开公民大会再次讨论这个议题（修昔底德，《伯罗奔尼撒战争史》，III.35-50）。参看"成功的事例"的第2条。

（2）公元前416年，一个最初处于中立地位的斯巴达殖民地米洛斯，开始公开地与雅典为敌。雅典人武装征服了米洛斯，他们的使节与米洛斯的代表展开了谈判。雅典人要求实行完全统辖。他们的辩论是"强权就是公理"这种哲学的一个典型例证："因为我们双方都知道，当今世界通行的规则是，公正的基础是双方实力均衡；同时，我们也知道，强者可以做他们能够做的一切，而弱者只能忍受他们必须忍受的一切。"* （修昔底德：《伯罗奔尼撒战争史》，V.89，理查德·克劳利英译，劳埃伯古典丛书。）雅典人赞扬了斯巴达人的一个特点——"拉栖代梦人最显著的特点是他们把所爱做的事情视为光荣的事，把符合他们自己利益的事视为正义之事"（V.105）** 米洛斯人投降，雅典人处死了所有的成年人，把妇女和儿童卖为奴隶，接着派出了500个殖民者在那里定居下来（V.116）。

（3）公元前415年的西西里远征。叙拉古是在公元前8世纪由科林斯建立的。埃格斯塔与塞利努斯发生争执，后者是叙拉古的盟邦。公元前416年，埃格斯塔的一个使节来到了雅典寻求帮助，承诺如果雅典提供援助的话就会交纳一大笔钱。参看第1章"历史"的"古典时代"中的"西西里远征"。

（4）在公元前406年阿吉努塞战役之后处死了六位将军（参看第1章"历史"的"古典时代"部分中的"阿吉努塞战役"）。

---

* 中译文参见徐松岩译本，第403页。——译者
** 同上书，第406页。——译者

（5）公元前 399 年处死苏格拉底（参看第 1 章 "历史" 的 "古典时代" 部分中的 "苏格拉底受审并被处死"）。

3. 成功的事例

（1）在公元前 483 年，雅典人投票通过了地米斯托克利的建议建造 200 艘三列桨舰，使用的是从银矿获得的钱，改变了过去每个成年男性公民分得 10 德拉克马的做法。

（2）立即撤销了杀死密提林人的决定。狄奥多图斯对克里昂进行了反驳，并且成功地说服公民大会撤销早前的决议。他指出，严厉的惩罚并不一定能够成为未来的叛乱的一种威慑力，而且，一种宽大的惩罚将会鼓励那些叛乱党派中的更为温和的分子从极端分子那里分裂出来，那时他们认识到这一尝试不太可能获得成功。

（3）公元前 403 年，对 "三十僭主" 的参加者施行大赦。

（4）公元前 339 年，德摩斯梯尼成功地使用戏剧基金（*theōrika*）的盈余建立起一个战争金库（关于戏剧基金，参看第 6 章 "公元前 5 世纪和公元前 4 世纪的雅典经济" 的 "公共财政"）。

（5）来库古（见 "术语表"）也在戏剧基金的分配中设置了限制，并用于有用的公共支出。

4. 言论自由

我们能够推断出，那时有很大的言论自由，至少在剧院中，阿里斯托芬在喜剧中说出了很多对政治家的批评。在一部公元前 426 年在狄奥尼修斯节上演的被称为《巴比伦人》的现在仅存残篇的戏剧中，阿里斯托芬很有可能严厉地批评了克里昂，因此他指控阿里斯托芬当着参加狄奥尼修斯节的外邦人公然诽谤雅典。阿里斯托芬被带到了议事会，但又被放了。克里昂不能够直接地抱怨阿里斯托芬嘲讽了他，因为在喜剧中对个人进行讽刺是家常便饭。上面的事情是从以下的《阿卡奈人》的片段中得知的：

> 我本人因为去年那出喜剧
>
> 也曾在克里昂手里吃过苦头。
>
> 他把我拖到议事会去，在那里
>
> 对我尽了诬告、诽谤、泼脏水之能事。*
>
> （狄凯奥波利斯的发言，377—382）

以及

> 这次克里昂再不能诬告
>
> 说我当着外邦人的面诋毁城邦。
>
> 因为这次是在勒奈亚节举行竞赛，
>
> 就只有我们自己，外邦人还没来；
>
> 盟邦战友还没有带着贡赋赶到。**
>
> （狄凯奥波利斯的发言，502—506；www.perseus.tufts.edu）

公民大会中的发言自由被称为 isēgoria（平等发言权）。它是在厄菲阿尔特改革的时候被引进的。"isēgoria 在后来被雅典人看作是民主制度的柱石。"（奥博尔［Ober］，1989 年，第 79 页）它并不意味着大部分普通人都会在公民大会中发言。不过，它改变了人们的基本的精神状态，使他们更为认真地去倾听公民大会中发表的各种言论，并对它们

---

* 中译文参见张竹明、王焕生译《阿里斯托芬喜剧集》（上），第 34 页。——译者
** 同上书，第 44 页。——译者

的是非曲直进行判断。

在公元前 5 世纪的下半叶，一种更为普遍的言论自由（*parrhēsia*〔直言〕）——它意味着个人的思想自由——得到了认可（奥博尔，1989 年，第 297 页）。言论的自由，不论是在 *isēgoria*（平等发言权）的意义上，还是在更普遍的 *parrhēsia*（直言）的意义上，并不意味着人们参加公民大会和陪审法庭的时候都带有不同的想法并相互冲突，因为希腊人珍爱建构共识。德摩斯梯尼在 XIX《论使节》（298）中，这样向雅典人提出建议：

> 神谕命令让你把国民团结在一起，万众一心，不能使敌人感到满足。
>
> （C.A. 文斯和 J.H. 文斯英译，劳埃伯古典丛书）

5. 雅典民主制是激进的还是温和的？

与以上内容关系密切的问题是雅典民主制是激进的还是温和的。除了上文提到的建立共识的趋势，一个使雅典的民主制度更为温和而非激进的因素就是以下的事实，即法规和法律对人民的主权构成了一种明确的制约力量。然而，我应该注意到，法律和制度（比如陶片放逐法）也起到了保护人民以免使有野心的政治家篡夺人民权利的作用。

从大约公元前 410 年开始，雅典做出了种种努力从现存的法律中去除那些模糊不清的或前后矛盾的规定，并且把经过修订的法律刻在石头上；从此以后，只有刻写下来的法律才能够得到执行，没有任何法规可以超越法律了。从大约公元前 403 年开始，公民大会还在制定新的法规，但制定新的法律则转交给了从 6 000 个陪审员中抽签产生的被称为立法者（*nomothetai*）的公民团体手中了（参看第 3 章，"雅典的民主"）。到公元前 5 世纪末，陶片放逐法被"违法法令诉讼"（*graphē paranomōn*）制度所取代（参见"术语表"）。沃林（Wolin）（1994 年，

48

第 40 页）引用马丁·奥斯瓦尔德（Martin Ostwald）（《从人民主权到法律主权》）的话说，"公元前 5 世纪末"是"法律主权的原则取得了行政上的主导地位压过了人民主权原则的时期"。沃林（1994 年，第 41页）进一步指出，"因此，公元前 403 年可以被看作是被历史学家称为公元前 5 世纪的'激进民主制'和公元前 4 世纪的'宪政民主制'的分界线"。

有人认为，由于对"违法法令诉讼"制度和"检举"（*eisangelia*）的种种约束力，专家成为了"必需的"；没有专家的话，"就不会有大胆的和原创的政策创新"（沃林，1994 年，第 44 页）。斯特劳斯（Strauss）（1991 年，第 220—221 页）这样写道：

> 雅典在提高政府的效率和专业化的方向上采取了一系列的步骤，有时候会以民主制为代价。最重要的变化是在财政上。在公元前 5 世纪，雅典有一个严密掌控在公民大会手中的中央国库……相比之下，在公元前 4 世纪的第一个二十五年，一种新的财政制度形成了，在这种制度下，资金在一个预先制定的计划的指导下被划拨到不同的政府部门。而且，不论是在欧布罗斯时期的公元前 4 世纪 50 年代，还是在来库古时期的公元前 4 世纪 30 和前 4 世纪 20 年代，雅典人都把财政事务交付给一个监管人……总之，政府通过放松了公民大会的驾控而变得更加高效了。

雅典的民主与美国的民主有什么异同？阿莱克西斯·德·托克维尔（Alexis de Tocqueville）说，新英格兰享受着"后一种比古代人曾经敢于梦想的还要完美的民主制度"。美国人已经解决了民主制度和宪政主义之间、自由和法律之间以及多数人统治和法律对权力的限制之间的紧张关系（沃林，1994 年，第 32 页）。

今天的美国民主是如何取得成功的？在波斯湾战争的三年之后，

沃林批评了美国的领导者们,他们为沙漠风暴计划的胜利而欢呼,视之为民主制度的一个恢复时刻。他接着写道:

> 沙漠风暴计划……显示出通过依靠现代国家的权力而寻求民主获得新生的徒劳。恢复民主的可能性依靠一个简单的事实,即普通人能够在任何时刻创造平民百姓的新的文化模式。个体团结一致去争取以下的权力,包括低收入者的住房,工人对工厂的所有权,较好的学校,较好的医疗,安全的用水,对有毒废物的控制,以及普通人的生活所关注的其他很多共同的问题,这些都是在经历一种民主的时刻,致力于去发现和关注那些平民百姓所共同关注的问题。

49

(沃林,1994年,第58页)

6. 论题

古典时代主要的政治论题是战争与和平、收入的分配、政府的形式、教育和惩罚。这些甚至也是现时代的主要论题。在现代社会中十分重要的其他论题,比如经济政策、生态和环境、少数族裔的生活状况、枪支控制和堕胎,在那时还并不那么重要,或完全不存在。在这里,我将注意力集中在头两个问题上:战争与和平,收入的分配。

(1)战争与和平

不论是在伯罗奔尼撒战争还是在后来的反抗马其顿的战争期间,都既有人支持,也有人反对战争。我们可以在修昔底德的著作中读到伯罗奔尼撒战争期间人们的状况,在德摩斯梯尼和其他演说家的作品中了解到后来的情况。例如,尼西阿斯基本上站在和平的一边,在公元前421年与斯巴达签署了一个和平条约,反对公元前415年的西西里远征,而亚西比德和克里昂则渴望投入战争。当克里昂提出杀死密提林的所有成年男子,他求助于大众的好战情绪,而狄奥多图斯则更为理性。

在这个词语的现代意义上讲，克里昂和亚西比德都是典型的政治煽动家（demagogs）。这个词来源于希腊文 dēmagōgos，即"民众领袖"，因为 dēmos 是指普通人，而 agō 的意思是"引领"。起初它是一个中性词，但后来有了贬义。

以下的引文来自于拉夫劳伯（Raaflaub）（1994 年，第 137—138 页），它准确地突出了这个论题的关键所在：

> 因而，在雅典国内的力量斗争中，关于帝国和战争的决定变成了工具。不可避免的是，流行的趋势需要行动主义的政策，新的参与和进一步的扩张，因为它是这样的政策——不是那种谨小慎微和带有约束性的政策——可以给它们的倡导者提供机会以获取成功、荣耀、财富和个人的权力。因此，为了满足他们的野心，很多政治家既被充分发展起来的民主制的政治环境所塑造，也使自己适应于这种环境，这种制度需要帝国、帝国主义和战争；对他们来说，已经成为雅典政治的典型思想的行动主义几乎是必不可少的。在某种程度上，这对伯利克里来说早已是如此了，尽管他在紧要关头展现出了节制，但他毫无疑问是雅典历史上曾经出现过的最有野心和富于侵略性的帝国主义者；在战争条件下，这对于克里昂和很多其他人来说就更是如此了，尤其是对于亚西比德，修昔底德把他在鼓动西西里远征中的动机描述成"他想抓住指挥权，他希望通过他来征服西西里和迦太基——这一胜利将同时给他带来个人的财富和荣耀"。

在文学家中，一个著名的和平主义者就是阿里斯托芬。我已经说过他非常不喜欢克里昂。《阿卡奈人》《和平》和《吕西斯特拉塔》中都充满了和平的主题。色诺芬由于经济原因而成为一个和平主义者：

> 如果还有人认为战争比和平更能增益我们城市的财富，我以为除

了考虑从前发生的事情曾对我们城市起过什么影响外，没有什么别的办法来更好地解决这个问题。做这样的考虑，他就将发现在和平期里，我们城市曾积下大量金钱，而在战争时期它们都被花光了。如果他注意这个问题，他就会明白很多种收入现在都因战争而显得支绌，那些曾用于生产方面的金钱已花在各种紧急的用途上了。然而，现在海上已达成和平，收入正在不断增加中，所以，现在公民们可以任意使用它们了。*

（《雅典的收入》，5.12，E.C. 马钱特英译，劳埃伯古典丛书）

在对抗马其顿的斗争中，德摩斯梯尼和来库古是冷酷无情的对抗者，而艾斯奇尼斯则举棋不定，伊索克拉底特别偏向马其顿。

（2）收入的分配

从富人那里征收钱财的最重要的方式包括捐助（leitourgia，即对诸如戏剧演出、建筑和装备三列桨舰的捐资），税收（eisphora）和罚金。再分配是通过参加公民大会、议事会和陪审法庭的津贴来完成的。还有更为直接的发钱，被称为戏剧基金（theōrika）或公民津贴（diōbelia），都是在公元前5世纪末设立的。前者是支付2奥波尔，可以使贫穷的公民买票看戏，后者则是对于贫穷公民的一种慈善。（并不确定二者是合在一起的还是两种分开的做法）。我将在"公共财政"部分详细讨论这些制度（第6章，"公元前5世纪和公元前4世纪的雅典经济"）。

7. 精英和大众

不论什么时候有了议题，我们都会发现持有相反观点的两个相互对立的派别。关于战争与和平的问题，我们可以看到有国家主义者和和

51

---

*　中译文参见张伯健、陆大年译《雅典的收入》，商务印书馆，1981年，第79页。——译者

平主义者。关于收入分配，我们可以看到富人和穷人。在这里，我们将对第二对冲突做出分析，采用一种更为宽泛的精英和大众之间的冲突的语境，并引用了奥博尔（1989年）的看法。

"精英"和"富人"并不是同义词，但它们之间有着很大程度的关联。古典时代希腊的精英是以地位、财富和能力来界定的（奥博尔，1989年，第13页）。地位通常与优越的贵族出身紧密相关，尽管可以看到一个成功的将领或一个没有贵族背景的富有公民也能通过战功或慷慨的捐助而获得地位。在雅典，没有一个明确界定的贵族阶级，但我们可以大致把他们等同于统治阶级，他们占据了执政官的职位，直到克里斯提尼和厄菲阿尔特改革。有几个像阿尔克迈翁家族（*Alcmaionidai*）那样的著名的贵族家族。这个词的意思是阿尔克迈翁（Alcmaion）的后代，他出生在公元前7世纪末。克里斯提尼、伯利克里和亚西比德都属于这个家族。阿尔克迈翁的一个重要的后人就是美伽克勒斯，他在公元前632年担任执政官。他驱逐了僭主基伦，后者逃到了麦加拉；并杀死了在雅典的祭坛里避难的基伦的同伙，这是一个渎神的行为。美伽克勒斯被麦加拉人放逐，后来又再次被庇西特拉图放逐，最终被克里斯提尼再次授予职位。

用来表示贵族出身的自我赞扬的用语之一就是 *Kalos k'agathos*，它的意思是"美好和善良"。雅典普通人对好出身的情感和态度与对财富的情感和态度是类似的，即仰慕和嫉恨并存。好出身和富有一样，都很容易导致最可憎的罪恶"傲慢"（*hybris*）。我们可以说，公众只尊重有节制（*sōphrosynē*）的贵族和仁慈的富人。

在法庭里，一个发言者习惯于用诋毁富人的"傲慢"来赢得陪审员们的同情。例如，伊索克拉底的《反劳奇特斯》中的原告，起诉一个打了他的名叫劳奇特斯的年轻富有公民犯有严重的伤害罪，他把自己称为"一个穷人和人民的一员"，并接着说，"应该要求被告付出一大笔钱，以使他将来能够抑制住他现在的放纵的傲慢无礼"（16，拉吕范胡

克〔La Rue Van Hook〕英译, 劳埃伯古典丛书)。吕西阿斯在《论拒绝
向体弱多病者发放津贴》中说, "傲慢不可能在极端贫困的状态下劳作
的穷人身上显现出来, 而会在那些拥有的东西超过了生活所需的人身
上显现出来"(16, W.R.M. 拉姆英译, 劳埃伯古典丛书)。年轻的德摩
斯梯尼, 在大狄奥尼修斯节上被一个名叫美狄阿斯的富有的政客给打
了, 德摩斯梯尼告了他, 并以这样的评论开始了他的演说: "美狄阿斯
对待所有人都十分残忍和傲慢, 陪审团的绅士们, 我认为你们和其他所
有公民对此都很清楚。"(XXI,《反美狄阿斯》, J.H. 文斯英译, 劳埃伯
古典丛书)

　　对于一个富人来说, 向陪审员们指出他曾经慷慨大方地进行各种　　52
捐助, 因而期待从公众那里获得好感, 不但会得到允许, 而且还十分合
宜。例如, 富有的外邦人吕西阿斯告诉陪审员们

　　　　我装备过五次战船, 参加过四次海战, 交纳过很多的战争税, 完成
　　了与其他公民一样充足的各种公共服务。我之所以花了比城邦所要求
　　我的更多的钱, 其目的就是为了提高我自己在你们心中的地位, 这样的
　　话, 如果有什么不幸偶然降临到我的头上, 我就能够更好地保护自己。
　　　　(XXV,《对一个破坏民主的指控所进行的辩护》, 12—13, W.R.M. 拉
　　姆英译, 劳埃伯古典丛书)

　　然而, 对一个人的慷慨夸耀太多也会适得其反。读一下德摩斯梯
尼的评论: "雅典人, 尽管我能够说到装备战船和资助合唱队, 说到捐
出金钱和俘虏的赎金, 以及其他慷慨的赠物, 但我将对这些不置一词。"
(VIII,《论柴洛尼斯》, 70—71, J. H. 文斯英译, 劳埃伯古典丛书)还有

　　　　雅典人, 如果公共服务就在于在公民大会的所有会议以及所有
　　可能的场合里对你们说, "我们是提供公共服务的人; 我们就是那些

提高你们的税金的人；我们就是资本家（plousioi，即富人——引者注）"——如果这就是它所有的意思，那么，我要承认美狄阿斯就已经把他自己表现成为雅典最杰出的公民了；因为他总在公民大会上用这些乏味的和不得体的夸耀来烦我们。

（XXI,《反美狄阿斯》，153）

我在上面所说的似乎都指向了雅典的大众的力量。精英政治家们相互展开竞争以赢得普通民众的欢迎。一个在民众法庭赢得了陪审员的支持的演说家，后来发现在公民大会中赢得支持他提出的建议的选票要更加容易。

8. 互惠

雅典人成功地把富人和穷人之间的斗争控制在一个可以操控的水平上了吗？

雅典充满了抱怨。因为一些人被迫在他们自身当中演练和抱怨他们的贫穷和困顿，而另外一些人则哀叹国家责成他们去完成的义务太多——各种捐助以及与战争和财产交换有关的烦人的税费；因为这些事情是如此令人烦恼，以至于那些有生计的人发现他们的生活比那些一直处于贫困的人的负担还要沉重。

（伊索克拉底，《论和平》，8.128，乔治·诺林［George Norlin］英译，劳埃伯古典丛书）

53　　　　无论如何，他们都认为，为唱歌、跑步和跳舞以及在战舰上划桨而收取酬劳是对的，这样，他们能够富一些，富人可以变得穷一些。

（伪色诺芬，《雅典政制》，I.13，J.M. 莫尔英译，劳埃伯古典丛书）

阿里斯托芬说到，富人想方设法逃避捐助并隐藏他们的钱财。隐匿财富的做法的确很普遍。希腊人称不动产（土地和房子）为 $\phi\acute{a}\nu\varepsilon\rho a$ $o\grave{v}\sigma\acute{\iota}a$。$o\grave{v}\sigma\acute{\iota}a$ 的意思是"财产"，$\phi\acute{a}\nu\varepsilon\rho a$ 的意思是"可见的"，它源于 $\phi a\acute{\iota}\nu\omega$ 这个词，意思是"使之显现"。（注意 $\phi a\iota\nu\acute{o}\mu\varepsilon\nu o\nu$ 的意思是"看见的东西"，英语中的"现象"［phenomenon］一词就是从这个词演变来的。）另外一种类型的财产被称为 $\grave{a}\phi a\nu\grave{\eta}\varsigma$ $o\grave{v}\sigma\acute{\iota}a$，意思是"不可见的财产"。

一种均衡的获得是通过 charis（互惠）的观念。这个词表示的是一种交互的关系，既有恩惠的意思（从给予者到接受者），也有感激的意思（从接受者到给予者）。因此，富人把 charis 延伸到穷人那里，穷人把 charis 归还给富人。

9．修辞学

有很多种不同类型的修辞学：一种诉诸理性，一种诉诸情感，还有一种诉诸卑下的人类欲求。苏格拉底只把第一种看作是真正的和有价值的。第二种类型的事例就是国家主义和伪宗教的修辞学。第三种的事例就是建议减税和采取措施扶植商业，在这种情况下，它们与更广泛的公众利益相违背。我们已经说到过克里昂和亚西比德，他们是诉诸卑下的人类情感和欲求的演说家的典范。

不过，也有并不总是试图讨好大众反而批评和反对他们的好的演说家（奥博尔，1989 年，第 323 页）。我们已经提到过狄奥多图斯的例子。"在公民大会的演说中，德摩斯梯尼既对讨好大众的演说家的做法，也对大众的对他们言听计从的倾向大加责斥。"（奥博尔，1989 年，第 321 页）

对于演说家来说，把他们自己展现为好人而把他们的敌人说成是

坏人是很自然的事情。现在的政客们是如何想方设法地展现出他们的
人品的呢？作为爱国者，作为爱好和平的人，作为家居好男人和好女
人，作为法律和秩序的维护者，作为商人之友，作为穷人之友，作为少
数族裔的支持者，作为生态和环境的保护者，不一而足。雅典的演说家
会想方设法地把他们打扮成爱国者或和平主义者，有德之人，大众之
友，出身高贵的人和通情达理的富人。对于雅典的政客来说，对德性的
强调或许比美国的政客更加重要，因为他们的政治角色并不能彻底地
与他们的社会角色区分开来（奥博尔，1989 年，第 126 页）。

54　　　　上文列出的最重要的品质就是好的出身和财富。我们并不能够经
常听到现代的政客们夸耀这些东西。正像我在"精英和大众"一节中所
提到的那样，好出身和财富既有积极的也有消极的含义。因此，当雅典
的演说家们把他们自己打扮成好出身和财富的拥有者的时候，他们必
须要处理得恰如其分。他们就像是走钢丝一样。这种微妙的平衡手法一
个主要的事例能够在德摩斯梯尼的演说 LVII《反欧布里德斯》中找到。
发言者起初把自己说成是一个穷人，以赢得陪审员的同情。然而，后来
他却若无其事地透露说，他曾经向雅典娜神庙捐赠过盾牌，这样的事
只能由富人来做。谴责那些靠军事冒险或打官司来获得财富的暴发户
（奥博尔，1989 年，第 234 页）和没有进行公共捐助的富人是一种很好
的策略。例如，德摩斯梯尼就把艾斯奇尼斯描述成出生在穷人家庭并用
不体面的手段而致富的人，而他自己则出身高贵（XVIII,《论金冠》）。
不过，一个人把自己描述成出身高贵的人也必须做得有策略，因为做得
不好会适得其反，招致大众的嫉恨。

第二部分
经　　济

第 5 章 "现代派－原始派"和"形式派－实质派"之争

本书的第二部分以对"现代派－原始派"和"形式派－实质派"之争的讨论作为开始。这两对相互对立的概念是紧密相关的，尽管存在不同。一个"现代派"确信，雅典的经济是一种十分发达的市场经济，它与现代资本主义国家的区别仅仅是程度上的，而非本质上的。"原始派"并不赞成这种看法。"形式派"相信，雅典的经济能够用现代经济学的基本行为假说——效用和利益的最大化——来分析，"实质派"则认为，一套不同的行为假说，比如地位的最大化，必须取而代之。一个"形式派"很可能是一个"现代派"，一个"实质派"则很可能是一个"原始派"，但也并不绝对。比如，一个相信即使现代的美国经济也不应该用效用和利益的最大化加以解释的人，就美国的经济而言，可能既被看作是一个"现代派"，也被看作是"实质派"。因此，对这些问题的考虑将会既关系到雅典的经济，也关系到现代的经济，而且会迫使我们对经济学的基本理论所扮演的角色进行更为深入的思考。

1883 年，布赫（Bücher）提出，古代希腊的经济是原始的——也就是说是一种建立在交换而非市场基础上的自给自足的家庭经济。迈耶（Meyer）不同意这一说法，他认为古代希腊是十分发达的，与现代经济的不同仅仅是程度上的。由此开始了"现代派"和"原始派"的论争。

芬利继承了韦伯和波兰尼的看法，提出在古代的希腊不存在"独立"的经济；它是"嵌入"在社会中的。因此，芬利证明，古代希腊的经济不能够用现代经济学的方法进行分析，必须提出新的假说和新的方法来认识它。他把这种观点称为"实质主义"。由此我们可以说，他把争论的重点从"现代派－原始派"之争转移到了"形式派－实质派"之争。一般来说，"形式派"会预先假定一个发展成熟的市场的存在，并认为消费者和生产者追求的仅仅是自身的利益，所有经济上的数量都是由市场的均衡所决定，而这种均衡来自于供给与需求之间的平衡。另一方面，一个"实质派"则相信，经济上的决定会受到社会政治上的考虑和制度的影响或制约。这两种争论当然是不同的：前者所关注的是经济的发展程度，而后者则关注于其分析的方法。然而，在通常情况下，"原始派"就是"实质派"，就像韦伯、波兰尼和芬利那样，而"现代派"则倾向于成为"形式派"。

这里应该指出的是，我所笼统地说到的"古代希腊的经济"应该更为确切地被称为"公元前 5 世纪和公元前 4 世纪的雅典经济"。因此，"古典时代的雅典经济"是一个更好的术语。我们之所称之为"雅典的"而非"希腊的"，原因就在于我们对于希腊其他城邦的经济情况了解得并不多。"古代"用来指称一个很长的历史时期，可以包括从公元前 16 世纪到公元 4 世纪之间的任何一个时代。"原始主义"和"实质主义"当然适用于这一相当长的历史时段的较早的部分，但是像波兰尼和芬利这样的学者却都是关注于公元前 5 世纪和公元前 4 世纪的雅典经济的"原始派"和"实质派"。

原始和现代的问题实际上都是相对的。我们应该追问的是：古代希腊的经济真的跟现代的美国经济很相似吗，或者雅典的经济跟巴布亚新几内亚、19 世纪以前的非洲，或者哥伦布之前的美洲很相似吗？我们又是在何种意义上使用"原始的"和"现代的"这样的术语的？能够体现出现代的美国经济与某种原始经济的不同的一个方面就是其丰富的物质财富——包括了更多的可以食用的食品,更多的食物种类,更好的住房,更好的污水处理设备,更安全的水源,更好的基本卫生条件,更好的健康护理,使用电和煤气的设备,更好的交通方式,更为普及的教育,更为多种多样的娱乐方式,等等。这些都由于技术的发展而成为可能的,而技术的发展在相当大的程度上则要归功于获取更多的利益和效益,以及不惜以牺牲别人的利益为代价追求卓越的欲求所驱动的人的精神。社会的制度也更为发达,管辖的范围也更为广泛——法律与司法制度,更好的警察,信息网络,等等。但是,我们现在不再关注这些事情了。我们关心的主要是经济制度——市场、货币和借贷机构。

我们把"市场"定义为具有以下特征的一种制度:

1. 货物交换为了挣钱。不是一种物物交换的制度。

2. 竞争。很多买者和很多卖者。

3. 消费者实现效用的最大化,而生产者实现利润的最大化。(2 和 3 导致的有效状态称为帕累托最优。)

4. 非个人的。一个人可以向所有的人买和卖。

请注意,市场并不仅仅是一个人们通过交换货物来挣钱的地方,而且还与某种行为模式联系在一起。这个市场的定义与芬利的"嵌入式的经济"的定义正相吻合。

"原始主义与实质主义"之说在 20 世纪的前半叶十分盛行,因为它是一个更为广泛的称为"文化相对主义"思想的组成部分,这种思想的提出者是一些包括露丝·本尼迪克特和玛格丽特·米德在内的文化人类学家。她们的学说与这样一种基本信条相互对立,即人类在任何地方、任何时代都基本上一样的。因而,米德描绘了一幅萨摩亚文化的十分迷人的图景,而本尼迪克特则展现出一个日本文化的充满偏见的模式。正是部分地由于这种文化相对主义思想的影响,芬利才会低估了古

59

希腊人中所存在的人类普遍的追求利益的欲求，而代之以对地位的渴望。很难相信，古代的希腊人对地位的追求超过了利益，这样的观念在当时的很多文献中得不到证实。然而，"形式派"的仅仅使用利润和效益最大化的原则来解释经济行为的观点却走向了另外一个极端。很显然，我们甚至不能够仅仅使用这个原则来解释现代的经济，更不用说古希腊的经济了。在这个意义上，我们只能说，在"实质主义"的思想中包含着一些真理的成分。

我要提供一些古希腊经济中的"实质主义"的证据。（1）哲学家们对职业商人们为追求利益所进行的商业和交换活动的谴责，基本上都得到了旧的统治阶级的赞同，他们把商人看成是对社会规范和凝聚力的一种威胁。（2）对体力劳动的蔑视——参见色诺芬的《回忆苏格拉底》（II，7）中的阿里斯塔库斯的故事。在与苏格拉底谈话之前，阿里斯塔库斯表示更喜欢与一个不工作的女人过苦日子，而不是与一个工作的女人过好日子。（3）富人和穷人之间的一种独特的关系——富人通过慷慨的捐助想方设法地赢得穷人在政治上的支持，就像在第4章"雅典的民主制度成功吗？"中所讨论的那样。（4）"实质主义"的另外一个论据就是古希腊经济的极端不稳定和不可预测，这使得利润最大化的精细计算毫无用武之地，也很不明智。

与之相反，我也要给出古希腊人追求利润的命题的证据。（1）德摩斯梯尼在一篇名为《反狄奥尼索多洛斯》的法庭演说中，说到有一个谷物商出海到埃及为了把谷物进口到雅典，但是，当他从他的一个住在雅典的朋友那里得知，由于大量谷物从西西里进口，造成了谷物价格的下跌，于是就决定将谷物带到罗得岛去卖。我将在后面对这篇演说做出更为详细的讨论，见第6章"公元前5世纪和公元前4世纪的雅典经济"中的"商业"部分。（2）在吕西阿斯的《反谷物商》中，发言者控告追求利润的谷物商们有害于公民。这篇演说也将在"商业"部分进行详细的讨论（第6章，"公元前5世纪和公元前4世纪的雅典经济"）。

（3）在色诺芬的《经济论》中，伊斯霍马库斯说到他的父亲提高了一个农场的价值然后把它卖掉以赚取利润，苏格拉底把这种做法与谷物商用尽可能低的价格购进谷物再以尽可能高的价格出售的行为等量齐观。伊斯霍马库斯却被苏格拉底的这种说法激怒了，因为就像那个时代的其他绅士那样，他认为任何人通过务农来挣取利润都是值得尊敬的，但通过手工业或商业来谋求利润则是不光彩的。苏格拉底在这个问题和很多其他问题的认识上远远超出了他的时代，他并没有看到在务农谋利和任何其他的谋利方式上有什么区别。（4）色诺芬在《雅典的收入》中注意到，一些富有的雅典人从银矿中获得了巨大的收益，提出了国家直接对白银的生产进行投资的建议。

然而，问题在于没有一种经济——古代的或现代的——完全独立于社会和政治。与之最为接近的恐怕就是亚当·斯密在他的"看不见的手"的信条中所想象出来的极端的自由放任的经济，即消费者和生产者对自身利益的追求将会有利于整个社会。现代的美国经济当然并不是这样的经济。这里有着很多的政府规章，富人则进行着慈善的捐助；也有很多的生产者考虑的是其他的事情而不是纯粹的利润最大化。即使亚当·斯密也认识到了政府对经济实行一些干预的必要性。例如，亚当·斯密指出："劳动分工会损害思想的、社会的和军人的品德，除非政府能够想方设法加以避免。"（《国富论》，第 839 页）

在典型的现代经济学家的"形式主义"倾向中还存在着一个更大的危险，就是他们想把效用和利润最大化的原则应用到经济生活的所有方面。一些人甚至用未来收入的省钱额度的最大化来解释一对夫妇结婚和生育多少个孩子的决策。一个"结构派"声称，他只对能够对经济的运行提供解释的科学的和客观的模式感兴趣，但是这种标准的观念在不知不觉中进入了他的内心，即所有那些由市场的均衡来决定的东西都是好的。豪斯曼（Hausman）和麦克弗森（McPherson）指出："并不奇怪的是，学习经济学课程的学生会倾向于变得更加自私，更少的合作意愿，因为他们在课程中受到的教育是，自私是精明的选择，自私在经济生活中总是会被人接受。"

经济活动被嵌入在社会中的其他例子如下：

1. 购买有机食品，即使它更贵一些。如果一个人购买有机食品不是为了他自身的健康而是出于生态学的目的，这就是一个经济嵌入社会的例证。

2. 抵制一种商品是因为该公司从事一种违反道德的经营（道德约束）。

3. 由于某种宗教的原因而不吃猪肉。

4. 制造出优质的商品而不考虑盈利，就像震颤派教徒*习惯于去做的那样。

5. 从事慈善捐助活动。（只有在他们这样做的目的是出于信念和原则而不仅仅是感觉良好的情况下，才可以成为经济嵌入社会的例证。）

6. 买一辆梅赛德斯而不是一辆丰田以向邻人炫耀。

就最初的"现代派－原始派"的争论而言，我们可以有把握地说，最近十年的学术界在公元前 5 世纪和公元前 4 世纪的雅典经济的问题上已经坚决地支持"现代派"的观点了。现在，基本的共识是这一时期的经济在市场、生产过程和金融制度上已经发展到了相当高的程度。我将在第 6 章"公元前 5 世纪和公元前 4 世纪的雅典经济"的"市场、价格和工资"和"货币的借贷"部分对这个观点进行详细的阐发。

奥斯邦（1991 年）对芬利关于雅典经济的极端的"原始派"观点给出四个原因：（1）米克维茨（Mickwitz）的文章的影响，当中表明，在那个时期商业的结算体系并没有得到充分的发展；（2）他对雅典的

---

* 　18 世纪时基督教的一派，祭神等时颤抖狂舞。——译者

债碑（*horoi*），即刻有抵押文字的石碑的研究表明，抵押的目的是为了消费，而不是生产；（3）亚里士多德的著作的影响，其中对手工业和商业进行了贬低；（4）他对统计数字的不信任。

伊安·莫里斯（Ian Morris）在新版的芬利著作（1999 年，第 xxvii 页）的前言中写道：

> 最为普遍的看法是，芬利一贯低估古代商业、手工业、银行业以及其他的非农业经济活动的规模，所以，他的"实质派"观点，即经济活动嵌入于其他的社会关系中，实际上已经滑入粗糙的"原始派"的泥潭，他们认为古代的经济基本上是家庭经济。

芬利（1999 年，第 20 页）援引熊彼得的话说："大多数对基本事实的陈述只有通过它们所要证明的上层建筑才能够获得其重要性，在没有这样的上层建筑的情况下，它们只是一些平常的事物。"熊彼得所说的上层建筑是什么意思呢？芬利（1999 年，第 132 页）提到高墨（Gomme）的评论就是一个没有上层建筑的陈述的例子。高墨说："希腊人很清楚地意识到，进口和出口需要某种方式上的长期的平衡。"我把这种看法称为一种商业结算的本体特征。一种商业结算的本体特征并不需要上层建筑，然而它却是极其重要的。上层建筑的确切定义要到后文——芬利，1999 年，第 182、194 页——才给出，在那里十分明显的是，芬利所谓的上层建筑就是一种行为上的假设模式，但是芬利自己并没有提出关于希腊经济的任何模式，除了一些有关地位的模糊的评论。著名经济学家托马斯·C. 谢林（Thomas C. Shelling）在他于 1994 年 5 月 20 日发表于加州大学伯克利分校经济系的毕业演说（发表于《美国经济学家》，第 39 卷，1995 年春季号，第 22—23 页）中说，他从经济学中所学习到的对事物的真实的、重要的和并不明显的五个选项都是商业结算的本体特征。

第 6 章　公元前 5 世纪和公元前 4 世纪的雅典经济

1. 引言

在本章中，我将对雅典经济的各个不同的方面——市场、农业、商业、公共财政和货币——做出考察；接下来，我会把这些情况纳入到雅典经济的一个模式中去。

我们得以了解雅典经济的主要材料分类如下：

历史学家：希罗多德，修昔底德，色诺芬。

哲学家：柏拉图，亚里士多德，特奥弗拉斯托斯。

演说家：德摩斯梯尼，吕西阿斯，艾斯奇尼斯，伊索克拉底，伊萨伊俄斯，安多西德斯。

喜剧作家：阿里斯托芬。

碑铭：希腊铭文。

在文献中出现的有关经济活动的数字常常是不可靠的。例如，德摩斯梯尼在 XX《反勒普提内斯》（31—32）中声称，雅典每年从黑海地区进口 40 万麦斗的粮食，这个数量与从世界上其他地区进口的粮食大体相当。然而，我们并不清楚能够在多大程度上相信这个引用的数字，因为德摩斯梯尼的这一资料的可信程度是充满争议的；同时，我们还要铭记于心的是，演说家为了提出一个观点经常会歪曲事实。阿里斯托芬在他的喜剧中经常提到一些日常用品的价格，它们在通常情况下被认为是准确的。不过，可以理解的是，为了增强喜剧的效果，他也经常会夸大其词。

出现在碑铭上的数字有可能更为准确。然而，碑铭的问题是其中的很多并没有保存到今天，而保存到今天的那些碑铭则包含了很多不能辨读的段落和字句。

即使我们利用了所有可以得到的文字材料和已有的碑铭，也不能够对经济现象做出精确的量化分析。我们最多能够希望把较大范围的可能数值的上限和下限确定下来。然而，如果我们使用一种会计恒等式的系统的话，我们就可以希望通过使所有的变量满足于平衡体系的方式尽量缩小这些数值的范围。例如，我们用 A 代表人口，B 代表粮食的人均消费量，C 代表可耕地的面积，D 代表农业产量，E 代表粮食的进口量，那么我们就一定会得到 $A \times B = C \times D + E$ 这一等式，这五个变量中的某些数值就会出现与这个等式不相符合的情况，结果就会被排除在考虑的范围之外。我在后面提出的模式中就包含了多个这样的计量系统。

我的模式缺乏芬利所谓的上层建筑，即行为的假说。在这个意义上也就超越了"形式派－实质派"的争论。现在经济学家给人的印象可能是，他相信每个消费者都追求效用的最大化，而每个生产者则追求利润的最大化，不过，他实际上可能更加注重实效。所有的应用计量经济学著作一开始都要举行一个遵行效用和利润最大化原则的仪式，但很快就转向一个更为实际的计算模型，这样做只是为了恰当地填充数据。一个纯粹主义者将对一个源自理论上的行为假说的所谓的结构性模型试图做出评估，但大多数的计量经济学家却满足于对被称为简化

63

模式的数据模型进行评估。后面这种占大多数的计量经济学家，对于雅典的经济会向对待现代的工业化经济那样感到轻松自如，完全不把前者的数据匮乏问题当作一回事。然而，即使是纯粹主义者也不能完全依赖于他的理论假说。我们用供需模式为例来说明这个问题。预算约束下的效用最大化告诉经济学家，需求将依赖于收入和价格——是所有商品的价格，而不仅是与问题有关的商品的价格。一种实际的需要将迫使经济学家只选择几种商品的价格，同时还有一个函数模型，通常是线型的，对此，经济理论完全派不上用场。下面这段话引自布劳格（Blaug）（1992 年，第 144 页）：

> 在他们对第二次世界大战以来的需求关系所做的经验主义的权威考察中，布朗（Brown）和戴顿（Deaton）（1972 年）注意到，对于需求所做的大多数经验主义的工作都纯粹是"实用主义的"，并没有参考任何有关消费者行为的理论。

在这个时代的雅典，除了军事和农业之外，在技术上并没有取得什么明显的进步。大量的奴隶可能减弱了革新的动力。在公元前 5 世纪和公元前 4 世纪没有经济增长的迹象。这可能是由于雅典把几乎一半的时间都花在战争上，从而导致了人口的减少。另一方面，从一个更长的时间段来看，从人的遗骨和房舍遗址已经推算出，从公元前 800 年到公元前 300 年之间，整个希腊的人均消费量则几乎翻了一倍。每年的增长率达到了 0.14%。让我们把这个数字与现代的资料做一个比较：从 1580 年到 1820 年，尼德兰的年人均消费量的增长率是 0.2%（伊安·莫里斯，2004 年）。

关于农业，波默罗伊（1994 年，第 47 页）注意到——引用了《奥克西林库斯希腊志》（*Hellenica Oxyrhynchia*）（写于公元前 4 世纪）中的资料——雅典人在公元前 4 世纪的前半个世纪通过增加奴隶的使用、

64

缩短休耕的时间、液体粪肥的应用和低产土地的开垦等途径改进了耕作的方法。

2. 市场、价格和工资

（1）市场

　　奥斯邦（1991 年，第 133—135 页）相信，在公元前 4 世纪的雅典出现了程度很高的货币化和一个农产品和手工业品的发育良好的市场。在德摩斯梯尼 XLII《反法尼伯斯》中讲了一个名叫法尼伯斯的富农的故事，发言者在 antidosis（捐助替代）（见"术语表"）的问题上向法尼伯斯发起了挑战。这位发言者声称法尼伯斯拥有每边长 40 斯塔特（stades）的土地，每天通过卖木头可以挣到 12 德拉克马，生产 1 000麦斗的大麦（按每麦斗 5 德拉克马计算就是 5 000 德拉克马），从葡萄酒的销售中还可以挣得 9 600 德拉克马。奥斯邦认为，即使我们必须要对这些数字打些折扣，因为发言者夸大了法尼伯斯的财富，但这篇演说还是能够表明，要交纳 eisphora（战争税）（见"术语表"）和捐助的需要导致了富人对现金的需求。科恩（Cohen）（1992 年，第 6 页）通过下面的说法证实了奥斯邦的看法，"但是到了公元前 4 世纪，用于现金销售的农产品增加了；消费品现在常常由商业作坊来制造"。在这一页的注释中，他通过引用一些原始资料证实了他的这种说法。根据普鲁塔克的说法，早在公元前 5 世纪，伯利克里就卖掉了他的农场上的所有收获物，在市场上去购买他所需要的所有东西（《伯利克里传》，XVI.4）。

　　发言者所给出的法尼伯斯的土地周长的事实表明，他是想让陪审员们对他的土地之大产生深刻的印象。如果法尼伯斯的地产只有一块地，其形状是一个正方形，周长 40 斯塔特就意味着其可能的最大面积是 436 公顷。如果他的地产包括很多块地，而且形状也是不规则的，那么面积可能就小得多。圣克鲁瓦（Ste Croix）（1966 年）指出，即使法

尼伯斯土地的规模只有 100 英亩那么大（大约 40 公顷），但它仍然是
我们已经知道的雅典的最大地产（参看"农业"部分）。

几十年前的一种流行的理论是，在公元前 7 世纪吕底亚铸造金银
货币和公元前 6 世纪希腊城市铸造银币之后的很长一段时间里，货币
只是用于国家之间层面上的大额交易。这种理论基于这样的事实，即直
到最近，考古学家在埋藏中只发现了大面额的货币。在过去的二三十年
中，这种情况已经发生了很大的变化，因为他们发现了很多小面额货币
的埋藏，有时候可以小到十分之一克，还有很多货币得到使用之前的较
小重量的银屑（参看金［Kim］，2001 年）。这说明了货币经济在很早
就有了发展。到公元前 5 世纪，随着国家支付制度的确立，小额货币的
使用迅速增加。戴维斯（Davies）（1981 年，第 55 页）指出："公元前 5
世纪和公元前 4 世纪的租金几乎普遍用货币来支付和估算。"

65   在雅典，早在梭伦时期铸币出现之前，白银就被当作钱来使用。小
片银屑的发现已经证明了他们能够十分准确地称量白银的重量。

伯克（Burke）（1992 年，第 200—201 页）认为，市场经济在公元
前 355 年到公元前 325 年迅速发展起来，并给出了这种发展的原因：

商业的发展；

对公支付的增加；

作为伯罗奔尼撒战争开始的时候伯利克里政策的一个结果，对农
业的依赖性降低了。

哈里斯（Harris）（2002 年）把他在包括文献和铭文在内的原始
资料中发现的所有的职业汇编成一个表。在去掉了相似的职业之后，
它们的数量大约是 170 个。我们能够想到的所有物品的制造者都被包
含在了这个表当中。菲舍尔－汉森（Fischer-Hansen）（2000 年，第 92
页）注意到，希腊世界西部的关于手工作坊的大量证据，严重地动摇

了芬利的这一观点，即希腊城邦是一个消费者的城市。这些手工作坊数量太多了，以至于不会只是为地方的消费者服务，显然其目的是为了扩大出口。

伽兰（1988 年，第 65 页）指出，在公元前 5 世纪和公元前 4 世纪之间，普通人对手工业部门的态度发生了变化。在旧喜剧中，像制革匠克里昂和阿尼图斯、制灯匠西普包罗斯和里拉琴匠人克罗丰这样的"新政客"——他们通过手工制作而发财——都被嘲讽为暴发户，但到了公元前 4 世纪，这种态度似乎消失了。其财富来源于手工作坊和钱贷业的德摩斯梯尼一家没有再受到人们的嘲讽。

哈里斯认为，公元前 4 世纪雅典的定居外邦人的数量是 20 000 人，他推测（2002 年，第 70 页）他们中的 19 000 人都在这些作坊里工作。现在，我们知道，公元前 409—前 406 年在伊瑞克提翁神庙工作的可以确认身份的工人中，有 24 个公民，42 个外邦人和 20 个奴隶（奥斯汀 [Austin] 和维达尔 - 纳奎特 [Vidal-Naquet]，1980 年，第 276 页）。在公元前 329 年埃琉西斯圣所的账目中，其比率是 20 个公民，44 个外邦人和 20 个奴隶（IG ii/iii^2 1672）。从这个数据，哈里斯推测，在手工作坊中工作的公民人数是大约 10 000 人。这对我来说是一个相当高的估算，如果我们相信在公元前 403 年只有 5 000 个公民没有土地的话（奥斯汀和维达尔 - 纳奎特，1980 年，第 266 页），而在这 5 000 人中有些人一定是在租地上劳作的。

注意，在色诺芬的《回忆苏格拉底》（III.7.6）中，苏格拉底说了这样的话：

> 最有智慧的人不会使你局促不安，最强壮的人不会使你胆怯；然而你会由于向一群由傻瓜和低能儿组成的听众说话而感到羞愧。他们当中是谁会让你感到羞愧呢？是那些在市场中的漂洗工，或者皮匠，或者建筑工，或者铁匠，或者农民，或者商人，或者小贩吗？他们什么都

不想，除了贱卖贵买？因为这些就是组成公民大会的人。

（E.C.马钱特英译，劳埃伯古典丛书）

在第2章"社会和文化"的"奴隶制"部分，我已经提到过，老德摩斯梯尼的制剑作坊的价值是190明那，他的制床作坊价值230明那，包括了奴隶和存货的价值。帕西翁和吕西阿斯的作坊的规模分别似乎是老德摩斯梯尼所拥有的作坊的两倍或三倍，所以它们的价值也相应地更大。潘塔内托斯把他在矿区的手工作坊卖掉了，得到了3塔兰特和2 600德拉克马（德摩斯梯尼，XXXVII.31）。埃庇克拉特斯花40明那买了一个香水作坊（希波里德斯，《反雅典奥格尼斯》，18）。哈里斯（2002年，第81页）报道了这些店铺附近的债碑（horoi）上记录的财产抵押借贷的数量。有八块债碑，两个最高的数量是1塔兰特，第二高的是1 700德拉克马，其余的分别是800、750、700、500和500德拉克马。（为了达到一个手工作坊的价值，一个人应该把这些数字乘以二。）这些小额的贷款在很多雅典人支付能力的范围内，不必是十分富有的人。

为了说服阿里斯塔库斯，他应该让他的女性亲属通过加工羊毛制衣来挣钱，苏格拉底提到了一些成功的匠人：瑙希塞德斯生产去壳的谷物，塞里布斯烘烤面包，德莫阿斯制作斗篷，门农制作大氅（色诺芬，《回忆苏格拉底》，II.7.6）。

20世纪30年代开始的对雅典阿戈拉的考古发掘一直持续到今天。人们从酒店和酒馆所在地挖掘出数以千计的双耳陶瓶、陶壶和杯子。从这些陶器的形制和陶土的成分，我们能确定这些酒产自何处。最受欢迎的是产自于门德、开俄斯、莱斯波斯、塔索斯和科林斯的酒。他们还发掘出一个制鞋者的房屋和店铺。在这个地方，他们发现了一个杯子，上面刻有西蒙的名字。人们相信这就是第欧根尼·拉尔修（他生活在3世纪，写了关于希腊哲学家的书）提到过的那个皮匠的房子，伯利

克里曾经造访过，苏格拉底也经常在这里教授年轻的学生（参看坎普
［Camp］，1992 年）。

　　经常出入雅典的阿戈拉的包括穷人和富人，公民和非公民。当在
一个由富人和穷人组成的法庭上发言的时候，吕西阿斯（XXIV，20）
的一个委托人观察到，"你们中的每个人都习惯于到访一个制香水的
人或一个理发匠的或鞋匠的店铺"（W. R. M. 拉姆英译，劳埃伯古典
丛书）。定居的外邦人能够在阿戈拉做生意，如果他支付了外邦人税
（metoikion）的话（德摩斯梯尼，LVII，31），外国人也能够做生意，如
果他支付了外国人税（xenika）的话。

　　哈里斯（2002 年，第 75 页）注意到：

　　　　雅典的市场是如此之大，以至于它被划分成几个不同的部分。阿
　　戈拉的一些组成部分是用在那里出售的货物来命名的。色诺芬（《经济
　　论》，8.22）并不担心他的奴隶不知道到阿戈拉的什么地方去购买商品，
　　因为它们都被安置在一个指定的地方。

　　伊萨格尔和汉森（1975 年，第 51 页）说："阿提卡至少有一半的
人都在经商，这说明有一个'市场经济'的存在。"

　　特奥弗拉斯托斯（约公元前 371—约前 287 年）是亚里士多德的 67
学生和他的继承人，后成为了逍遥派哲学的领导人。他撰写了很多学科
的著作，其中最有名的是他的有关树的论文，有部作品名叫《论性格》
（劳埃伯古典丛书，哈佛大学出版社，1993 年），包括了对 30 种令人讨
厌的性格的简要而幽默的描述。它是了解雅典日常生活的很好的材料：

　　　　令人厌恶的人："当阿戈拉挤满了人的时候，他要去胡桃、桃金娘
　　和水果的摊子旁，站在那里，在与小贩说话的同时，对它们进行品尝。"

　　　　小气的人："即使他的妻子给他带来了一笔嫁妆，但他没有为她买

过一个奴隶女孩，而是从妇女市场租了一个奴隶，在她出门的时候与她同行。"

乡巴佬："当他进城的时候，他会向他遇到的任何人询问皮毛和咸鱼的价格。"

吃白食的人："如果一个人买到了便宜货，他也要求享受同样的价格。"

吝啬的人："当某人以便宜的价格为他买了商品并给他看账单，他会说它们太贵了，并拒绝接受。"

不合时宜的人："他总是向一个已经卖出了一件东西的人出价，说可以出更高的价钱。"

坏脾气的人："如果他正在卖某种东西，他并不告诉顾客他会卖多少钱，而是问它值多少钱？"

爱发牢骚的人："如果他花好价钱买了一个奴隶，在与卖主讨价还价之后，他会说'如果我用如此便宜的价格买到它，我怀疑这件东西是否健康'。"

阿里斯托芬在《阿卡奈人》（880）中列举了在战争之前雅典人通常都要在彼奥提亚购买的货物：

波奥提亚人：

波奥提亚人有的东西全带来了；

调料、薄荷、地毡、灯盏，

野鸭、秧鸡、鹌鹑、鸽子，

斑鸠、鸬鹚。

狄凯奥波利斯：

你一阵风

把鸟类全刮到我的市场上来了。

波奥提亚人：

我还带有家鹅、野兔、狐狸，

田鼠、刺猬、野猪、猪獾，

黄貂、水獭、科帕伊斯湖的鳝鱼。*

科帕伊斯湖的鳝鱼是一种彼奥提亚的美味，很受雅典人的喜爱。

有很多管理市场的法律，有许多公共官员来执行它们：市场监督官（*agoranomoi*）负责监管在市场上售卖的商品的质量，还有重量监督官（*metronomoi*），货币检测官（*dokimastai*），谷物监管官（*sitophylakes*）负责监控未碾碎的和已经碾碎的谷物和面包是否卖出一个公平的价格（磨坊主根据购进未碾碎的大麦的价格出售大麦饭，卖面包的人根据购进小麦的价格卖出规定重量的面包），商业监督官（*emporiou epimeletai*）负责在比雷埃夫斯港监管进出口贸易。（除了谷物和谷物产品，其他产品没有价格上的控制）。参看亚里士多德的《雅典政制》LI，当中有一个清单和对这些和其他公共官员的描述。

市场似乎能够有效地运作。哈里斯（2002 年，第 76 页）从许多不同的资料中，找出了很多价格随着供求关系而上下浮动的事例。

（2）价格

小麦（参看普里切特和皮平，1956 年，第 197 页。小麦和大麦的价格在一年中就有很大的浮动。）

公元前 415 年　出卖被没收的财产，6—6 $\frac{1}{2}$ 德拉克马。

公元前 4 世纪早期　每麦斗 6 德拉克马（IG II^2 1356）。

---

* 中译文参见张竹明、王焕生译《阿里斯托芬喜剧集》（上），第 73 页。——译者

公元前 392 年　布雷皮鲁斯在阿里斯托芬的《公民大会妇女》（545）中，说到作为没有参加公民大会的结果，损失了 $\frac{1}{6}$ 麦斗的小麦，这相当于 3 奥波尔。这就意味着每麦斗 3 德拉克马。不过，这或许带有喜剧的夸张特点。

公元前 335 年　一般价格，每麦斗 5 德拉克马；早些时候涨到了每麦斗 16 德拉克马（德摩斯梯尼，XXXIV，39）。

公元前 340—前 330 年　每麦斗 9 德拉克马（IG II^2 408）。

公元前 332—前 323 年　埃及的克里奥蒙尼买小麦，买进价是每麦斗 10 德拉克马，卖出价是每麦斗 32 德拉克马（伪亚里士多德，《经济论》，1352B14-20）。

公元前 330 年　德摩斯梯尼向塞浦路斯的赫拉克利达斯建议做 *proxenos*（官方朋友）（见"术语表"），以每麦斗 5 德拉克马的价格卖掉 3 000 麦斗的小麦（SIG^3 304）。

公元前 329 年　每麦斗 5—6 德拉克马（IG II^2 1672）。

公元前 324 年　每麦斗 3 德拉克马（IG II^2 360）。

公元前 300 年？　狄翁建议向罗得岛的阿伽托克里斯授予公民权，原因是他以低于阿戈拉规定的 6 德拉克马的价格出售小麦。（SIG3 354）

大麦

公元前 4 世纪　每麦斗 3—5 德拉克马（奥斯邦，第 125 页）。

公元前 4 世纪　法尼伯斯以每麦斗 18 德拉克马的价格出售大麦，是前一价格的 3 倍（德摩斯梯尼，XLII，20）。这个估价过高了，因为说话人想方设法要夸大法尼伯斯的财富。

公元前 330 年　每麦斗 5 德拉克马（IG II^2 408）。

69　公元前 329 年　每麦斗 3 德拉克马到 3 德拉克马 5 奥波尔（IG II^2 1672.282-283，289）。

面包

公元前 4 世纪晚期　一条小麦面包，1 奥波尔（德摩斯梯尼，

XXXIV，37）。

橄榄树

公元前 4 世纪　1 000 棵橄榄树值 2 塔兰特（德摩斯梯尼，XLIII，69）。

橄榄

公元前 5 世纪晚期　每麦斗 2 德拉克马（普鲁塔克，引自普里切特和皮平，1956 年，第 184 页）。

橄榄油

公元前 4 世纪早期　每希腊杯 $\frac{1}{2}$ 奥波尔（普里切特和皮平，1956 年，第 184 页）。每天花费 $\frac{1}{16}$ 奥波尔（马克尔［Markle］，1985 年，第 281 页）。

公元前 4 世纪晚期　每希腊杯 $1\frac{1}{2}$ 奥波尔（伪亚里士多德，《经济论》，1347A）。

公元前 4 世纪　在提洛岛，每希腊杯 $2\frac{1}{3}$ 奥波尔（普里切特和皮平，1956 年，第 184 页）。

公元前 250 年　在提洛岛，每希腊杯 $\frac{2}{3}$ 到 $\frac{3}{4}$ 奥波尔（同上引）。

蜂蜜

公元前 4 世纪早期　每希腊杯 3 奥波尔。每日花费 $\frac{1}{2}$ 奥波尔（马克尔，1985 年，第 280 页）。

酒

公元前 5 世纪　开俄斯酒（高品质），每希腊壶 2 德拉克马（阿米克斯［Amyx］，1958 年，第 176 页）。

公元前 5 世纪　普通酒，每希腊壶 4 奥波尔（同上引）。

公元前 4 世纪　在法尼伯斯的农场，每希腊桶（＝10 加仑）12 德拉克马。这个估价过高了，因为说话人想方设法要夸大法尼伯斯的财富。

公元前 4 世纪　每希腊桶 3 或 4 德拉克马（马克尔，1985 年，第 281 页）。

公元前 4 世纪　每希腊壶 10 奥波尔（阿莱克西斯的一个残篇，引自戴维森，1998 年，第 191 页）。

公元前 4 世纪晚期　每希腊壶 2 德拉克马（米南德的《仲裁》，引自前书）。

干果

公元前 3 世纪晚期　每麦斗 2 德拉克马（普里切特和皮平，1956 年，第 191 页）。

牲畜

公元前 5 世纪晚期　小猪，3 德拉克马（阿里斯托芬，《和平》，374）。

公元前 5 世纪晚期　成猪，20—40 德拉克马（詹姆森［Jameson］，1988 年，第 98 页）。

公元前 5 世纪晚期　一张大牛皮，6—8 德拉克马（詹姆森，1988 年，第 111 页）。

公元前 415 年　拍卖被没收的财产中的牲畜，35—50 德拉克马。

公元前 410 年　母牛：在大泛雅典娜节上，百牲祭化了 5 114 德拉克马，这就意味着每头牛是 51 德拉克马（普里切特和皮平，1956 年，第 255 页）。

公元前 375 年　109 头公牛，一共花了 8 419 德拉克马，卖给了提洛岛的阿波罗节用于献祭。这就意味着每头牛 77 德拉克马（普里切特和皮平，1956 年，第 255 页）。

公元前 400—前 350 年　一头母牛和一头公牛花了 90 德拉克马（普里切特和皮平，1956 年，第 255 页）。

公元前 4 世纪　山羊，12 德拉克马（普里切特和皮平，1956 年，第 258 页）。

公元前 363 年　山羊，10 德拉克马（普里切特和皮平，1956 年，第 258 页）。

公元前 4 世纪中期　骡子，800 和 550 德拉克马（伊萨伊俄斯，Ⅵ，33）。

公元前 4 世纪　一个骑兵的马匹的均价，408 德拉克马（波默罗伊，1994 年，第 219 页）。

公元前 4 世纪　一匹跑马，1 200 德拉克马（普里切特和皮平，1956 年，第 258 页）。

公元前 403 年　绵羊，12、15 或 17 德拉克马（普里切特和皮平，1956 年，第 259 页）。

公元前 400 年　一头用于献祭的羊羔，16 德拉克马（吕西阿斯，ⅩⅩⅩⅡ，21）。

公元前 4 世纪　绵羊，大约 19 德拉克马（德摩斯梯尼，ⅩLⅦ，57 和 64）。

鱼

公元前 425 年　彼奥提亚科帕伊斯湖的鳝鱼（高品质），3 德拉克马（阿里斯托芬，《阿卡奈人》，962）。戴维森（1998 年，第 187 页）指出，阿里斯托芬的喜剧中引用的价格基本上是可信的。

公元前 4 世纪　一条章鱼 4 奥波尔，一条鲆鱼 8 奥波尔，一条鲻鱼 5 奥波尔，一条鲈鱼 10 奥波尔（戴维森，1998 年，第 187 页）。

衣服

公元前 5 世纪晚期　羊毛外衣，20 德拉克马（普里切特和皮平，1956 年，第 204 页）。

公元前 392 年　一个出现在普倪克斯的没有穿衣服的穷人声称，他自己需要 16 德拉克马来买一件外衣（阿里斯托芬，《公民大会妇女》，413）。

公元前 388 年　一个年轻的男子向一个他假装要求婚的老妇人要一件价值 20 德拉克马的斗篷（阿里斯托芬，《财神》，982—983）。

公元前 329 年　给一个奴隶的一件外套，10 德拉克马 3 奥波尔

（普里切特和皮平，1956 年，第 206 页）。

71　　　公元前 327 年　为埃琉西斯的公共奴隶买的短袖束腰外衣，7 德拉克马 3 奥波尔。斗篷，$18\frac{1}{2}$ 德拉克马，皮的无袖外套，$2\frac{1}{2}$—$4\frac{1}{2}$ 德拉克马（普里切特和皮平，1956 年，第 206 页）。

公元前 4 世纪晚期　一件普通人穿的外衣，10 德拉克马（柏克，1842 年，第 105 页）。

鞋子

公元前 388 年　8 德拉克马（阿里斯托芬，《财神》，982—983）——"在价格高的时候"（柏克，1842 年，第 106 页）。

公元前 327 年　为埃琉西斯的公共奴隶买的鞋，每双 6 德拉克马。每隔一年需要一双（普里切特和皮平，1956 年，第 204 页）。

药膏

公元前 4 世纪晚期　1 希腊杯的好药膏，5—10 明那，根据米南德（柏克，1842 年，第 106 页）。

土地和房子

公元前 414 年　在那些被控告在公元前 415 年毁坏赫尔墨斯神像的人（Hermokopidai）和密教的亵渎者被没收的财产的价格中，在一个没有吸引力的地方的一所房子的最便宜的记录价格是 105 德拉克马，大部分都在 1 000 德拉克马以上（普里切特和皮平，1956 年，第 260—271 页）。七所在雅典卖出的房子的中间价格是 410 德拉克马（普里切特和皮平，1956 年，第 275 页）。

公元前 4 世纪　阿提卡的演说家提到的财产价格如下：房子，300—5 000 德拉克马（12 所的均价是 2 600 德拉克马）；房屋和土地，5 000 德拉克马；可以住很多人的房子，10 000 和 1 600 德拉克马；农场土地，6 000—15 000 德拉克马（4 个农场的均价 10 000）；土地，1 000—7 000 德拉克马（6 块土地均价 4 000）（普里切特和皮平，1956 年，第 271—272 页）。

公元前 388 年　阿里斯托芬（不是那个戏剧家）买了 70 英亩的土地和一座房子（价值 50 明那）用了 5 塔兰特（吕西阿斯，XIX，29 和 42）。

公元前 362 年　房子作为遗产留给德摩斯梯尼，30 明那（德摩斯梯尼，《反阿福伯斯》，I，6）。

公元前 360 年　一个小别墅，300 德拉克马（戴维斯，1981 年，第 50 页）。

公元前 4 世纪　很多小块土地价格在 2 000—3 000 德拉克马，占地面积 3.6—5.4 公顷（詹姆森，1977—1978 年，第 125 页）。

公元前 4 世纪晚期　3 个雅典人中有 2 个拥有财产的价值至少 2 000 德拉克马（詹姆森，1977—1978 年，第 125 页）。

公元前 4 世纪　房租，每年 36 德拉克马—3 明那的 12%（柏克，1842 年，第 109 页）。

公元前 4 世纪　霍夫纳（Hoepfner）和施温纳（Schwandner）（1994 年，第 150 页）认为，在公元前 4 世纪中期，一所一般的房子的价格大约是 3 000 德拉克马。

家具

公元前 5 世纪　带靠背的椅子，2—6 德拉克马；凳子，1—5 德拉克马；柜子，21 德拉克马；卧榻，6—8 德拉克马；简单的床，2 奥波尔；木头灯台，1 奥波尔；桌子，4 德拉克马。希腊的家具并不贵。包括盘子和餐具在内的家具的价格很少超过 500 德拉克马。一个非常大的城镇房子，住着一家 4 个成年人、3 个孩子和 15 个奴隶，包括家具、盘子和餐具价值 650 德拉克马（普里切特和皮平，1956 年，第 210 页以下）。

陶瓶

公元前 5 世纪晚期　泛雅典娜节的带有绘画的双耳瓶（从一个大地产拍卖的 100 多个，可能是亚西比德的），大约每件 3 奥波尔（阿米克斯，1958 年，第 178 页）。

女伴

公元前4世纪 "演奏笛子、竖琴或里拉琴的女孩"，不超过2德拉克马（亚里士多德，《雅典政制》，L.2）。

航行

公元前4世纪 埃吉纳到比雷埃夫斯，2奥波尔。埃及或本都到比雷埃夫斯，2德拉克马（《高尔吉亚篇》，511D—511E）。

葬礼

公元前400年 一个富有的女人留下了300德拉克马用于她的葬礼（吕西阿斯，XXXI，21）。波默罗伊（1977，第118页）指出，一次葬礼的平均花费大约30德拉克马。

公元前4世纪 1 000德拉克马（德摩斯梯尼，IL，52）。

（3）工资

（根据鲁米斯的说法［1998年，第253页］，公元前432年之前，大多数得到证实的工资都是每天4奥波尔；在公元前432—前412年，每天是1德拉克马；在公元前412年之后，工资会由于工作种类的不同而不同。）

参加公共会议的报酬

公民大会

公元前403年 每次会议1奥波尔。

公元前392年 3奥波尔（《公民大会妇女》，290）。

公元前330年 每个常规会议1德拉克马，每个主会议1德拉克马。

议事会

73 公元前4世纪 每天5奥波尔，主席团成员（*prytanis*）是每天1德拉克马。

法庭

公元前4世纪50年代 每次开庭2奥波尔。

公元前4世纪20年代 每次开庭3奥波尔（《马蜂》，690）。

剧院

公元前 4 世纪　戏剧基金，看戏的人每人发放 2 奥波尔。

其他的公共官职

公元前 450 年　管理官员（epistatēs），每年中每天 4 奥波尔—1 塔兰特不等（鲁米斯，1998 年，第 10 页）。

公元前 422 年　公诉人（synēgoros），每天 1 德拉克马（阿里斯托芬，《马蜂》，482）。

公元前 4 世纪晚期　执政官，每天 4 奥波尔（亚里士多德，《雅典政制》，LXII.2）。

公元前 343 年　次官（hypogrammateus，可能并不是很高的职位，因为德摩斯梯尼试图贬低艾斯奇尼斯），每个月 2—3 德拉克马（德摩斯梯尼，XIX，200）。

公元前 4 世纪　斯基台警察，3 奥波尔一天（安德里阿德斯，1933 年，第 215 页）。

福利

公元前 4 世纪　财产少于 3 明那和无工作能力的人每天补助 2 奥波尔（亚里士多德，《雅典政制》，XLIX.4）

神庙

公元前 408 年　厄瑞克特翁神庙的账目，每天有 $1—1\frac{1}{2}$ 德拉克马发给公民、外邦人和奴隶（奥斯汀和维达尔 - 纳奎特，1980 年，第 276 页）。

公元前 328 年　埃琉西斯账目，奴隶 3 奥波尔，无技术的劳力 $1\frac{1}{2}$ 德拉克马，有技术的劳力 $2—2\frac{1}{2}$ 德拉克马（IG II-III^2.1672-1673）。

军事

公元前 428 年　每个重装兵每天得到 2 德拉克马，1 德拉克马给他自己，1 德拉克马给他的奴隶（修昔底德，III.17.4）。奥斯汀和维达尔－纳奎特（1980年，第303页）说这是一个特殊的事例，报酬通常是 $\frac{1}{2}$—1 德拉克马。

公元前 422 年　士兵每天得到 2 奥波尔的报酬（阿里斯托芬，《马蜂》，1185）。

74

公元前 351 年　士兵每天得到 2 奥波尔（德摩斯梯尼，IV，28）。这被低估了，因为他是想表明一个军事战役可以少花一些钱。

公元前 3 世纪 30 年代　因为参加军训，18—20 岁的男青年（*Ephēbos*）每天获得 4 奥波尔（亚里士多德，《雅典政制》，XLII.3）。

3．农业

（1）谷物产量

我在表 6.1 中给出了关于雅典谷物产量的三个近期的估算。较早的估算倾向于低产的一面，因为它们都是基于一个雅典的碑铭，记录了公元前 329 年在埃琉西斯献给德墨忒耳的第一批收成（IG II² 1672）。由于认为贡献的谷物量大约是大麦的 1/600 和小麦的 1/1200——这个比例刻写在公元前 5 世纪的一块石碑上，亚尔德（Jarde）（《古希腊的谷物》[*Les Cereales dans L'antiqute grecque*]，巴黎，1925 年）计算出总产量是，小麦 27 500 麦斗和大麦 340 500 麦斗。这些数字并不可靠，因为我们并不清楚农民是否是按照上述的比例贡献的，同时我们也不知道公元前 329 年是否是丰收年。

表 6.1　谷物产量的估算

	维特比（1998年）	伽恩西（1998年）	沙伊德尔（1998年）
可用来种植谷物的耕地	30%	30%	30%
带有休耕地的实际用地	10%	15%	17.5%
用于种植谷物的区域（公顷）	24 000	36 000	42 000

（续表）

小麦 / 大麦比例	1/4	1/4	1/4
用于种植小麦的区域（公顷）	4 800	7 200	8 400
产能（百升 / 公顷）	6	6	8
小麦总产量（麦斗）	55 598	83 398	129 730
种子 / 产量	1/4	1/4	1/4.8
小麦净产量（麦斗）	41 699	62 548	102 703
用于种植大麦的区域（公顷）	19 200	28 800	33 600
产能（百升 / 公顷）	12	12	12
大麦总产量（麦斗）	444 787	667 181	778 378
种子 / 产量比例	1/4	1/4	1/6
大麦净产量（麦斗）	333 590	500 386	648 648

1 麦斗＝51.8 升，1 百升＝100 升，1 百升＝1.9305 麦斗，1 麦斗小麦＝40 千克，1 麦斗大麦＝33.3 千克，1 公顷＝2.471 英亩，100 公顷＝1 平方千米。

阿提卡的可耕地总量大约接近 240 000 公顷。

在现代希腊，每个家庭平均占有土地大约是 3 公顷（伽兰特，1991 年，第 42 页）。詹姆森说（1977/1978 年，第 131 年），在古希腊，这个数字是 3—5 公顷。如果我使用每个家庭 5 公顷这个数字，240 000 公顷的可耕地就会有 48 000 个公民拥有土地。如果我们再加上 5 000 没有自己的土地的公民（参看"市场、价格和工资"部分），就得出了公民人口的总数是 53 000 人。这与第 2 章表 2.2 中给出的公民数量估算的上限接近。但是，我们需要铭记在心的是，一些少数的大地产的出现会不正常地使平均数值得到增加，与此同时，实际上一些土地是由国家和神庙占有的。有人指出，一个拥有大约 5 公顷土地的家庭需要使用一头牛来耕种才是划算的，这样的家庭才会有资格成为重装兵等级的一员（霍德金森［Hodkinson］，1988 年，第 39 页）。一些人拥有大得多的地产。亚西比德据说拥有一个 300 希腊平方尺或 29 公顷的农场（柏拉图，《亚西比德篇》，I.123C）。只有公民才能拥有农地。一些外邦人根据 *enktesis*（见"术语表"）法规可以允许拥有不动产，但不能拥有农地。

75

（2）生理上对谷物的需要

福克斯霍尔（Foxhall）和福布斯（Forbes）（1982年，第41—90页）给出了以下的数据。

① 卡路里含量

小麦每千克3 340卡路里

大麦每千克2 158卡路里

② 食品和农业组织（FAO）对每日卡路里的估算

成年男性，62千克，20—39岁，十分活跃：3 337（2 836）。

古代阿提卡的男性的平均身高是162.2厘米，根据是61副骨骼（福克斯霍尔和福布斯，1982年，第47页）。

成年女性，52千克，20—39岁，十分活跃：2 434（2 069）。

孩子的平均值：2 600（2 210）。

③ 一个四口之家所需的小麦和大麦

假设

a. 考虑到1948年在克里特住在农业区的一个成年男性的卡路里摄入量的平均值是2 565，食品和农业组织的这个估算可以被减少15%。减少后的估算就是上文中的圆括号中的。一个值得注意的要点是，关于所需卡路里摄入量的更新的估算通常都比食品和农业组织的估算要低。

b. 一个人摄入的卡路里的70%来自于谷物。（现在则少于60%，福克斯霍尔和福布斯，1982年，第56页。）伽兰特（1991年，第66页）指出，这个比例在20世纪20年代的塞浦路斯人中是85%—90%。

c. 一个家庭包括一男一女和两个孩子。伽兰特（1991年，第23页）指出："拉普赛特（Raepsaet）（1973年）把出现在伊萨伊俄斯、德摩斯梯尼和吕西阿斯的演说中的人数按照年龄制成表格，接着按照家庭的数量进行划分，得出了每个家庭有2.14个孩子。"

76

每日需要的总卡路里，9 325；每人，2 331；乘以 0.7，1 632；每人每年 4.46 麦斗的小麦；每人每年 8.29 麦斗的大麦。

一个四口之家每日食物花费（以奥波尔为单位）

小麦的花费　1.76（假定小麦的价格是每麦斗 6 德拉克马）

大麦的花费　1.64（假定每麦斗 3 德拉克马）

蜂蜜　0.5

橄榄油　0.0625（假定每希腊杯 0.5 奥波尔，其数量是 0.125 希腊杯。根据福克斯霍尔和福布斯的说法，在 1972—1975 年，在麦萨纳，每人每年的消费量是 0.36 希腊杯［第 68 页］。福克斯霍尔和福布斯还给出了为什么古代人消费的橄榄油更少一些的原因［第 69 页］。）

酒　0.5（按每希腊壶 4 奥波尔计算，数量是 3.3 盎司）

豆类　0.2

配菜（Opson）　1.0（参看下面关于 opson 的定义）

总计　4.0225 奥波尔

蜂蜜、油和酒的数字引自于马克尔的著作（1985 年，第 280 页）。伽兰特（1991 年，第 104 页）说，65% 的卡路里来自谷物，25% 来自蔬菜，10% 来自橄榄油和酒。豆类的数字是一个大致的猜测。不过，"从特奥弗拉斯托斯的著作中推测出豆类的种植在相当大程度上是用来食用似乎是合理的。这个说法得到了其他材料的确证，比如喜剧"（沙伊德尔，1998 年，第 211 页）。伽兰特（1991 年，第 40 页）还引用了特奥弗拉斯托斯《植物志》（Historic Plantarum）的说法，大麦、小麦、豆类、酒和油的种植使用了间作的方法。伯克（1842 年，第 103 页）引用了提默克勒斯（Timocles，公元前 4 世纪后期的喜剧作家）的说法，8 瓶豆子卖了 1 奥波尔，认为这是一种夸张。特奥弗拉斯托斯给出了一个长长的蔬菜清单：芦笋、豆子、甜菜、卷心菜、芹菜、鹰嘴豆、黄瓜、葫芦、韭葱、莴苣、洋葱、萝卜、甘蓝。他还提到了很多水果,比如苹果、扁桃、椰枣、无花果、梨子、李子、石榴和楹桲、调料和香料,比如大蒜、辣根、薄荷、欧芹、芸香、鼠尾草、香薄荷和青葱(米歇尔[Michell],1957年,第58页)。

里德尔(Liddel)和斯科特(Scott)对 *opson*(配菜)的定义是"所有就着面包或粮食吃的用来调味的东西"。他们给出的另外一个定义是"在雅典,大部分是鱼,雅典人的主要美食"。比如,像来自于科帕伊斯湖的鳝鱼这样的昂贵的食物就的确是美食,但也有便宜的鱼是穷人的主要的配菜。当苏格拉底描述一种简朴的田园生活的时候,在那里人们享用着大麦和小麦做的大面包和酒(《理想国》,372),格劳孔插话说这些人在宴饮,但没有配菜。接着,苏格拉底补充了盐、橄榄、奶酪、洋葱、蔬菜、无花果、豆类、桃金娘浆果和樱果。当马克尔(1985年,第296页)提到一个奴隶每天可以有0.2奥波尔用于配菜的时候,并不清楚他是否把像蜂蜜和油这样的食物包括进去。柏克(1842年,第101—103页)多次提到过每日配菜的用量:①1奥波尔的卷心菜和给一位老年人的一条小鱼。②根据特奥弗拉斯托斯(《论性格》,28),没有人除非是一个卑鄙的守财奴会让他的妻子只花费3个铜钱(*chalkoi*)来购买配菜(8个铜钱值1个奥波尔)。③对于一些节俭的人来说,用3奥波尔来购买未经烹制的配菜就足够了。④吕西阿斯认为,一个保护人要价3奥波尔用于两个男孩和一个小女孩的配菜是过分的。⑤根据安提丰(公元前4世纪早期的喜剧诗人),四小块做好的肉的价格是1奥波尔。⑥根据阿里斯托芬,一块正准备吃掉的大小适中的肉的价格是1奥波尔。⑦鲲鱼的价格是半奥波尔。⑧腌鱼的价格是1奥波尔。

詹姆森(1988年,第105页)推测,在古典时代的雅典,人均一年肉食的消费量只有大约2千克,吃肉主要是在举行献祭仪式的时候。现在的美国人均一年肉类的消费量是大约37千克。

在公元前422年,一个三口之家每天的食物花费是3奥波尔(阿里斯托芬,《马蜂》, 300)。

琼斯（1986 年，第 143 页）报道说，在公元前 329 年的埃琉西斯账目中（IG II-III², 1672），国家每天付 3 奥波尔给公共奴隶作为食物补贴。不过，很有可能埃琉西斯的奴隶得到了慷慨的对待。

以上的数据表明，全部食品花费的 44% 都用在了小麦上。根据克拉克（Clark）（1957 年），不同时期不同国家的相应比例（小麦和大麦）列举如下：

1935 年土耳其 52%（第 84 页）

1934—1938 年希腊 39%（第 428—429 页）

1929 年德国 27%（第 80 页）

1952 年俄罗斯 25%（第 241 页）

1932 年法国 20%（第 79 页）

1935 年美国 10%（第 85 页）。

其他的生活用度

衣服。为一个奴隶买的短袖束腰外衣 3.5 奥波尔，为一个奴隶买的一件斗篷 10.5 德拉克马（马克尔，1985 年，第 296 页）。如果我们推测一件短袖束腰外衣可以穿一年，一件斗篷可以穿三年的话，一个四口之家一年就需要 16 德拉克马用于购买衣服。

鞋子。一个埃琉西斯的公共奴隶每年需要 3 奥波尔用来购买鞋子（普里切特和皮平，1956 年，第 204 页）。

衣服和鞋子。一个最节俭的人每年至少需要 15 德拉克马（柏克，1842 年，第 109 页）。

房租。36 德拉克马（3 明那的 12%）（柏克，1842 年，第 109 页）。

全部生活费

用奴隶购买衣服和鞋子的数字来计算，一个四口之家每年的生活

78　费达到了 307 德拉克马。根据这一推算，食物花费总共占到全部支出的 80%。如果使用柏克的最节俭的人的数字，每年的支出是 336 德拉克马。在这里，食物的花费大约占到 70%。相比较而言，1939 年印度农村挣取工资的工人的数字是 77.5%（克拉克，1957 年，第 470 页），301 年的罗马是 77%（第 664 页），1934 年的日本是 34%（第 83 页）。如果每天配菜的花费从 1 奥波尔涨到 2 奥波尔，那么，每年的总生活费就会分别增长到 355 和 396 德拉克马。1939 年印度农村挣取工资的人的其他支出，住房 0.8%，衣服 11.7%，其他 10%。

吕西阿斯（XXXII，28）（公元前 400 年）讲到，两个女孩和一个男孩外加一个男性保姆和一个女仆一年需要 1 000 德拉克马。德摩斯梯尼（XXVII，36）（公元前 363 年）讲在他未成年的时候，他自己、他的姐姐和母亲每年需要 700 德拉克马（不包括租金）。

（伪）德摩斯梯尼的原告（XLII，《反法尼伯斯》，22）在"捐助替代"问题上向法尼伯斯发起挑战，说道："然而，我的父亲只留给我的兄弟和我自己一块价值 45 明那的地产，靠这个生活并不容易。"（默里 A. T. 英译，劳埃伯古典丛书）按照每年 12% 计算，这块地产每年的收入是 540 德拉克马。

在公元前 4 世纪早期，一个无工作能力且资产少于 3 明那的公民每天可以得到 1 奥波尔的补贴，公元前 4 世纪晚期是每天 2 奥波尔（亚里士多德，《雅典政制》，49.4）。

马克尔（1985 年，第 295 页）声称，每天 4 奥波尔对于一个家庭来说足够了，可以生活得十分舒适。

（3）历史记载（福克斯霍尔和福布斯）

①希罗多德（VII.187.2）

普通士兵的口粮——每年 1 希腊升（48 希腊升 = 1 麦斗）。这就意味着每年 7.6 麦斗。

②在斯法克特里亚的斯巴达人的口粮（修昔底德，IV.16.1）

每天 2 希腊升的 *alphita*。*alphita* 就是每千克含有 3 320 卡路里的 60%—70% 的磨碎的大麦。因此，2 希腊升的 *alphita* 就大约价值 3 希腊升的大麦，相当于每年 22.8 麦斗的大麦。奴隶的口粮是这个数量的一半。

③ 在叙拉古的雅典囚犯（修昔底德，VII.87.2）

每天 0.5 希腊升的大麦，就是每年 3.8 麦斗。

（4）家畜饲养

霍德金森（1988 年）对古代希腊的家畜饲养状况进行了很好的讨论。下文中所讲的大多引自于他的研究。

一些富有的阿提卡农民拥有相当数量的家畜，这个情况得到了阿提卡的演说家和历史学家的证实。例如，犹克泰蒙在雅典东北大约 7 英里的一个地方有一个农场，卖了几只山羊给牧羊人得到了 8 明那（伊萨伊俄斯，VI，33）。特奥丰在埃琉西斯留下了价值 2 塔兰特的土地，60 只绵羊，100 只山羊和一匹他在当骑兵长官时骑的马（伊萨伊俄斯，XI，41）。德摩斯梯尼的原告（XLXXII，52）声称泰奥菲姆斯抓了 50 只带软毛的山羊，它们在他的家和羊倌附近吃草。那些被控告在公元前 415 年毁坏赫尔墨斯神像的人（*Hermokopidai*）之一被没收的财产包括 84 只绵羊，67 只山羊，2 头工作用的公牛，还有 6 头其他的牛（霍德金森，1988 年，第 62 页）。色诺芬的《回忆苏格拉底》（II.3.9 和 II.7.13）提到了看护羊群的狗，在 IV.3.10 中，苏格拉底说：

> 除了从山羊、绵羊、马、牛、驴和其他的家畜中，一个人还能够从什么牲口身上获得如此之多的收益呢？在我看来，与土地上的果实相比，他亏欠它们更多一些。至少它们对他获得食物和做生意来说是很有价值的。

《回忆苏格拉底》（II.7.6）提到瑙西赛德斯拥有大群的猪和牛。在与克里托布罗斯的对话中，苏格拉底说，"我把繁育家畜的技术与饲养的方法紧紧地联系在一起"（色诺芬，《经济论》，V.3）。在《经济论》（VII.20 和 XX.23）中，他进一步提到了饲养与务农相结合的重要性，尤其是在 I.9 和 V.6 中的山羊的喂养。

上面所有的例子涉及的都是富有的农民，但饲养山羊和牛对于普通农民来说也十分重要。修昔底德（II.14）说，在伯罗奔尼撒战争刚开始的时候，当伯利克里建议雅典公民放弃农场并搬到城里来的时候，他们就把他们的绵羊和牛群送到了优卑亚和临近的岛屿上。另外，当狄塞里亚在公元前 413 年被斯巴达人占领之后，超过 20 000 名奴隶逃亡，他们所有的绵羊和载重牲畜都跑丢了（VII.27.5）。阿里斯托芬的《云》中的普通农民斯特里普西阿德斯在他的农场上有很多只绵羊，在山里还饲养了很多只山羊（《云》，40—74）。特奥弗拉斯托斯在他的关于种植的论文（《植物的本原》[De causis plantarum] 和《植物志》[Historia plantarum]）中详细地讲述了关于肥料的使用，包括牲畜的粪，适合多种不同的植物和农作物。

苏格拉底指出了在家畜的饲养中由于不正常的天气会造成的风险（色诺芬，《经济论》，V.18）。与绵羊和山羊相比，牛更不容易生病，也更耐旱，但是，它们的繁殖率和成熟率比较低。因此，很多国家的农民两种牲畜都养，以把风险减小到最小（霍德金森，1988 年，第 60 页）。霍德金森推测，拥有几只小型的家畜"在使一个家庭获得其日常的生计上面会起到关键性的作用；或者，在家庭条件较好的情况下，这样做可以生产出一些余粮，足以维持重装兵的地位"（第 61 页）。霍德金森（1988 年，第 62 页）相信，由于可以得到的有限的湿地草场，绵羊和山羊的数量也多于牛，即使富有的雅典农庄也是如此。

80　　　霍德金森（1988 年，第 64 页）相信，维持着相当大数量的畜群（意味着 50—70 只绵羊的规模）的富有农民可以从出售高质量的羊毛中获得很大的收益。牛奶和乳酪也是很重要的产品。在文学作品中，经常提到用羊毛来制衣（例如，参看色诺芬《经济论》的 VII.6.21 和 36）。詹姆森（1988 年，第 103 页）说，生产牛奶和羊毛是绵羊或山羊畜群的拥有者们的主要目的。他相信，雅典人对绵羊和山羊的需求或多或少是由阿提卡地方的畜牧业来满足的，尽管绵羊和山羊，还有猪和牛，无疑是从邻近的地区带到本地市场的（第 103—104 页）。

4．商业

（1）引言

在整个古典时期，雅典一直在开展活跃的对外贸易。大多数的商业活动都发生在爱琴海。陆路上的贸易也存在，但维持在一个较低的水平上。有几个原因导致了雅典外贸的繁荣：①国内粮食生产的不足使外贸成为必需。②雅典银币在希腊世界和邻近国家的广泛流通促进了商业的发展。③雅典海军在爱琴海上的主导地位使雅典商人的海上航行更为安全。④比雷埃夫斯港提供了极好的港口上的便利。⑤在雅典和比雷埃夫斯，有很多拓展了海上贷款业务的银行家，还有很多钱币兑换者开展外币的交换和检测业务。⑥那时有一种有效的法律体系来处理商业上的纠纷，对此，我将在名为"船舶抵押贷款"的部分做出进一步的解释。⑦在雅典和比雷埃夫斯，有被称为 *proxenos*（官方朋友）的机构，很像现代的领事，负责照看外国商人的需求。

（2）谷物进口量

谷物主要从本都（Pontus）、西西里、塞浦路斯和色雷斯进口。雅典似乎也从优卑亚进口粮食，但数量不清楚（米歇尔，1957 年，第 261 页）。阿里斯托芬说到一个民众领袖承诺从优卑亚引进 50 麦斗的大麦分给每一个公民（《马蜂》，715）。当斯巴达人在公元前 411 年从雅典手中夺得了优卑亚，修昔底德写道："一场他们从未知道的恐慌出现了，不论是西西里的灾难，在那时这场灾难看上去是如此巨大，还是任何其

他的灾难，都没有使他们感到如此警觉。"（VIII.96）

公元前 445 年　埃及的国王萨姆美提库斯赠送给雅典人 40 000 麦斗的谷物，这些谷物在公民中进行了分配（伊萨格尔和汉森，1975 年，第 24 页）。

公元前 355 年　莱奥孔从博斯普鲁斯的泰奥多西亚运送了 210 万麦斗谷物到雅典（斯特拉波，7.4.6）。早在公元前 438 年，一个色雷斯的贵族斯巴托库斯，成为了博斯普鲁斯的一位僭主，包括莱奥孔在内的后继的统治者对雅典都十分友好（伊萨格尔和汉森，1975 年，第 21 页）。

斯特拉波于大约公元 64 年生于本都。这个数字是缺乏依据的，因为他并没有具体说明时间——莱奥孔任博斯普鲁斯的国王是 1 年还是40 年。

公元前 355 年　40 万麦斗的谷物从博斯普鲁斯进口，这相当于从所有其他地区进口谷物量的总和（德摩斯梯尼，XX，31-32）。伊萨格尔和汉森（1975 年，第 18 页）指出，这里提到的谷物包括了小麦和大麦。

我们不知道这些数字的可靠性有多少。

公元前 340 年　马其顿的腓力在博斯普鲁斯扣留了大约 200 艘雅典的船只。如果每只船载重是 120 吨的话，那么总共装载的谷物将达到 60 万麦斗；如果是 160 吨，就有 80 万麦斗（维特比，1998 年，第124—125 页）。这些战利品总价值是 700 塔兰特（西利，1993 年，第188 页）。这个数额就意味着 70 万麦斗，按照每麦斗 6 德拉克马计算。

公元前 335 年　克瑞西普斯声称，他进口了 10 000 麦斗以上的小麦，并按照每麦斗 5 德拉克马的普通价格出售（德摩斯梯尼，XXXIV，39）。

公元前 330 年　萨拉米斯的塞浦路斯人赫拉克里德斯以每麦斗 5德拉克马的价格出售了 3 000 麦斗的小麦，低于现行的市场价格，后来被授予了 *proxenos*（官方朋友）的称号（参见"术语表"）（伊萨格尔和汉森，1975 年，第 201 页）。

公元前 325—前 317 年　昔兰尼送出了 80.5 万麦斗的谷物作为礼物，包括给雅典的 15 万麦斗（伊萨格尔和汉森，1975 年，第 24—25 页）。

公元前 307 年　统治黎凡特的马其顿总督安提格努斯，用船向雅典输送了 15 万麦斗的谷物（伊萨格尔和汉森，1975 年，第 25 页）。

（3）吕西阿斯，XXII,《反谷物商》

根据兰普（Lamb）在劳埃伯古典丛书中的简介，这篇演说大约写作于科林斯战争的末期（公元前 387 年），当时雅典经受了一次谷物的短缺，部分原因是塞浦路斯开始受到波斯的控制。谷物商被控告违反法律购买了超过 50 箦（phormoi）的谷物。谷物商声辩，他们是在谷物监管官（σιτοφυλάκες）的建议下这么做的，但一位监管官却坚持认为，他建议他们一起买是为了使谷物的价格保持在低点。发言者指出了谷物商的辩护中的一个错误，他说如果他们的目的是为了使谷物的价格保持在低点的话，就与这样的事实相矛盾了，即他们就会由于有时在价格上增加甚至 1 德拉克马而违反了另外一项法律，这项法律禁止谷物的价格增加 1 奥波尔以上。谷物商坚持认为，他们这样做是为了帮助公民，但发言者却宣称它是一个谎言，说谷物商是获益的人，公民才是受损失的人。（注意，谷物商本身是外邦人。）发言者说："他们通过这样做获利之多，以至于他们每天宁肯选择冒着死的危险，都不愿意停止从你们身上获取非法的所得。"（20）注意到这一点是十分有趣的，即发言者不仅为公民辩护，也为商人（ἔμποροι）和进口者（εἰσπλέοντες）辩护，反对谷物商，说大量买进以使价格维持在低点将会伤害商人和进口者的利益。

（4）德摩斯梯尼，LVI,《反狄奥尼索多洛斯》

达瑞伊俄斯（发言者）和潘菲罗斯向狄奥尼索多洛斯和巴门尼斯科斯提供了 3 000 德拉克马的一笔海洋贷款，并且约定船应该从雅典到埃及，然后再返回雅典。本金和利息在船回到比雷埃夫斯的时候支付，船被当作了贷款本金的抵押品。如果船被丢失了，那么，借贷者就可以解除所有的责任，但在他们不能履行他们的契约的情况下，他们就要支付双倍的贷款额度。在狄奥尼索多洛斯航行到埃及之后，滞留在雅典的巴门尼斯科斯，就向狄奥尼索多洛斯写了一封信，告诉他由于从西西里进口了大量的粮食导致了谷物价格的突然下降。因而，狄奥尼索多洛斯决定不再把谷物从埃及运回雅典，而是把谷物运到罗得岛。原告拒绝了被告提出的向罗得岛支付本金和利息的提议。被告声称，船坏了，因而不能驶回雅典。不过，原告对被告的辩解提出了合理的怀疑，指出如果船真的坏了，它是不可能往返于埃及和罗得岛之间的，他们的借口与他们提出向罗得岛支付利息是相互抵触的。

发言者把被告痛斥成是亚历山大的总督、埃及的克里奥蒙尼的人质，他垄断了埃及的谷物贸易，因而获得了巨大的收益。发言者把克里奥蒙尼称为埃及的前任统治者。由于克里奥蒙尼在公元前 323 年被处死，默里怀疑这篇演说是德摩斯梯尼写的，他在公元前 322 年被处死。

（5）关于谷物进口的规定

① 梭伦禁止除橄榄油之外的任何粮食作物的出口。

② 如果你购买了多于 50 箦（根据普里切特和皮平，1956 年，第 194 页，箦与麦斗相同）的谷物，你就会被处死（吕西阿斯，XXII，5）。

③ 你不能在每麦斗的价格上再增加 1 奥波尔以上（吕西阿斯，XXII，8）。

④ 如果有住在雅典的人把谷物运到雅典市场以外的任何地方，就会受到最严厉的惩罚（德摩斯梯尼，XXXIV，37）。

⑤ "对于任何雅典人或住在雅典的外邦人或任何他们所控制的人，向任何不向雅典输送谷物或特别提及的任何其他物品的船只借钱，都将会被视为违法"（德摩斯梯尼，XXXV，5，A.T. 默里英译，劳埃伯古典丛书）。

⑥ 进口的三分之二的谷物必须卖到雅典（亚里士多德，《雅典政

制》，LI.4）。

⑦ 妇女不能签订数量超过 1 麦斗以上的粮食合同（阿里斯托芬，《公民大会妇女》，1025）。

（6）其他的进口

雅典必须要从马其顿进口木材（主要包括松树、冷杉和雪松）用来建筑房屋和造船，还有木炭用于白银的冶炼。它还从塞浦路斯进口黄铜；从色雷斯和西弗诺斯进口黄金；从色雷斯、诸多岛屿和西部地区进口铁；以及从腓尼基、不列颠和高卢进口锡（用来与黄铜制作青铜的盔甲、铸像、容器等）（古典学教师联合会，1984 年，第 65—66 页和伊萨格尔和汉森，1975 年，第 29—31 页）。（青铜包含 90% 的黄铜和 10% 的锡。）

雅典需要进口的其他造船材料还有沥青、大麻纤维和亚麻纤维（琼斯，1986 年，第 93 页）。

伯利克里在他的葬礼演说中（修昔底德，II.38）这样赞扬雅典："我们的城邦如此伟大，它把全世界的产品都带到我们的港口，因此，对雅典人而言，享受其他地方的产品，就如同享受本地的奢侈品一样。"（理查德·克劳利英译）

一个赫尔米波斯的喜剧残篇（约公元前 430 年）列举了以下的雅典进口的东西：

来自昔兰尼的罗盘草和牛皮，来自于赫勒斯滂的鲐鱼和各种干鱼，来自帖撒利的布丁和牛排……叙拉古人带来了猪和奶酪……来自埃及的带船帆的桅杆和纸草。来自于叙利亚的乳香，美丽的克里特提供了送给神灵的柏树，利比亚带来大量的象牙出售，罗得岛带来了为甜美的梦准备的葡萄干和无花果。奴隶来自于弗里吉亚，雇佣兵来自于阿卡狄亚，帕伽索派来了奴隶和带标记的无赖。帕法拉哥尼亚人送来了宙斯的橡实和光亮的扁桃（这些是用来装点一次宴会的）。腓尼基带来了棕榈的果实和上好的小麦粉（semidalin），迦太基带来了地毯和十分鲜艳的枕头。

詹姆森（1988 年，第 108 页）观察到，"尽管在公元前 4 世纪大量屠宰牲畜，但雅典对皮革的需求很高，大量的皮革进口还是有利可图的"。米歇尔（1957 年，第 287 页）观察到，"从本都和普罗旁提斯出口干鱼或腌鱼十分重要，因为这些地方是金枪鱼和鲟鱼的打鱼基地"。

正如在"家畜饲养"一节中所提到的那样，羊毛的大部分需求一定是依靠国内的生产来满足的。由于阿提卡以外的很多地区都以质量较高的羊毛生产而著称，最引人注目的是米利都，所以雅典一定会进口一定数量的羊毛（米歇尔，1957 年，第 292 页）。霍普耳（1979 年，第 98页）观察到，羊毛的出口，如果存在的话，一定是微不足道的。

参看"雅典的奴隶进口"一节，其中有对奴隶进口的估算。

（7）谷物之外的进口总值

安多西得斯（I，134）说，在公元前 399 年，他出价 36 塔兰特，得到一个合同来收取出口和进口税（出口和进口税是 2%），获得了 2 塔兰特的收益。这就意味着贸易额是 1 900 塔兰特（出口加进口）。伊萨格尔和汉森（1975 年，第 52 页）认为，这是一个被低估了的数字，提出贸易额是 2 300 塔兰特。进口谷物属于一项不同的税收（哈里斯，2002 年，第 87 页）。

（8）出口

白银

埃及的主要出口物是谷物，主要进口物是白银，正像在"奴隶制"一节（第 2 章，"社会和文化"）所看到的那样，伊萨格尔和汉森（1975年，第 43 页）估算，公元前 5 世纪末在银矿做工的奴隶数量是 30 000人。古典学教师联合会（1984 年，第 185 页）估算，奴隶人数的峰值是 40 000 人，而奥斯邦（1991 年，第 134 页）则给出了一个低数字

10 000 人。

斯巴达对狄塞里亚的占领（公元前 414—前 413 年）严重影响了银矿的开采。据说，有超过 20 000 名奴隶逃到了斯巴达（修昔底德，VII.27.5）。雅典人从那时开始铸造黄铜的货币。吕西阿斯（XIX，11）认为，在公元前 389 年雅典还存在着白银的短缺。到公元前 4 世纪中叶，白银的生产才回升到了公元前 5 世纪的水平。上面提到的铸造黄铜货币和后来的铸造白银货币的恢复，在下面的阿里斯托芬的两部戏中提到了，分别是公元前 405 年上演的《蛙》和公元前 392 年上演的《公民大会妇女》：

> 我经常有个梦想：我们城邦能乐意
>
> 选拔任用地最优秀最高贵的公民，
>
> 如同爱用古老的银币和新铸的金币。
>
> 是啊，这些纯正的货币，地道的雅典铸型，
>
> 被公认为一切货币中之最精美者，
>
> 无与伦比的工艺，在我们希腊人中
>
> 和遥远的野蛮人中普遍得到珍爱。
>
> 可现在，这些贵金属我们不用，偏要选用
>
> 低贱的铜币，用最低劣的金属铸造出来的。*
>
> （《蛙》，720，www.perseus.tufts.edu）

丈夫

那有关铜币的决议

我们是怎样通过的，你还记得吗？

---

* 中译文参见张竹明、王焕生译《阿里斯托芬喜剧集》（下），第 74—75 页。——译者

赫勒梅斯

怎么不记得！

这件事对我来说太糟糕。当时

我把葡萄卖了，让铜钱塞满腮帮，

然后去市场购买大麦，

但我刚刚解开袋子，就听见

传令官在叫喊："任何人不许收取铜币。

只有银币可以通行。"*

（《公民大会妇女》，815，www.perseus.tufts.edu）

85　　　伊萨格尔和汉森（第45页）估算，在公元前340年前后整个白银生产的收益大约是1 000塔兰特。

在科洛斯比（Crosby）（1950年，第203页）的书中描述的石碑（公元前342年）列出的租金在"20 150—6 100德拉克马"之间。然而，关于出租的时间有争议，因为这些小数字与德摩斯梯尼在其著作XXXVII，22和XL，52中分别提到的9 000德拉克马和2 000德拉克马的较高数字不能匹配。它可能是一年，三年或一个 *prytany*（主席团任期）（35—39天）（见奥斯汀和维达尔－纳奎特，1980年，第310—315页）。如果是一年，那么，国家的税收就是16塔兰特。如果是一个主席团任期，总数就是160塔兰特。安德里阿德斯（1933年，第272页）认为，国家从出租银矿中每年可以收入50—100塔兰特，在来库古时期，它们构成了一种重要的税收来源。

一般来说，外邦人不允许参与银矿的出租。只有两个来自于西弗诺斯的外国人，作为承租人出现在保存下来的碑铭上（伊萨格尔和汉森，1975年，第67页）。

---

* 　中译文参见张竹明、王焕生译《阿里斯托芬喜剧集》（下），第460页。——译者

学者们一致认为，银矿的开采权只属于国家，但谁拥有矿上的土地却存在着争议。一些人认为，它属于国家，其他人则认为它属于私人，另外一些人则说，一部分属于国家，一部分属于私人（参看伊藤，1981 年，第 68—97 页）。奥斯邦（1985 年，第 117 页）说，在银矿上大量获益的那些著名人士基本上在矿区都拥有资产。他相信，所有者会从承租银矿的人那里收取一些报酬，这些银矿就坐落在他拥有的这些土地的下面（奥斯邦，1985 年，第 118 页）。

橄榄油

很大一部分橄榄油的出口都是面向黑海地区的，那里不种橄榄。

彩陶

大量的阿提卡红绘陶瓶已经在意大利的斯皮纳被发掘出来。在比尔兹利（Beazley）的著作中（1963 年），来自于斯皮纳的 1 022 个陶瓶被编制了目录，其中有 736 个属于公元前 5 世纪，有 286 个属于公元前 4 世纪（伊萨格尔和汉森，1975 年，第 27 页）。它们是作为工艺品而不是其他商品的容器出口的（伊萨格尔和汉森，1975 年，第 38 页）。

雅典陶瓶的生产和出口在公元前 4 世纪大幅下降（伊萨格尔和汉森，1975 年，第 41 页）。不过，即使在其顶峰时期，也只有大约 500 人从事陶器的生产（伊萨格尔和汉森，1975 年，第 41 页）。

大理石

在说到雅典的时候，色诺芬写道："自然赋予了她充足的石料，他们用这些石料建造起漂亮的神庙和祭坛，以及为神制造出品质很好的雕像。很多希腊人和蛮族人都有对石料的需求。"（《雅典的收入》，I.4）不过，米歇尔（1957 年，第 290 页）说，阿提卡的大理石并不是质量最好的。来自于帕罗斯、塔索斯和开俄斯的大理石更为有名。因此，如果说阿提卡有大理石出口的话，也一定是不怎么重要的。

葡萄酒

伊萨格尔和汉森（1975 年，第 35 页）说，他们没有发现关于雅典

86

的葡萄酒出口的任何一条证据。他们相信葡萄酒应该被划分在进口商品而不是出口商品的类别中（伊萨格尔和汉森，1975年，第36页）。德摩斯梯尼（XXXV，35）指出，向本都出口葡萄酒并非开始于雅典，而是雅典周边的国家，比如科斯、塔索斯和门德。然而，其他的一些学者则认为，葡萄酒是雅典的一种重要的出口产品。

手工业品

伊萨格尔和汉森（1975年，第42页）这样写道：

> 在公元前400年前后的这些年里，当大量的橄榄树被砍伐，银矿也停止了运作，雅典是如何支付她的进口产品的呢？所有的储备都用光了，雅典没有其他的自然资源或作物来卖。唯一可能的答案就是雅典用她的手工业品的出口来支付进口的物品。

奥斯邦（1991年，第133页）也认为，"实际上，手工业在雅典的财富创造活动中的确是一个十分重要的部分"。俄罗斯南部的属于统治阶级的坟墓表明，很多种类的青铜和象牙的手工业品、家具和武器、雕刻的宝石以及用各种金属制作的个人的装饰品都是进口的，其中雅典的手工业品占据了相当大的份额（霍普尔［Hopper］，1979年，第98页）。我曾经提到过老德摩斯梯尼的制床和制剑作坊，吕西阿斯和帕西翁的制盾作坊，克勒丰的制作里拉琴的作坊。我还要在这个清单中加上伊索克拉底的父亲拥有的制笛作坊（霍普尔，1979年，第102页）。毫无疑问，这些产品有一部分一定是用来出口的。

（9）船舶抵押贷款

（伪）德摩斯梯尼写过5篇关于由船舶抵押贷款的借贷者没有偿还资本和/或利息而引发的争执的演说。它们在其著作XXXII，XXXIII，XXXIV，XXXV和LVI（《反对狄奥尼索多洛斯》）中。所有这些贷款都是关于谷物的进口。小麦的供应者是西西里（XXXII）、本都（XXXIV

和 XXXV）和埃及（LVI）。这个部分的讨论要特别感谢伊藤（1981 年）以及伊萨格尔和汉森（1975 年）的著作。

贷款也用于商人（*emporos*）或船主（*naukleros*）装备船只或够买货物。尽管这种区别并不十分清楚，大致上讲，前者的意思是没有船的商人，后者是船的主人。大部分船主只有一条船。一个例外就是福米翁，他有好几条船（伊萨格尔和汉森，1975 年，第 73 页）。在这 5 篇演说中，出现了 13 个商人或船主，其中有 1 个雅典公民，1 个（XXXIV 中的拉姆皮斯）是奴隶，剩下的 11 个是外国人。在 13 个人中，5 个还扮演着贷方的角色。这一定是低估了，因为在贷方和商人是同一个人的情况下不太能够引发纠纷（伊萨格尔和汉森，1975 年，第 73 页）。不过，在所有的法庭演说中，14 个是外邦人或外国人，15 个是公民（伊萨格尔和汉森，1975 年，第 62 页，包括所有的资料）。

拉姆皮斯是狄翁的"家生奴隶"（*oiketes*）（XXXIV，5）。他被称为"船主"，但可能是使用了属于狄翁的船（XXXIV，36）。他预先提供了一笔 1 000 德拉克马的贷款，在雅典与一个妻子和很多个孩子生活在一起（XXXIV，37）。

在这些演说中出现的 10 个贷方中，2 个是雅典公民，1 个是奴隶（拉姆皮斯），1 个不知道，其余的 6 个是外国人。另一方面，9 个借贷者都是外国人。在所有的法庭演说中，12 个贷方是外邦人或外国人，7 个是公民（伊萨格尔和汉森，1975 年，第 72 页）。

船舶抵押贷款是把船只和 / 或货物当作抵押品。抵押品的价值在通常情况下都是贷款数额的两倍（XXXIV，6-7 和 XXXV，18）。只有在船只安全地回到了雅典的情况下，贷方才被赋予获得资本和利息的权利。因而，如果发生了船只失事或海盗的进攻，贷方就不能够重新获得资本和利息了。因为有这种风险，船舶抵押贷款的利率比其他种类的贷款都要高很多。一笔 2 000 德拉克马的贷款附带的利息是 600 德拉克马，或者利率是 30%（XXXIV，23），一笔 3 000 德拉克马的贷款附带的利息是 675 德拉克马，或者利率是 22.5%（XXXV，10）。在 XXXV 中的贷方要求的利率是 22.5%，前提是船在 9 月中旬之前通过博斯普鲁斯海峡；在这个时间之后的话，利率就是 30%。由于到博斯普鲁斯海峡一去一回不会超过两到三个月，如果按照一年来计算的话，30% 的利息总计会达到 120%—180%。相比之下，如果是以房地产为抵押的贷款，利率一般是每年 12%（但在伊萨伊俄斯 XI，42 那里是 8%）。海洋贷款的契约一向是书面的，一个副本保存在贷方那里，另一份则保存在第三方的手里，通常是一个银行家（伊萨格尔和汉森，1975 年，第 78 页）。

涉及海外贸易的纠纷都是根据被称为 *dikai emporikai*（关于海外贸易的审判）的特殊法庭规则来审理。它们有如下的特点：①审判要在一个月内完成，②外国人可以提出控告而无须公民监护人。前面提到的拉姆皮斯也行使了这个权利。

（10）雅典的奴隶进口

为了对雅典每年要进口的奴隶数量做出估算，我们必须要做出很多假设，比如奴隶的总人数，他们的年龄分布，以及家生奴隶的比例。这些假设的有效性不容易得到确认；因此，从中得出的对奴隶进口的估算也必然是不准确的。这倒习题的目的并不是为了获得关于奴隶进口的任何准确的估算，而是为了表明奴隶进口数量的多少可以在逻辑上与最初的假设相符合。

起初，奴隶的总人数和家生奴隶的比例分别用 N 和 r 来表示，后边，数字将会被代入到它们当中。我们必须对年龄分布做出一些假设。为了这个目的，在琼斯的书中（1986 年，第 82 页）所描述的不同时期不同国家的年龄分布已经得到了使用。在这个数据中，1946 年英格兰和威尔士的分布是抛物线状的，而公元 1—250 年的迦太基、公元 1—250 年的非洲农村和 1901—1910 年印度的分布，或多或少是线形下降的。琼斯相信，公元前 4 世纪雅典的分布应该拥有一种与后者更为接近的模式。伊萨格尔和汉森（1975 年，第 13 页）复制了琼斯的数据，并同意琼斯的结论。

作为这一讨论的预备阶段，我们需要对年龄分布、生存率和死亡率做出界定，并且清楚地建立起它们的关系。让我们用 N（t）代表年龄为 t 的人的数量，用 N（0）代表出生的数量。我们考虑的是一个静止的模型，因此，这些数字并不依赖于日历上的年份。我们把 N（t）叫作年龄的分布。生存率 S（t）被定义成为到了年龄 t 依旧健在的人的比例。很显然，N（t）＝ S（t）N（0）。因此，如果年龄分布是线性的，生存率也会是如此。死亡率 H（t）被定义为年龄从 t 到 t ＋ 1 去世的人的比例。生存率和死亡率相互之间以如下的方式相互关联：

S（1）＝ 1－H（1）

S（2）＝［1－H（1）］［1－H（2）］

……

S（t）＝［1－H（1）］［1－H（2）］……［1－H（t）］

为了具体说明雅典奴隶进口的静止模式，我做出了以下的简化假设：①没有奴隶活到 40 岁以上。②时段 t 的单位是 10 年而不是 1 年。③生存率呈线性下降。④每年进口 K 个年龄在 10—20 岁之间的奴隶和 G 个年龄在 20—30 岁之间的奴隶，没有其他年龄阶段的奴隶进口。从这些假设出发，这四个年龄阶段的死亡率和生存率如下所示：

	死亡率	生存率
（0，10）	1/4	3/4
（10，20）	1/3	（3/4）（2/3）＝ 1/2
（20，30）	1/2	（3/4）（2/3）（1/2）＝ 1/4
（30，40）	1	0

89　　　我们用 A，B，C 和 D 代表这四个年龄阶段的静止的奴隶人数。注意 A 是每十年在家里出生的奴隶人数。那么，这些变量必定满足于以下的等式：

$$A + B + C + D = N \tag{1}$$
$$B = (3/4) A + K \tag{2}$$
$$C = (2/3) B + G \tag{3}$$
$$D = (1/2) C \tag{4}$$

由于在家里出生的奴隶的数量应该等于 A ＋（3/4）A ＋（1/2）A ＋（1/4）A，它就是全部奴隶人数的比例 r，我们就得到了

$$A = (2r/5) N \tag{5}$$

把等式（5）代入等式（2），我们就会得到

$$B = (3r/10) N + K \tag{6}$$

把（6）代入（3），我们就会得到

$$C = (r/5) N + (2/3) K + G \tag{7}$$

把（5）到（7）代入（1），我们就会得到

$$2K + (3/2) G = (1 - r) N \tag{8}$$

从（8）我们知道，K 和 G 以及它们的和 S（＝K＋G），并不能完全由我们的模式来决定。一个现代经济学家可能会通过把净收入——把这种税收看作是从属于（8）的 K 和 G 的一个函数——最大化以及考虑年龄在 10—20 岁之间和 20—30 岁之间的奴隶的生产力和他们的花费的方式来确定 K 和 G。但这样一种运算是没有价值的，因为关于生产力和任何一个年龄段的花费的数据是得不到的。

那么，我们该如何确定 K 和 G 呢？首先，我们注意到 S 被设置为 G＝0 而最小化了，被设置为 K＝0 而最大化了。为此，通过使用（8）把 S 当作 K 和 N 的一个函数

$$S = [2(1-r)/3]N - (1/3)K \tag{9}$$

由于 K 的系数是相反的，S 就由于把 K 看作是从属于（8）的可能的最高值而被最小化了，或同等的做法是把 G 的值看作是 0。从直觉上看，同样明显的是，因为年龄在 10—20 岁之间的进口奴隶在人口中比年龄在 20—30 岁之间的人活得总是会长一些。上述的考虑是有用的，因为与 K＝0 和 G＝0 相应的值给出了其上面的和下面的界限。接着，我们将通过提出武断的假设 K＝G 来确定 K 和 G。那么，（5）与从前保持一致，但（6）、（7）和（8）则变成了

$$B = [(20+r)/70]N \tag{6}^*$$
$$C = [(50-29r)/105]N \tag{7}^*$$
$$K = G = [2(1-r)/7]N \tag{8}^*$$

我们剩下的任务就是在三个不同的方案 K＝0，G＝0 和 K＝G 所代表的 N 和 r 的数值的情况下来估算变量的数值。然而，不幸的是，在学者们中间，关于 N 和 r 的合理的估算上却没有达成一致的意见。就

90

公元前 4 世纪的 N 而言，古典学教师联合会（1984 年，第 157 页）给出了一个 50 000 的低数字，而汉森（1991 年，第 93 页）则相信这个数字可能高达 150 000。我们取 100 000 作为我们大致的估算。至于 r，只有两篇铭文包含了对这个问题的回答。一个是在德尔斐发现的被解放奴隶的记录，其中显示出在 841 个奴隶中有 217 个是家生的，大约是 25%（普里切特和皮平，1956 年，第 281 页）。然而，普里切特认为，这个数字是被夸大了的，因为在家里出生的奴隶比其他的奴隶更容易被解放。一个更为可靠的数字可能是从记录了一篇购买奴隶的铭文中获得的，它来自于公元前 414 年那些被控告在公元前 415 年毁坏赫尔墨斯神像的人被没收的财产。在这篇记录中，40 个奴隶中的 3 个（比例是 7.5%）是家生的（普里切特和皮平，1956 年，第 280—281 页）。在下面的计算中，我将选择 r 的三个可能的数值：25%、15% 和 7.5%。结果如表 6.2 所示。

注意，表中的数字是针对一个十年期的。因此，如果比如 r ＝ 0.25 和 K ＝ 0，这就意味着每年必须进口 5 000 个奴隶。

表 6.2　在不同假设下的奴隶进口

	r ＝ 0.25			r ＝ 0.15			r ＝ 0.075		
	K ＝ 0	k ＝ G	G ＝ 0	K ＝ 0	K ＝ G	G ＝ 0	K ＝ 0	K ＝ G	G ＝ 0
A	10 000	10 000	10 000	6 000	6 000	6 000	3 000	3 000	3 000
B	7 500	28 929	45 000	4 500	28 786	47 000	2 250	28 679	50 750
C	55 000	40 714	30 000	59 667	43 476	31 334	63 167	45 548	30 834
D	27 500	20 357	15 000	29 833	21 738	15 667	31 583	22 774	15 417
S	50 000	42 875	37 500	56 667	48 571	42 500	61 667	52 875	48 500

伊萨格尔和汉森（1975 年，第 15—32 页）假定 N ＝ 150 000 和 r ＝ 1/15，得出结论，每年至少有 6 000 奴隶必须被替换，其中有一半以上必须进口。让我们来看一看这个结果是否与一个线性的生存率相符合。表 6.3 给出了在他们的假设下其变量的数值。

91

表 6.3 在伊萨格尔和汉森的假设下的奴隶进口

	K = 0	K = G	G = 0
A	4 000	4 000	4 000
B	3 000	43 000	73 000
C	95 333	68 667	51 666
D	47 667	34 333	25 833
S	93 333	80 000	70 000

因而，即使在最有利的条件 G = 0 的情况下，每年的替换数是7 400，其中的大多数必须进口。正如我们在表 6.2 看到的那样，如果N = 100 000，r = 0.25 和 K = 0，我们仍然能够得到 6 000 这个每年的替换数字，但即使在这种情况下，也有 5/6 需要进口。

5．公共财政

（1）引言

根据由安德里阿德斯撰写的关于古代雅典公共财政的一篇权威的论文（1933 年），雅典人的确没有一种像现代国家那样完美的预算，这个预算试图保持税收和支出的平衡。公民大会对每一项支出都进行投票，并对由此进行的特殊税收进行分摊（安德里阿德斯 1933 年，第366 页）。在某种程度上，雅典人必须想办法预先知道他们的支出和税收，并对它们做出适当的调整，但并不是以一种系统的方式做到这一点的。对预算的实际的管理，收取税费和对它们进行分派，都是由议事会来掌握。一个全面的预算的缺乏导致了一种奢侈浪费的倾向。盈余被储存在雅典的金库里，由 10 个司库管理。后来，在欧布罗斯的时候（公元前 355—前 342 年），盈余转移到了戏剧基金里面。

从欧布罗斯和后来的来库古（公元前 338 年—前 325 年）的时候开始，国家预算的管理开始由一个人负责。并不清楚欧布罗斯和来库古拥有哪种类型的办公机构，但他们还是大为改善了雅典的财政状况。据说，欧布罗斯把国家的税收从 130 塔兰特提高到了 400 塔兰特，来库古则把税收提高到 1 200 塔兰特。他们也用掉了大量的公共开支。作为戏剧基金主管的欧布罗斯慷慨地把盈余花在剧院、仪式和节庆活动上面，与此同时也修建了道路、船坞和武器库。来库古使雅典的舰队比从前任何时候都要强大，并修建了船坞、武器库、神庙和很多公共建筑。安德里阿德斯说，大部分的古代建筑仍旧在雅典的中心可以看到，它们或者是由伯利克里或者是由来库古修建的。欧布罗斯和来库古提高税收的一个方式，就是对支出使用上的过失和公共基金的滥用实施监管，对错误的行为加以严厉惩罚。

（2）收入

贡金

公元前 478 年　贡金固定在 460 塔兰特（修昔底德，I.96.2）。

公元前 454—前 433 年　大约每年 370 塔兰特（安德里阿德斯，1933 年，第 309 页）。

公元前 431 年　600 塔兰特（修昔底德，II.13.3）。

公元前 425 年　776 塔兰特（安德里阿德斯，1933 年，第 309 页）。

公元前 405—前 378 年　贡金被废除。

公元前 377—前 357 年　200—350 塔兰特的战争捐献（安德里阿德斯，1933 年，第 314 页）。

公元前 357—前 338 年　46—60 塔兰特的战争捐献（霍普尔，1979 年，第 101 页）。

公元前 343 年　每年 60 塔兰特（艾斯奇尼斯，《论使节》，71）。

全部税收和财富

公元前 450 年　雅典的金库拥有 9 700 塔兰特的白银。到公元前 431 年下降到 6 000 塔兰特，因为对萨摩斯 9 个月的围攻花费了 1 200 塔兰特（凡维斯［van Wees］，2000 年，第 107 页）。

公元前 433—前 422 年　从雅典娜和其他神灵的司库那里借了总共 5 598 塔兰特（鲁米斯，1998 年，第 243 页）。

公元前 431 年　内部和外部的税收 1 000 塔兰特（古典学教师联合会，1984 年，第 227 页）。

公元前 431 年　储备金 6 000 塔兰特，公共和私人奉献 500 塔兰特，以及其他神庙的财宝（修昔底德，II.13.3-5，伯利克里的演说）。

公元前 422 年　国家税收收入（贡金，直接税，"百分之一"，法庭费，以及从银矿、罚金、市场、港口、出租和没收得到的各种收入）2 000 塔兰特（阿里斯托芬，《马蜂》，655—663）。"百分之一"在这里可能指的是间接税（参看安德里阿德斯，1933 年，第 347 页）。

公元前 411 年　第一次使用了 1 000 塔兰特的储备金（修昔底德，VIII.15）。

公元前 407 年　胜利女神的金像被熔化了。

公元前 340 年　不久以前，税收收入不超过 130 塔兰特，现在是 400 塔兰特（德摩斯梯尼，X，37—38）。

公元前 338—前 326 年　来库古控制了国家的财政，并把税收提高到了一年 1 200 塔兰特（布坎南［Buchanan］，1962 年，第 75—79 页）。"我们所有的权威都一致认为，他在财政管理上是一个天才，主管达 20 年之久，但是却不可能准确地确定他是以何种身份或通过什么部门来工作的。"（约翰逊［Johnson］，1915 年，第 429 页）

财富分配　　　　　　　　　　　　　　　　　　　　　　　　93

公元前 5 世纪　奥尼阿斯拥有的土地价值超过 81 塔兰特（戴维斯，1981 年，第 59 页）。

公元前 5 世纪　伊斯霍马库斯有 70 塔兰特（在他死时有 10 塔兰特），斯蒂法努斯有 50 塔兰特（在他死时有 11 塔兰特），尼西阿斯 100 塔兰特（他的儿子有 14 塔兰特），卡利阿斯继承了 200 塔兰特（吕西阿斯，XIX，46—48）。

公元前 420 年　400 个人能够负担得起一项支出，原因是他们的收入是一年 1 塔兰特，这也是 *trierarchia*（三列桨舰船费）的支出的上限（戴维斯，1981 年，第 24 页）。

公元前 4 世纪　300 个人能够负担得起一项支出，原因是他们每年的收入是 3 000 德拉克马（戴维斯，1981 年，第 24 页）。

公元前 4 世纪　其财产少于 3 塔兰特的人可以免于捐助。财产超过 4 塔兰特的人不能免于捐助（戴维斯，1981 年，第 28 页）。

公元前 4 世纪　大约有 300 人其财产的价值超过 3 或 4 塔兰特，大约有 1 200 人的财产价值 1 塔兰特（戴维斯，1981 年，第 34 页）。

公元前 380 年　德摩斯梯尼的父亲给他留下了一笔价值 13 塔兰特 46 明那的财产（德摩斯梯尼，XXVII，《反阿福伯斯一世》，9—11）。

公元前 370 年　帕西翁留给后代的地产价值 20 塔兰特，50 塔兰特现金，一个制盾作坊雇佣了 60 个奴隶，可能价值 5 塔兰特（德摩斯梯尼，XXXVI，5）。

公元前 345 年　提马库斯的父亲留给他一间卫城南边的房子（价值 20 明那），一个大的郊外的庄园，一块距城墙大约 2 公里的土地（价值 2 000 德拉克马），大约 10 个奴隶，一个精通亚麻制作的妇女，一个精通刺绣的男子，以及向人们的借贷（借给一个人 30 明那）（艾斯奇尼斯，《反提马库斯》，97—99）。

公元前 4 世纪 20 年代　靠价值 4 500 德拉克马的一笔财产生活并不容易（德摩斯梯尼，XLII，22）。

公元前 4 世纪 20 年代　一个技术工人的收入是一年 700 德拉克马（戴维斯，1981 年，第 28 页）。

公元前 322 年　当安提帕特规定了公民的财产资格之后——财产价值超过 2 000 德拉克马——在 21 000 个公民中有 9 000 人是合格的（狄奥多图斯，XVIII，18.4-5）。后边的这个数字是以法勒乌姆的狄米特里乌斯的人口调查为基础的（公元前 317—前 307 年）。因而，琼斯

（1986 年，第 9 页）说，有 9 000 名重装兵和 12 000 个佣工（*thētes*）。

捐助

吕西阿斯，XXI，1-5

年龄在 18—26 岁的发言人花了 10.5 塔兰特用于各种捐助（包括 *eisphora*［战争税］）。他说他应该只支出其中的四分之一。

悲剧	3 000 德拉克马
	2 000 德拉克马
战争舞蹈	800 德拉克马
合唱队和三足鼎	5 000 德拉克马
合唱队	300 德拉克马
战船（7 年）	36 000 德拉克马
战争税	3 000 德拉克马
	4 000 德拉克马
火炬接力赛跑	1 200 德拉克马
儿童合唱队	1 500 德拉克马
喜剧	1 600 德拉克马
战争舞蹈	1 500 德拉克马
宗教服务	3 000 德拉克马
总计	**63 600 德拉克马**

94

吕西阿斯，XIX，42-3

阿里斯托芬展示了以下的捐助。这些捐助的时段并未说明。

戏剧	5 000 德拉克马
战船	8 000 德拉克马
战争税	4 000 德拉克马

西西里远征　　　　10 000 德拉克马

骑兵和武器　　　　30 000 德拉克马

节 日

公元前 355 年　97 个节日捐助（在一个泛雅典娜年有 118 个）（戴维斯，1981 年，第 27 页）。

公元前 4 世纪　每年 100 个公民捐助了，100 000 德拉克马（一个保守的估计）。在泛雅典娜节上，每四年有 120 个人捐助了 12 万德拉克马（奥斯邦，1991 年，第 130 页）。

公元前 4 世纪　300 个最富的人自愿提供了节日捐助（戴维斯，1981 年，第 27 页）。他们可能就是负责装备三列桨舰的阶级（参看下一部分）。

三列桨舰捐助

一个标准的三列桨舰由 200 人操作——170 个桨手，16 个小官，10 个重装兵和 4 个弓箭手（加布里尔森［Gabrielsen］，1994 年，第 106 页）。一个三列桨舰舰长的通常的服务期限为 12 个月（第 78 页）。"一般来说，新船的打造和已有战船的维护在很大程度上是国家来负责的。然而，在现实中，这种职责的很重要的一部分被分派给三列桨舰的舰长"（第 126 页）。一个三列桨舰舰长被要求他的舰船处于良好的、可以在海上航行的状态（第 137 页）。Syntriearchia（联合舰长）的做法开始于公元前 5 世纪末。起初，两个人分担，很快变成三个人和更多人，后达到了十个人。不在场的舰长的做法逐步增多（第 181 页）。

公元前 350 年　1 塔兰特（德摩斯梯尼，XXI，155）。

4 000—6 000 德拉克马（戴维斯，1981 年，第 82 页）。

公元前 342—前 325 年　平均每项三列桨舰捐助 3 000 德拉克马（加布里尔森，1994 年，第 222 页）。

公元前 340 年　德摩斯梯尼的《论海军委员会》（最初是在公元前

95

354 年提出来的——参看下文的德摩斯梯尼，XIV）规定，三列桨舰舰长的遴选资格是 10 塔兰特（德摩斯梯尼，XVIII，106）。其目的是使较为富有的人多付出一些，不那么富有的人则少付出一些（加布里尔森，1994 年，第 209 页）。

德摩斯梯尼，XIV，《论海军委员会》

在公元前 355 年的"同盟战争"快要结束的时候，一些雅典人看到了波斯入侵的危险，在公民大会发表了侵略主义的演说，提出要向波斯宣战。德摩斯梯尼，那时候 30 岁，在公民大会发表了他的第一篇演说，以一种最像政治家的方式呼吁对这一提议进行遏制。不过，他认为雅典应该通过打造其舰队来为抗击波斯的战争做好准备，这将具有一种威慑的效果。摘自这篇演说的下面两段话为任何时代的任何国家都提出了明智的建议。

> 从现实的状态，我得出这样的结论，加倍小心是符合你们的利益的，你们的土地进入战争状态是公平的和公正的，但要继续做好所有必要的战争准备，把它作为你们的政策的基础。因为我相信，雅典人，如果出现了波斯国王的敌意的明显的和确证无误的迹象，那么，其他的希腊人将会加入我们的行列，并将会深深地感谢那些支持他们的人，与他们共同抵抗他的进犯；但是，如果我们强力发起一场战争，在他的目标仍旧不明朗的时候，我害怕，雅典人啊，我们将会被迫面对的不仅仅是国王，而且还有那些我们想保护的人。
>
> （3—5，J.H. 文斯译，劳埃伯古典丛书）

> 对于你们这些鲁莽的建议者，他们渴望赶快把你们带入战争，我要说，当我们需要谨慎的时候，获得勇敢的声名并不困难，在危险临近的时候，展现演说的技巧也并不难；但有一些事情是既困难又关键

的——在面对危险的时候展示勇敢，比他的同胞能够谨慎地提出更加明智的建议。

（同上书，8）

接着是一个详细的打造舰队的计划。首先，选出 1 200 个最富有的公民，并把他们分成 20 个委员会；把每个委员会分成 5 组，每组包括 12 个人。每组需要支付 3 条船的费用，所以需要打造的船只总数为 300。应该有 10 个造船厂，有 10 个部落进行监管，每个造船厂被分派给两个委员会。这个建议直到公元前 340 年才得到实施。

96　　其他捐助

公元前 336 年　德摩斯梯尼捐出 3 塔兰特用于修缮防御工事，100 明那用于献祭（德摩斯梯尼，XVIII，118）

公元前 330—前 320 年　在谷物短缺期间，富人出资购买谷物，德摩斯梯尼出了 1 塔兰特（伊萨格尔和汉森，1975 年，第 207 页）。

合计

公元前 388 年　发言人的父亲一生共付出了 9 塔兰特和 20 明那（吕西阿斯，XIX，59）。

公元前 4 世纪晚期　1 000 个公民捐助了至少 100 塔兰特（奥斯邦，1991 年，第 131 页），这个数字似乎太小了。

战争税（*Eisphora*）

"战争税"的第一个碑铭记录出现在公元前 434 年。修昔底德在公元前 428 年提到征税（III.19），但我们对公元前 5 世纪的税收没有详细的了解。在公元前 4 世纪，是按照比例来征税，由公民大会做出选择，然后按照其决定的比率来收取。"战争税"支付者阶级可能大于捐助者阶级。外邦人也要交税。（根据安德里阿德斯，1933 年，第 329 页，"战争税"的 1/6 由外邦人来承担。）"战争税的征收是不规则的、少有的和不可预见的。"（戴维斯，1981 年，第 82 页）

德摩斯梯尼（XIV，《论海军委员会》，19）说，雅典全部财产的估价（*timema*）是 6 000 塔兰特。关于估价的含义在学者们之间存在争议。（安德里阿德斯，1933 年，第 346 页，雅典的估价为 10 000 塔兰特，包括了隐藏的资产以及那些不具备交纳"战争税"的资格的人的资产。）

在公元前 378 年，那些需要交税的人被组织成 100 个"税收组"（*symmoriai*），随后，每个"税收组"的三个最富有的人被赋予了在他们的"税收组"中为"代理战争税"（*proeisphora*）预付全部税费的职责，然后再从其他成员那里获得他们自己的补偿（《牛津古典辞书》）。加布里尔森（1994 年，第 183 页）提出了这个问题：公元前 358 年组成的负责资助三列桨舰的阶层的"税收组"与公元前 378 年为支付"战争税"而设立的那些"税收组"一样吗？他同意罗德斯（Rhodes）的观点，罗德斯说，需要交纳"战争税"的阶级比需要支付三列桨舰费用的阶级范围要大一些（罗德斯，1981 年，第 17 页）。

另外参看稍早的"三列桨舰舰长"部分。"到公元前 4 世纪 20 年代，可能实际上是由于德摩斯梯尼的法律，需要支付三列桨舰费用的 300 人小组和需要交纳'代理战争税'的费用的 300 人小组实际上是一个。"（戴维斯，1981 年，第 19 页）

公元前 428 年 "战争税"200 塔兰特（修昔底德，III.19.1）。

公元前 4 世纪 90 年代 两个人支付的"战争税"总数为 4 000 德拉克马（吕西阿斯，XIX，3）。

公元前 392 年 "战争税"0.2%（《公民大会妇女》，1 007）。

公元前 378 年 资产少于 25 明那的人被排除在"战争税"之外 97（琼斯，1986 年，第 29 页）。

公元前 377—前 357 年 "战争税"每年 15 塔兰特，这就意味着 6 000 塔兰特的 0.25%（德摩斯梯尼，XXII，44）。

公元前 4 世纪 人们期待从"战争税"中获得 50 塔兰特（戴维斯，

1981 年，第 23 页）。

外邦人税（*Metoikion*）

男人每年 12 德拉克马，女人 6 德拉克马。12×30 000＋6×15 000＝75 塔兰特（古典学教师联合会，1984 年，第 188 页）。

每拥有一个奴隶就要交 3 奥波尔的税（柏克，1842 年，第 332 页）。

有妓女税（柏克，1842 年，第 333 页）。

出口税

公元前 413 年　在伯罗奔尼撒战争的后半期，当贡金锐减的时候，雅典在同盟的港口征收 5% 的进出口税（IGII² 28，柏克，1842 年，第 325 页）。

公元前 399 年　36 塔兰特（安多西德斯，《论密教》，133—134）。这一年离雅典的战败不远；因此，商业正处于低点（霍普尔，1979 年，第 100 页；伯克，1842 年，第 318 页）。

公元前 390 年　特拉西布罗斯占领拜占庭，对所有通过博斯普鲁斯海峡的船只上的货物征收 10% 的税（伊萨格尔和汉森，1975 年，第 23 页）。

公元前 5—前 4 世纪　2% 的进出口税和 1%—2% 的对奴隶的人头税募集了 38 塔兰特。陪伴到访者的奴隶也被征了税（安德里阿德斯，1933 年，第 282—283 页）。

公元前 4 世纪　对谷物征收的 2% 的进口税，每年可以募集 8—16 塔兰特。

公元前 4 世纪　对在比雷埃夫斯停靠的船只收取港口税（米歇尔，1957 年，第 257 页）。色诺芬在《雅典的收入》中建议改进比雷埃夫斯的停泊设备，可能是为了增加税收。

出租银矿

霍普尔（1953 年，第 200—254 页）认为，国家从出租银矿获得的税收在公元前 342 年是 160 塔兰特。在"商业"部分提到，安德里阿德斯（1933 年，第 272 页）相信，国家每年从出租银矿可以获得 50—100 塔兰特。马丁利（Mattingly）（1968 年，第 170—472 页）相信，除了租金，矿主必须向国家支付他们全部白银产值的 10%。戈德史密斯（Goldsmith）（1987 年，第 260 页）认为，劳里昂银矿的全部产值大约是 1 000 塔兰特。如果是这样，10% 可以每年带来 100 塔兰特的收入。

出租公共土地　　　　　　　　　　　　　　　　　　　　　98

没有留下数字。

捐赠（*epidosis*）

捐赠是根据一项公共法规执行的一笔私人捐助。

特奥弗拉斯托斯，《论性格》，22，"小气的人"（3）："当紧急捐赠在公民大会宣布的时候，他或者保持沉默，或者在中途起身离开。"（劳埃伯古典丛书，1993 年，第 129 页）

德摩斯梯尼捐出了 8 塔兰特用于对抗优卑亚和切尔尼苏斯的战役。阿里斯托芬捐出了 5 塔兰特用于对抗塞浦路斯的战役（安德里阿德斯，1933 年，第 349 页）。

法庭费（伯克，1842 年，第 354 页和第 379 页）

私诉

由原告和被告支付：100—1 000 德拉克马的案件要支付 3 德拉克马，1 001—10 000 德拉克马的案件要支付 30 德拉克马。

公诉

1 000 德拉克马

罚金

由议事会（*boulē*）对检举（*eisangelia*）开出的罚金是 50 德拉克马。如果需要开出更高的罚金，案件就会被转到陪审法庭（伯克，1842 年，第 382 页）。

公元前 479 年　米泰雅德支付了 50 塔兰特。伯利克里支付了 50

塔兰特（安德里阿德斯，1933 年，第 275 页）。

公元前 345 年　当一个正式的需要作证的传唤被拒绝，就要向国家支付 100 德拉克马的罚金（艾斯奇尼斯，《反提马库斯》，46）。

公元前 345 年　一个偷窃了钱财用于支付雇佣兵费用的官员，如果他不坦白，就要交纳 1 塔兰特的罚金，如果他坦白了，就要交半塔兰特的罚金（同上书，113）。

没收

公元前 404 年　没收吕西阿斯和波吕马库斯的财产达 70 塔兰特。

公元前 4 世纪　来库古控告了狄菲鲁斯从银矿获取非法所得，这导致了他的价值 160 塔兰特的财产被没收（普鲁塔克，《道德论集》，843D）。

99　出卖大张牛皮

公元前 334 年，据记载从国家祭祀中出卖的大张牛皮的收入达到了 10 000 德拉克马（詹姆森，1988 年，第 96 页）。

战利品

公元前 407 年　亚西比德掠夺了卡利亚沿岸，筹集了 100 塔兰特（波默罗伊等，2004 年，第 220 页）。

公元前 4 世纪 60 年代　提墨泰乌斯征服科提斯获得了 1 200 塔兰特（安德里阿德斯，1933 年，第 319 年）。

（3）支出

国家支付

公民大会　公元前 370 年之后 1 德拉克马（主会议 1.5 德拉克马）

$$(30×1 + 10×1.5)×6\,000 = 45 塔兰特/年$$

议事会　5 奥波尔/天（一个主席团任期 1 德拉克马）

$$(5/6×450 + 50)×325 = 23 塔兰特/年$$

法庭　100 塔兰特/年（安德里阿德斯，1933 年，第 253 页）。

150（阿里斯托芬，《马蜂》，660）。

国内公共官员（4 奥波尔 / 天）28 塔兰特

外国公共官员（1 德拉克马 / 天）42 塔兰特（安德里阿德斯，1933 年，第 252 页）。

总计　238 塔兰特（戈德史密斯，1987 年，第 31 页估计这个总数达 250 塔兰特）。

公民津贴（*diobelia*）

公元前 410—前 405 年　每年 20 塔兰特（布坎南，1962 年，第 43—46 页）。布坎南认为，公民津贴覆盖的是那些陪审员的 2 奥波尔津贴，在指定的某一天，他们申请了但没有获得法庭的任命（布坎南，1962 年，第 46 页）。

戏剧基金（向看戏的、参加节庆和仪式活动的人支付 2 奥波尔、4 奥波尔和 1 德拉克马）。

公元前 354 年　欧布罗斯成为了戏剧基金的领导。颁布法律，从城市的不同金库中获得的所有年度的剩余，都应该被转移到基金委员会那里，并由它支配（布坎南，1962 年，第 58 页）。

公元前 349 年　德摩斯梯尼含蓄地批评这项法律（《第一篇奥林托斯演说辞》）。

公元前 349 年　德摩斯梯尼更加严厉地批评它（《第三篇奥林托斯演说辞）。

公元前 343 年　战争金库变得比戏剧基金更加重要。　100

公元前 354—前 343 年　每年 25—90 塔兰特（布坎南，1962 年，第 88 页）。

公元前 339 年　来库古担任战争金库的主管。

公元前 335 年　戏剧基金实际上中止了。

残疾人津贴

根据亚里士多德（《雅典政制》，49.4），如果议事会确定一个人拥有少于 3 明那的财产，由于残疾不能工作，他每天就可以获得 2 奥波尔。似乎有一种为这个目的而设立的特殊的公共基金以及由抽签选出来的司库。亚里士多德在公元前 328 年和前 322 年之间的某个时间正在从事写作。吕西阿斯，写于公元前 403 年前后的《论拒绝向体弱多病者发向津贴》中，为受到某个人质疑的残疾人名单上的一个人进行辩护。在那时，津贴是每天 1 奥波尔。被告有一种生意，但在照看它上有困难，因为他走路不便。这篇演说没有说这位发言者从他的生意中可以得到多少收入。

孤儿的抚养

那些为他们的国家战死的人的孩子会得到国家的抚养和教育，直到他们长到 18 岁。

军事支出

三列桨舰

公元前 480 年　有 180 艘船在萨拉米斯（希罗多德，VIII.44）。

公元前 5 世纪晚期　大约有 15 塔兰特用于国家的舰船帕拉罗斯号和萨拉米尼亚号（安德里阿德斯，1933 年，第 231 页）。

公元前 440 年　在 9 个月的对萨摩斯的围攻中，雅典的金库付出了 1 276 塔兰特用于 60 艘战船（加布里尔森，1994 年，第 115 页）。

公元前 431 年　雅典拥有 300 艘三列桨舰（修昔底德，II.13.8）。

公元前 428 年　一个夏天雇佣了 250 艘船（修昔底德，III.17.2）。

公元前 406 年　有 110 艘船在阿吉努塞（色诺芬，《希腊史》，I.6.24）。

公元前 405 年　有 180 艘船在羊河（色诺芬，《希腊史》，II.1.20），其中有 40 艘是同盟国的船只（戴维斯，1981 年，第 21 页）。

公元前 357—前 322 年　有 250—380 艘船（加布里尔森，1994年，第 127—129 页）。有人说，每年建造 10—20 艘船，但这一点不能确定（加布里尔森，1994 年，第 135 页）。

公元前 356 年　60 塔兰特用于维持 120 艘船——保守的估计（奥斯邦，1991 年，第 130 页）。

公元前 326 年　一艘新船花费了 5 000 德拉克马（伊萨格尔和汉森，1975 年，第 202 页），7 200—9 100 德拉克马（加布里尔森，1994 年，第 222 页）。

公元前 322 年　85 塔兰特用于维持 170 艘船。在海上的船只的数量远少于船只的总数——公元前 356 年是 120 艘，公元前 322 年是 170 艘，而总数在公元前 357 年是 283 艘，在公元前 325 年是 412 艘（奥斯邦，1991 年，第 130—131 页）。

每年在三列桨舰上的支出的估算（G 代表了加布里尔森 [1994 年]）

打造新三列桨舰的花费

船体 5 000 德拉克马（G，第 221 页）。

装备（桨、亚麻、沥青、赭色颜料、桅杆、绳子、舵、锚）

在公元前 345 年 2 200 德拉克马，公元前 323 年 4 100 德拉克马（G，第 152 页）。

每年打造 10—20 艘船（G，第 135 页）。

一个"相当大的"部分由三列桨舰舰长承担（G，第 126 页）。

我的估算：10 塔兰特由三列桨舰舰长承担，10 塔兰特由国家承担。

修理

平均大约 2 000 德拉克马（从 G 的第 142 页中推算出来）。

在公元前 356 年修理了 60 艘三列桨舰（G，第 142 页）。

由国家和三列桨舰舰长共同承担，但大部分由后者承担（G，第 136 页）。

我的估算：16 塔兰特由三列桨舰舰长承担，4 塔兰特由国家承担。

人员配备

国家出资 $\frac{1}{2}$—1 塔兰特，三列桨舰舰长出 $\frac{1}{2}$ 塔兰特（G，第 124—125 页和 215 页）。

101

在海上的船只：公元前 356 年是 120 只，公元前 322 年是 170 只（奥斯邦，1991 年，第 131 页）。

我的估算：70 塔兰特由三列桨舰舰长承担，105 塔兰特由国家承担。

总计

三列桨舰舰长 96 塔兰特。

国家 134 塔兰特（加上上面的 15 塔兰特用于帕拉罗斯号和萨拉米尼亚号）。

骑兵

公元前 365 年　每年 40 塔兰特（色诺芬，《论养马》，I.19）。

每年 40—80 塔兰特（安德里阿德斯，1933 年，第 219 页）。

公元前 420 年武装力量的花费（尼西阿斯的和平时期）

水手　　70 塔兰特

重装兵　100 塔兰特

骑兵　　60 塔兰特

弓箭手　60 塔兰特（每天 4 奥波尔）

士兵　　20 塔兰特（每天 3 奥波尔）*

合计　　310 塔兰特（安德里阿德斯，1933 年，第 220 页）

* 阿里斯托芬，《马蜂》（公元前 422 年上演），1189，说一个士兵每年的津贴是 2 奥波尔。

按照时代和事件的花费（安德里阿德斯，1933 年，第 222—223 页）

公元前 440 年围攻萨摩斯　至少 1 275 塔兰特

公元前 431 年围攻波提底亚　2 000 塔兰特

公元前 431—前 425 年（7 年）　5 000—9 000 塔兰特

西西里远征　4 500—5 000 塔兰特

公元前 378—前 369 年（9 年）　3 400—3 900 塔兰特（其中有相当大的一部分出自丰富的战利品。）

公元前 357—前 355 年　雇佣兵 1 000 塔兰特

德摩斯梯尼，IV，《第一篇反腓力演说》，47—48

1 天 2 奥波尔 × 每条船 200 个水手 ×10 条船 ＝ 1 年 40 塔兰特

1 天 2 奥波尔 × 2 000 个重装兵 ＝ 1 年 40 塔兰特

1 天 6 奥波尔 × 200 个骑兵 ＝ 1 年 12 塔兰特

（他说他建议一般性的酬劳减半。）

总支出

900 塔兰特（戈德史密斯，第 31 页）。

1 000 塔兰特（色诺芬，《回忆苏格拉底》，VII.1.27）。

6. 钱贷

（1）利率

在发表于公元前 384 年的一篇演说中，吕西阿斯（X，18）提到了雅典的法律规定，资金可以以借贷者给出的任何利率来借贷。

戴维斯（1981 年，第 63 页）列出了以下的在公元前 399 年到公元前 346 年之间的钱贷的例子。

1 600 德拉克马，利率是 25%

6 000 德拉克马，利率是 12%

1 600 德拉克马，利率是 16%

4 000 德拉克马，利率是 18%

3 000 德拉克马，利率是 18%

4 500 德拉克马，利率是 12%

然而，国家却可以从雅典的金库中以 1.2% 的利率借钱（IG I² 324）。　103
戴维斯（1981 年，第 64 页）把这些高利率归之于一种普遍性的不充足的资产流动。因而，那些拥有流动资金可以使用的人可以获得高收益，很多借钱的人憎恨他们。不过，德摩斯梯尼的发言人（XXXVII，53-4）却这样为钱贷者辩护：

> 就我而言，我并不把一个钱贷者看作是做坏事的人，尽管这个阶级中的某些人正当地受到你们的憎恨，看到他们以此盈利，除了获取收益外，没有任何怜悯之心。因为我自己就经常借钱，不只是向原告借钱，我很了解这些人；我也不喜欢他们；但是，以宙斯的名义发誓，我并没有欺骗他们，也没有对他们漫天要价。但是，如果一个人像我这样做生意，出海进行危险的旅行，从这些贷款中获取他的微薄的收益，不仅想给人以帮助，而且还要避免他的钱从手缝中滑落而全然不知道，我们为什么要把他放到这样的阶级中？——除非你是这么想的，任何借钱给你的人都应该受到公众的憎恨。

> （A.T.默里英译，劳埃伯古典丛书）

同样，在公元前355年伊索克拉底（VII，《战神山议事会演说辞》[Areopagiticos]，35）写道：

> 富人更高兴看到人们借钱而不是还钱；因为他们会经历双重的满足——这会吸引所有正直的人——既可以帮助他们的公民同胞，与此同时也会为他们自己挣到钱。

> （乔治·诺林英译，劳埃伯古典丛书）

就像在"商业"部分中所提到的那样，海洋贷款需要更高的利率，它包含了针对船只失事和海盗进攻造成的毁约的保险金。投资的回报率会随着投资的类型而有很大的不同。土地的回报率较低，是8%—12%，而老德摩斯梯尼的作坊的回报率前面算过是15%—16%。最高的回报率出现在银矿，在那里，回报率可以高达 30%（卡森 [Casson]，1976 年，第 39 页 ）。

（2）产出利润率

在这一章的前面，我们曾经计算了德摩斯梯尼的父亲的两个作坊的奴隶价值的回报率。在这里，我将估算出制床作坊的作为全部产量的净利润率的产出利润率。全部产出包括了净利润加上全部支出。前面对制床作坊的净利润的估算是每年 12 明那。全部支出的款项的估算如下表所示：

养活一个奴隶的费用	每年 65 德拉克马（马克尔，1985 年，第 296 页 ）	104
养活 22 个奴隶的费用	1 430 德拉克马	
22 个奴隶的替换费用	727 德拉克马（假设每年有 2 个奴隶死亡）	
象牙	2 400 德拉克马（参看《反阿福伯斯》I 的第 31 段 ）	
其他的材料费用	2 400 德拉克马	
全部花费	7 022 德拉克马	

因此，产出利润率为 1 200 ÷ 8 222 ≅ 0.15

（3）银行

希腊文中用来表示银行的字是 $\tau\rho\alpha\pi\varepsilon\zeta\alpha$，意思是"桌子"。之所以使用这个字，是因为银行开始就是钱币兑换者，他们的业务就是在钱币兑换者的桌子旁边办理的。

德摩斯梯尼 LII，4 中描述了一个银行的有关存款和支付的业务：

当一个私人存钱并指令支付给某个特定的人的时候，按照习惯，所有的银行家首先就要记下存钱的人的名字和存储的数量，然后在空白处写下"支付给某人"；如果他们知道这笔钱要支付给的那个人的相貌，他们就这样做，写下要支付给的人的名字；但是，如果他们不熟悉这个人的相貌，按照习惯，他们在空白处还要写下那个负责引荐并指认将获得这笔钱的人的那个人的名字。

（A.T. 默里英译, 劳埃伯古典丛书）

特奥弗拉斯托斯,《论性格》, 23, "自命不凡的人",（1）和（2）：

骗子就是这种人, 他站在防波堤上, 告诉陌生人他向运输船投入
了多少钱; 他继续详细地讲述他的钱贷业务的范围, 他的利润和损失
的数量; 在他夸大这些事情的同时, 他把他的奴隶派到银行那里去, 因
为在那里为他存了 1 德拉克马。

（A.T. 默里英译, 劳埃伯古典丛书）

神庙的金库也像银行那样从事有息的借贷。来自于雅典的拉姆诺
斯德莫的一块石碑记录了它们的复仇女神的钱财的简单账目。大约 4
塔兰特的资金以 7% 的利率借出, 在 7 年的时间里增长到大约 5.7 塔兰
特（戴维斯, 2001 年, 第 117—128 页）。

（4）科恩:《雅典的经济和社会》

科恩的书的开头是摘引了奥斯汀和维达尔－纳奎特（1980 年, 第
8 页）以及芬利（1999 年）著作中的内容：

105

现代意义上的 "经济" 概念是不能翻译成希腊文的, 因为它根本
就不存在。

（奥斯汀和维达尔－纳奎特, 1980 年）

银行家大致与一个钱币兑换者和当铺老板相当。

（芬利, 1999 年）

科恩直截了当地把这些评论认定为, "这种否认, 现在看来跟它

是错误的看法一样时髦"（第 3 页）。他承认雅典的银行家的确起到了钱币兑换者的作用（而不是当铺老板），但是却断言接受存款和扩大贷款是更为重要的行为，因而雅典的银行起到了像现代银行那样的创造钱币供应的作用。在 τράπεζαι（桌子）旁边还有钱币兑换者（ἀργυραμοιβοί）。

德摩斯梯尼（XXXVI，11）把银行界定为"一种从其他人的钱那里产生出有风险的收益的生意"（第 10 页）。一个银行家的其他行为是"提供担保，商谈索赔，为重要的客户提供保证金和个人的建议"（第 21 页），以及为交易作证（德摩斯梯尼，XXXV，10），妥善保管文件（德摩斯梯尼，6 和 LVI，15），还有接受贵重物品进行妥善保管（德摩斯梯尼，ILIX，31-2）。当有人寻找银行家帕西翁的时候，发现他并不在桌子旁边，而是在城里（德摩斯梯尼，LII，8）。银行业在公元前 4 世纪变得很重要，因为富人把可见的财产（土地）转换成不可见的（ἀφανής）财产来隐藏他们的财富（第 191 页）。阿里斯托芬的《公民大会妇女》（600）中的布雷皮罗斯说："一个没有土地而只有看不见的（ἀφανή）金币和银币的人怎么样？"

公元前 4 世纪的雅典留下了 30 个银行家的名字（第 31 页）。这个事实显然并没有使芬利感到失望，因为他说，"从整个公元前 4 世纪有不到 30 个雅典人被明确认定是银行家，这反映出从事这个行当的人的稀少"（芬利，1981 年，第 73 页）。雅典没有给银行发放过许可证（第 31 页）；一个银行和一个银行家是区分不出来的。因而，他们会说，或者"我在帕西翁的银行里有一笔存款"，或者"我在帕西翁那里存了一笔钱"（第 64 页）。

曾经有一种很流行的看法，即雅典的银行家不参与海洋贷款。这种看法来自于下述假设，在德摩斯梯尼的《反阿福伯斯一世》11 中提到的四个人瑟欧托斯、帕西翁、皮拉德斯和德谟梅勒斯都是个体的借贷者而不是银行家。科恩从语法和其他的证据提出了可信的证明，即这里提到的所有这四个人都是银行家（第121—122页）。很多从事海外贸易的商人都曾经与帕西翁做过生意（德摩斯梯尼，LII，3）。福米翁也经营过海洋贷款（德摩斯梯尼，XLV，64）。

科恩举了好几个银行做贷款生意的例子（第15页）：①银行为不断发展中的香料零售生意提供资金（吕西阿斯，《残篇》，38.1）。②银行为购买银矿特许经营权和经营磨房提供贷款（德摩斯梯尼，XXXVII）。③创立一个织布产业（色诺芬，《回忆苏格拉底》，2.7）。④投资于木材进口（德摩斯梯尼，ILIX，35-6）。关于银行贷款没有什么规定。要紧的只是一个详尽的契约（科恩，第42页）。一个银行家把钱存在银行没有什么限制（第113页）。

德摩斯梯尼（ILIX，23）讲了以下的故事：在公元前374年，雅典的将军提墨特奥斯没有能够征集到资金以支付对抗斯巴达的一次军事行动，因此被雅典召回并受到了审判。一天，两个在法庭上为他辩护的人到他的家里去拜访他。提墨特奥斯把他的奴隶派到帕西翁的家里，并借了床垫、斗篷和两个银碗（第66页）。这个故事或许会让芬利做出这样的评论，即一个雅典的银行家和一个当铺老板差不多。另一方面，科恩把这个故事当作一个雅典的银行家是一个可敬的商人的证据，甚至是将军的一个朋友。

人们普遍相信，银行生意是由奴隶和外邦人来经营的。为了给予银行的生意以某种可信性，科恩引用了以下的证据，即一些银行家是雅典公民（第70页）。管理银行的奴隶经常得到解放而获得一个外邦人的地位，以便使他们能够提出一项诉讼。作为一个外邦人，帕西翁可以处理他自己的针对他的一个客户的案件（伊萨格尔和汉森，1975年，第89页）。

在古典时代的雅典是没有纸币的，但是有相当于银行支票的东西。当斯特拉托克里斯在遥远的黑海得到所需的资金，他并没有把他的钱随身携带；而是拿了一个由帕西翁的银行发行的银行支付保单，在那里斯特拉托克里斯有一笔存款（伊索克拉底，XVII，35-7）（第 16 页）。
"当商人里克翁正要离开雅典并想向一个生意上的伙伴支付一笔 1 640
德拉克马的钱的时候，他命令把储存在帕西翁的银行里的钱在未来的
某个时候支付给克菲西阿德斯。"（德摩斯梯尼，LII，3）（第 16 页）。
雅典人把这种没有现金的交易称为 *diaphē*（第 17 页）。（这个动词
diagraphō 的意思是"抹掉"。）

　　科恩不同意米利特（Millett）（1990 年）的观点，即赊卖并不存
在于古典时代的雅典。科恩认为，即使它是非法的，但它事实上确实
存在（第 14 页）。柏拉图在《法律篇》中禁止赊卖，这个事实说明了
赊卖实际上是存在的（科恩，1992 年，第 14 页）。银行也会延长客户
的信用。

7. 公元前 4 世纪雅典的经济模式

（1）引言

　　这一章的目的是对公元前 4 世纪后半叶雅典的经济活动的总体情
况作一个大致的介绍。由于没有什么精确的数据，我对获得经济变量的
点估计值（the point estimates）*和理解它们之间的相互关系都没有什么
兴趣。理想地讲，我们应该设法获得区间的估算，但那将是未来研究的
一个话题。

　　从对人口的估算开始（参看第 2 章"社会和文化"的"人口"部分），
居民（公民、外邦人和奴隶）被划分为三个部分——"穷人""富人"和
"工商业者"。"穷人"指的是耕种他们自己土地的贫困农民，"富人"指的
是在"工商业者"中拥有自己的作坊和其他生意的富有农民，"工商业者"　107

---

*　指以抽样得到的样品指标作为总体指标的估算量，并以样品指标的实际值直接作为总体
　未知参数的估计值的一种推断方法。——译者

是一个包括一切的术语,包括了从事手工业、服务和商业活动的人。我还考虑了"政府"部分,但其唯一的功能就是在雅典的居民中以及在雅典和外邦之间转移金钱。战船和公共建筑的建造被认为是由"工商业者"完成的。这个模式包含了五个可以描述的实体,即在"穷人""富人"、"工商业者""政府"和"进出口账目"各个部分中达到税收和支出的平衡。在"穷人""政府"和"进出口"中,税收等于支出,但在"富人"和"工商业者"那里则有小的结余。如果谷物的价格高于我的估算值——大麦每麦斗 3 德拉克马,小麦每麦斗 6 德拉克马——结余就将减少。谷物的价格在一年中波动很大。例如,德摩斯梯尼(XXXIV,39)说(写于公元前 335 年),早些时候,小麦的价格涨到了每麦斗 16 德拉克马,在公元前 330 年,大麦的价格是每麦斗 5 德拉克马(IG II^2 408)。

谷物的消费由估计的卡路里需求(见"农业"部分)和从谷物所获得的卡路里的百分比(见附录 1 和 2)所决定。其他食物的消费由估计的谷物和其他食物的比例所决定(见附录 6.1)。其他商品的消费由估计的食物和其他商品支出的比率所决定(见附录 6.1)。接下来,国内粮食生产的总量的估算使用了沙伊德尔的估算(参看"农业"部分)。"工商业者"部分的生产由"工商业者"部分中的劳动力的数量、工资率、一年工作的天数、劳动力消费的百分比和利润率所决定。从上面的数字,这些商品的进出口情况就可以确定下来。

对政府的税收和支出的估算从很多学者的研究中被集中在一起。关于转移支付,参看附录 6.3。

(2)模式

在这个模式中采纳的人口的估算列举如下(参看第 2 章"社会和文化"的"人口"部分):

成年男性公民	25 000
及其家庭成员(×4)	100 000

外邦人	20 000
及其家庭成员（×1.5）	30 000
奴隶	90 000
家内奴隶	30 000
银矿奴隶	30 000[1]
工商业奴隶	30 000

"穷人" 48 000 公民（包括家庭成员）[2]

　　他们拥有 10 000 名奴隶，一共要种植并消费 497 620 麦斗的大麦，[3]　108
价值 249 塔兰特，假设大麦的价格是每麦斗 3 德拉克马，他们生产出其
他的农产品价值 149 塔兰特。他们从国家那里因为公民的、福利的和军
事的支付[4] 中获得 261 塔兰特，并用它购买 232 塔兰特的其他食物，用
15 塔兰特来置换奴隶，[5] 192 塔兰特用于其他支出（其中的 20 塔兰特
是农业投资）。

税收		支出	
国家支付	261	其他食物	232
		其他支出	192
		奴隶置换	15
总计	261	总计	439

---

[1]　伊萨格尔和汉森（1975 年，第 43 页）估算，公元前 5 世纪末在银矿工作的奴隶人数是
　　30 000 人（参看第 2 章 "社会和文化" 的 "奴隶制" 部分）。
[2]　琼斯（1986 年，第 9 页）说，在公元前 322 年有 12 000 个佣工（*thētes*）。我把这个数
　　字乘以 4 就是包括家庭成员的人数。参看伽兰特（1991 年，第 23—24 页）的著作中对获
　　得家庭成员的人数需要乘以几的讨论。
[3]　参看附录 6.2。
[4]　参看附录 6.3。
[5]　参看 "雅典奴隶进口" 部分。

"富人" 32 000 公民 [①]

10 000 外邦人（单身男性 2 000，已婚男性 2 000，妻子 2 000，孩子 4 000）

他们拥有 20 000 名家内奴隶。他们生产 151 028 麦斗的大麦，[②] 他们需要 199 400 麦斗的大麦来养活这些家内奴隶。他们拥有 30 000 名银矿奴隶，对于这些奴隶，他们需要额外的 388 800 麦斗的大麦。因此，他们必须要进口的全部大麦是 437 172 麦斗，价值 219 塔兰特。他们生产 102 703 麦斗的小麦，[③] 公民消费 122 240 麦斗的小麦，或按照每麦斗 6 德拉克马计算，价值 122 塔兰特的小麦，外邦人消费 39 860 麦斗的小麦，或价值 40 塔兰特的小麦。因此，他们需要进口 59 379 麦斗的小麦或价值 59 塔兰特的小麦。他们还生产价值 285 塔兰特其他的农产品。他们拥有手工业作坊和店铺，从中他们一年获得 1 071 塔兰特的收入。他们从国家那里获得 230 塔兰特，通过各种形式的贡献（详见下表）向国家支付 584 塔兰特。另外，他们支出 393 塔兰特用于购买谷物以外的食物，386 塔兰特用于其他的支出（包括 25 塔兰特用于农业的投资），116 塔兰特用于奴隶的进口。[④]

税收		支出	
白银	1 000[⑤]	小麦进口	59
农产品	285	大麦进口	219
国家支付	230	其他食物	393

---

① 琼斯（1986 年，第 9 页）说，在公元前 322 年有 9 000 重装兵。我把它减少为 8 000，并把它乘以 4。
② 参看"农业"部分。
③ 参看"农业"部分。
④ 参看"雅典奴隶进口"部分。
⑤ 伊萨格尔和汉森（1975 年，第 45 页）估算，在大约公元前 340 年的时候白银的总产量大约是 1 000 塔兰特。

来自工商业的收入	1 071	其他支出	386	
		奴隶进口	116	
		贡献	584△	
		原材料进口	700	
总计	2 586	总计	2 457	

△ 详细情况如下：战争税 50 塔兰特（戴维斯，1981 年，第 23 页）；外邦人税 8 塔兰特（男人 12 德拉克马，未婚妇女 6 德拉克马）；节日捐助 18 塔兰特（奥斯邦，1991 年，第 130 页）；三列桨舰费用 96 塔兰特（参看"公共财政"部分）；银矿费 175 塔兰特；[1] 各种税费、罚金和没收 100 塔兰特；紧急捐赠 40 塔兰特；奴隶税 20 塔兰特；谷物和商业税 77 塔兰特。[2]

工商业者

人口	公民	20 000（含家庭）
	外邦人	20 000（单身男人 7 000，结婚男人 3 000，单身女人 1 000，妻子 3 000，孩子 6 000）
	奴隶	30 000
劳动力[3]	公民	5 000
	外邦人	11 000
	奴隶	30 000

---

[1] 安德里阿德斯（1933 年，第 272 页）相信，国家从银矿出租每年可以获得 50—100 塔兰特。马丁利（1968 年，第 170—172 页）相信，除了租金，矿主需要把他们的白银总产量的 10% 交给国家。

[2] 参看下面的进出口账目。

[3] 根据公元前 409—前 406 年厄瑞克特翁神庙的账目（IGI² 372-4），有 24 个公民、42 个外邦人和 20 个奴隶已经被确认。根据公元前 329 年的厄瑞克特翁神庙的账目（IG II/III² 1672），有 20 个公民、44 个外邦人和 20 个奴隶已经被确认。在这两个记录里，公民、外邦人和奴隶的比率都大致是 1：2：1。我的公民和外邦人的数字大致反映了这个比率。不过，关于奴隶，我们并没有遵从这个比率，因为我认为在私人作坊中和商业上工作的奴隶人数要多于在神庙中的奴隶人数。

公民和外邦人每年工作 200 天，[①]一天可以挣得 1 德拉克马，[②]奴隶每天挣得 2 奥波尔。因此，全部工资是 867 塔兰特。我们用 x 代表全部产出的价值。接着，假设其他的花费是产出的 50%，[③]利润率是 15%，[④]那么，x 就必须满足以下的等式

$$x - 0.5x - 867 = 0.15x$$

因此，全部产出的价值就是 2 477 塔兰特。我认为，在其他的 1 239 塔兰特的花费中，有 1 115 塔兰特（415 用于国内的购买，700 用于进口）是买原材料费用，124 塔兰特（全部产出的 5%）是贬值和生活费。[⑤]在其余的 1 938 塔兰特中（2 477－415－124），有 1 466 塔兰特是出口。他们从国家获得了 197 塔兰特来支付公民的、战争的和军事的费用。公民每年吃掉 89 200 麦斗或价值 89 塔兰特的小麦，外邦人每年吃掉 95 420 麦斗或价值 95 塔兰特的小麦；因此，工商业者的部分每年需要进口 184 620 麦斗或价值 184 塔兰特的小麦。奴隶吃掉 299 100 麦斗或价值 150 塔兰特的大麦。这个部分的人要支出 284 塔兰特用于其他的食物和 210 塔兰特用于其他的支出。外邦人要向国家交付 21 塔兰特的"外邦人税"和 50 塔兰特的市场税。

---

① 古代历史学家关于古典时代的雅典的工人工作天数的一致意见是从 200 天到 250 天不等。

② 在前面提到的厄瑞克特翁神庙的账目中，公民、外邦人和奴隶每年的工资率是 1—1 $\frac{1}{2}$ 德拉克马。在埃琉西斯账目中，奴隶获得 3 奥波尔，没有技术的劳动力是 1 德拉克马，有技术的劳动力是 2—2 $\frac{1}{2}$ 德拉克马。所以我的估算是处于低位的。

③ 运用某些假设，我对德摩斯梯尼的《反阿福伯斯一世》中老德摩斯梯尼的制床作坊的其他支出的估算是产出的 57%。

④ 运用某些假设，我对德摩斯梯尼的《反阿福伯斯一世》中老德摩斯梯尼的制床作坊的利润率的估算是产出的 14%。我认为他的制剑作坊的利润率要更高一些。

⑤ 这个比率在现代国家是 5%—6%（克拉克，1957 年，第 228—230 页）。

税收		花费	
工资	867	小麦进口	184
国家支付	197	大麦进口	150
		其他食物	284
		其他花销	210
		外邦人税	21
		市场税	50
总计	1 064	总计	899

政府账目   110

税收		支出 [1]	
战争捐献		国家支付	238
和战利品	369	戏剧基金	60
来自"富人"的税收	584	三列桨船费用	230
来自"工商业者"的税收	70	军事	160
总税收	654	其他军事支出	335 [2]
合计	1 023 [3]	合计	1 023

进出口账目

进口		出口	
小麦 [4]	244	战争捐献	

---

[1] 参看"公共财政"部分和附录 6.3。

[2] 这是在外国士兵或在外国土地上的军事支出；因此，它也将会作为一项进口条目出现在下面。

[3] 伊萨格尔和汉森（1975 年，第 54 页）说，在来库古时期（公元前 338—前 326 年），国家的税收是 1 200 塔兰特。

[4] 这些数字意味着 244 017 麦斗的小麦和 736 272 麦斗的大麦是进口的，合计为 980 289 麦斗的谷物。这比德摩斯梯尼（XX）和维特比（1998 年，第 124—125 页）指出的 800 000 麦斗的谷物要多一些。小麦和大麦的进口达到 612 塔兰特。可以把它与亚当（1994 年，第 92 页）估算的 700 塔兰特进行比较。

大麦	368	和战利品	369
其他食物	637 △	白银	825
其他支出	345 #	工商业商品 ①	1 466 #
原材料	700	农产品	100
军事支出	335		
奴隶	131		
合计	2 760	合计	2 760

全部的有税收的商业（包括谷物，但是不包括军事支出、奴隶、战争捐献和战利品，以及白银）：$3\,860 \times 0.02 = 77$。②

△ 这个数字是这样计算出来的：

国内产出	434
出口	100
可以得到的用于国内消费的	334
工商业者部分的消费	329
"富人"消费	393
"穷人"消费	434
总共消费	1 256
进口	$1\,256 - 334 = 922$

---

① 奥斯邦（1991年，第133页）批评了芬利，因为他认为白银是雅典主要的出口物，并强调手工业在财富创造中的重要地位。菲舍尔－汉森（2000年，第92页）注意到，手工业作坊的很多证据都驳斥了芬利的观点，即希腊城邦是一个消费者的城市。作坊的数量是如此之多，以至于不可能只服务于地方的消费者，而显然会以制造出口产品为目标。参看哈里斯对雅典的阿戈拉发展程度的论述。

② 三种进口物品（其他食物，其他支出和原材料）的数量和三种出口物品（工商业商品和农产品）合计达到3 248塔兰特。它的2%是65塔兰特。这比安多西德斯给出的38塔兰特要多，但是，安多西德斯的收税在伯罗奔尼撒战争结束之后不久就开始了，当时的贸易量处于低点。

以下的表格表明了工商业者部分的产出到了哪里，以及有多少工商业品进口和出口：

	花费	国内	国外	111
可用于消费的		1 938		
工商业者部分	285	140	145	
"富人"	386	186	200	
"穷人"	146	146		
出口		1 466		
进口			345	

GDP（国内生产总值）	
小麦总产值	130
大麦总产值	389
农产品	434
白银	1 000
手工业	2 477
合计	4 430[①]

---

① 亚当斯（1994 年，第 91 页）估算国内生产总值为 6 000 塔兰特。

113　　附录 6.1　谷物、谷物 – 其他食物比率、食物 – 支出比率的卡路里百分比

	卡路里 %	谷物 / 食物	食物 / 支出
富有公民 & 外邦人	0.6	0.4	0.6
工商业者公民 & 外邦人	0.7	0.5	0.65
贫穷公民	0.7	0.5	0.7
家内 & 工商业奴隶	0.8	0.6	0.8
银矿奴隶	0.9	0.7	0.85

谷物 / 食物和食物 / 支出比率的历史记录如下：

谷物 / 食物

1550 年里昂是 62.5%（齐波拉，1993 年，第 24 页）

1600 年安特卫普是 62%（第 24 页）

1935 年土耳其是 52%（克拉克，1957 年，第 84 页）

1934—1938 年希腊是 39%（第 428—429 页）

1929 年德国是 27%（第 80 页）

1952 年俄罗斯是 25%（第 241 页）

1932 年法国是 20%（第 79 页）

1935 年美国是 10%（第 85 页）

食物 / 支出

1550 年里昂和 1600 年安特卫普是 80%（齐波拉，1993 年，第 24 页）

印度农村挣工资的工人是 77.5%（克拉克，1957 年，第 470 页）

公元 301 年的罗马是 77%（第 664 页）

1934 年的日本是 34%（第 83 页）

114　　　　　　　　　　　　附录 6.2　年消费的谷物量

富有公民（家庭平均）	3.82 麦斗小麦
富有的外邦人（成年男性）	4.65 麦斗小麦
（成年女性）	3.39 麦斗小麦
（孩子）	3.62 麦斗小麦

（续表）

工商业者公民（家庭平均）	4.46 麦斗小麦
工商业者外邦人（成年男性）	5.42 麦斗小麦
（成年女性）	3.96 麦斗小麦
（孩子）	4.23 麦斗小麦
贫穷公民（家庭平均）	8.29 麦斗大麦
家内 & 工商业者奴隶（家庭平均）	9.97 麦斗大麦
银矿奴隶	12.96 麦斗大麦

在对这些数字的估算中，一个极端的假设是，"贫穷"公民和奴隶吃大麦，其他人则吃小麦。

附录6.3　政府的转移支付（只限成年男性）

	穷人	富人	工商业者	总计
公民	12 000	8 000	5 000	25 000
外邦人		4 000	10 000	13 000
公民支付 （只有公民）	114（塔兰特）	76	48	238
重装兵		50		50
骑兵		30		30
三列桨舰	81	55	94	230
戏剧 （只有公民）	29	19	12	60
士兵	37		43（全部）	80
总计	261	230	197	688

关于这些数字，参看"公共财政"部分。

第三部分
经　济　学

第 7 章 色诺芬的经济学

在这个部分，我们首先将讨论一下色诺芬的两部著作，《经济论》和《雅典的收入》。这两部著作和后面要讨论的亚里士多德的《尼各马科伦理学》第 5 卷所包含的大部分讨论都属于现代经济学的范畴。然而，当我在这本书中说到经济学或经济观念的时候，我所涵盖的内容超出了现代经济学的范围，即有些内容在今天将被看作是伦理学的部分。那么，我们为什么既要考虑广义的也要考虑狭义的经济学呢？原因在于，现代的经济学只考虑人们在经济活动中如何行动，而不考虑他们应该怎样行动，这些经济活动包括了生产、消费和分配。现代的经济学通过把人类行为的伦理方面排除出去而设法获得了一种科学的地位，然而，作为结果，它却无意中陷入到了这种思想的圈套中，即利润的最大化和效用的最大化是一件好的事情，并运用这些假设去解释人类的行为。豪斯曼和麦克弗森（1996 年）提到，因为经济学家假设人们始终如一地在追求自私的目标，所以研究经济学的人就会倾向于成为利己主义者。

柏拉图和亚里士多德讨论了很多广义的经济学的问题。对他们来说，经济学是伦理学的一个部分。因此，我们必须首先要理解他们的伦理学理论。在讨论色诺芬的经济学之后，我们将对柏拉图和亚里士多德的伦理学、柏拉图的经济学和亚里士多德的经济学逐一进行细致的研

究。功利主义——它已经成为现代经济学的哲学基础——将会在最后
详加考察，并将与柏拉图和亚里士多德的伦理学进行比较。

1.《经济论》

英语中的"经济"来源于古希腊的 *oikonomia* 一词。这是一个复合
词，由 *oikos*（家）和 *nomos*（习俗、法律）组成。因此，*oikonimia* 从字
面上可以翻译成"家庭管理"。色诺芬的一本著作就叫作 *Oikonomikos*。
它是一个形容词，意思是"在家庭管理的技艺上有经验的"；因而，它
可以被看作是关于这个问题的一篇论文。在这本著作的开篇，苏格拉底
就提出，家庭管理是一门科学或者像医学或木匠那样的一门技艺。

118　　　这本著作有两个部分：第一部分是苏格拉底和克里托布罗斯的一
篇对话，第二部分是苏格拉底和伊斯霍马库斯的一篇对话。在第一部
分，色诺芬借苏格拉底之口提出了一个引人注目的原创的价值理论。商
品有使用价值和交换价值。一只长笛对于一个不用它来演奏的人来说
没有任何使用价值，但由于它能够在市场上换钱，所以它有交换价值。
不过，如果一个人错误地使用了他在市场上获得的钱，它就没有什么价
值可言了。因此，苏格拉底在这里所谓的财富或财产（$\kappa\tau\tilde{\eta}\sigma\iota\varsigma$）更像是
善（$\dot{\alpha}\gamma\alpha\theta\acute{o}\varsigma$），而不是现代经济学家所认为的物质财富。这就是为什么
苏格拉底会把知识和朋友列入一个人的财富清单的原因。对财产的定
义出现在《经济论》vi.4 中：它是对生活（$\beta\iota o\varsigma$）有用（$\omega\phi\epsilon\lambda\iota\mu o\nu$）的
东西。芬利（1999 年，第 19 页）写道："不过，在色诺芬的书中，没有
一句话表达了一种经济学的原理或提供了任何的经济分析，没有关于
生产的效率、'理性的'选择、谷物的营销的论述。"然而，在前面提到
的段落中，色诺芬确实表现出一种对价值的理解，比我们从大学的经济
学课程中学到的要深刻得多。即使对于更加日常的经济分析，色诺芬也
在被称为《雅典的收入》的著作中展示了对它的熟悉，这本书我们将在

下面讨论。

在第二部分，色诺芬详细阐述了一般意义上的家庭管理，同时还描述了一个富有的地主伊斯霍马库斯是如何教育他年轻的妻子成为一个有能力的家庭管理者的。看上去，色诺芬在一个妻子对家庭经济的贡献上给予了高度的评价。在第一部分，苏格拉底告诉克里托布罗斯"在家庭中是一个好的伙伴的妻子与她的丈夫对它做出的贡献一样多"（iii.15，E. C. 马钱特英译，劳埃伯古典丛书）。色诺芬让伊斯霍马库斯说出，一个妻子对她的丈夫来说是一个平等的伙伴，即使她的贡献比她的丈夫还要大（vii.13—14）。就某些品德来说，男人和女人是平等的：伊斯霍马库斯说，他们有着同等的记忆能力、细心和同等的实践自我控制的能力（ii.26）。在这个方面，我们能够说，色诺芬比他那个时代的一般知识分子要更加进步。柏拉图，正如我们在后边将要说的那样，在这条道路上也是很进步的；他把妇女也包括在哲学王当中。但亚里士多德则轻视妇女的知识能力，并不把一个妻子看作是她的丈夫的平等的伙伴，而是一个只是应该遵从她的丈夫的指令的人。色诺芬对奴隶的态度也比亚里士多德的态度要更加开明，后者坚信大多数奴隶缺乏理性，因而是自然的奴隶。但色诺芬似乎认为奴隶是有理性的。例如，伊斯霍马库斯说，"通过使他变得富有，我会把他当作一个自由人对待；不仅如此，我还赞美他是一个绅士"（xiv.9）。

在《经济论》的后半部分，色诺芬描述了伊斯霍马库斯的父亲是如何用低廉的价格买到一块不好的土地，通过改良而增加了它的价值，再卖掉它而获得了一大笔收益。这段话对于我们了解那时人们的经济观念很有价值。听到这番话之后，苏格拉底问伊斯霍马库斯，他父亲所做的是否与贱卖贵买的谷物商人类似。苏格拉底是在戏弄伊斯霍马库斯，因为人们普遍把从商业中赚钱看作是不体面的，而把从农业中获利看作是光荣的。第二部分包含了一段十分具有常识性的关于农业技术的讨论：种植什么，何时耕种，选种和播种。色诺芬把农业看作是一种最

187

有道德的行为，他与雅典的其他贵族看法一致。

2.《雅典的收入》

这部著作，其名字的希腊文是"方法"（*Πόροι*），写于公元前355年，在这一年"同盟战争"结束，第二次雅典同盟被解散了。其写作的目的是为了支持欧布罗斯的财政政策（见"术语表"）。它提出了很多项措施，以增强雅典的经济，使国家获得税收。其中的一些措施是由欧布罗斯实施的，后来则由来库古实施（公元前338—前325年）。根据普鲁塔克，来库古时期的国家税收一年高达1 200塔兰特。其中大部分来自于银矿，但1/3—1/4来自于比雷埃夫斯（伯克，1992年，第203页）。

色诺芬所计划的完成上述目标的一种方式就是吸引更多的外邦人来雅典。对于这个目标，他建议：

（1）免除外邦人在重装步兵中服役的义务；

（2）允许他们在骑兵中服役；

（3）在空地上修建房舍，供外邦人居住（这不同于赋予他们拥有土地和房屋的权利）；

（4）给充当外邦人的保护人的公民发放津贴。

以下是促进比雷埃夫斯的商业的措施：

（1）为公正并及时解决纠纷的商业官员发奖金；

（2）为商人和船主预留剧院的前排座位；

（3）鼓励公民向投资基金捐赠；

（4）在雅典和比雷埃夫斯修建更多的住所和市场；

（5）使国家拥有一支公共的商船队，并在有担保的情况下出租。

色诺芬相信，与黄金在太多的情况下就会贬值不同，白银的生产则处在一个利润不会随着生产的增多而降低的有利地位。因而，他建议国家应该拥有奴隶，并把他们出租给矿主，开始的时候 1 200 个奴隶，5 年后增加到 6 000 个。

第8章　柏拉图的伦理学

1. 引言

　　柏拉图出生于公元前 427 年，所以，在苏格拉底去世的时候他 28 岁。柏拉图是苏格拉底的学生之一，并受到他很大的影响。由于苏格拉底没有留下任何著作，所以，柏拉图的作品就成为我们了解苏格拉底的哲学思想的唯一来源。色诺芬也写过关于苏格拉底的著作，但很少提到他的哲学思想。

　　由于弗拉斯托斯（Vlastos）的使人信服的论证（参看弗拉斯托斯，1991 年），大部分哲学家现在相信，柏拉图的早期对话所表述的苏格拉底的哲学是相当准确的。在这些对话中，苏格拉底进行着与真人的对话，不论是有名的还是无名的，包括像高尔吉亚和普罗泰戈拉这样的著名智者。苏格拉底用他的被称为"反诘"（$\dot{\epsilon}\lambda\epsilon\gamma\chi o\varsigma$）的方法质问他的反对者，揭示出他们的论证中的错误，但并不给出他自己的答案。他声称他一无所知，他唯一知道的就是他一无所知这个事实。在这一点上，他是所有人当中最有智慧的。苏格拉底对教育的想法不是向学生们的心中灌输知识，而是通过提出问题促使他们自己进行思考，比如"什么是勇敢？"（《拉凯斯篇》），"什么是虔诚？"（《欧绪弗洛篇》），"什么是德性？"（《普罗泰戈拉篇》），"什么是快乐？"（《高尔吉亚篇》），以及"什么是正义？"(《理想国》)。学生们一开始认为他们知道这些问题的答案，但在苏格拉底的质问之后，他们才认识到他们真的是一无所知。苏格拉底只是对人而不是对星星有兴趣，只是对伦理学而不是对形而上学感兴趣。他主要关注的是"人应该如何生活"的问题。在早期的对话中，柏拉图以与苏格拉底同样的方式提出他的论证，即通过对话（$\delta\iota\alpha\lambda\varepsilon\kappa\tau\iota\kappa\acute{\eta}$）而不是通过讲话。

在所有的中期和晚期对话中，除了一篇（《法律篇》）之外，苏格拉底仍旧以主要的谈话者出现，但他开始越来越多地进行长篇的独白，把他的话题扩展到形而上学的很多问题。这些作品似乎更多地反映出柏拉图自己的思想。正是在这些作品中，柏拉图展示出了他的核心的形而上学的诸相（$\iota\delta\acute{\varepsilon}\alpha$ 或 $\varepsilon\hat{\iota}\delta o\varsigma$）理论。参看本章末尾的柏拉图著作年表。

诸相的理论服务于两个目的。其第一个目标就是为了解释现实和现象之间的关系。"什么东西真正存在？"是哲学家从泰勒斯的时代就开始提出的问题。一个头脑简单的唯物主义的观点就是，一张桌子存在，我在这里能够看到。但是这种观点有很多缺陷。首先，我们没有对这件被称为桌子的东西的真的理解。第二，当我闭上眼的时候它就消失了。第三，当我把它烧了之后，它也会消失。德谟克利特说一张桌子有很多原子组成，但这并没有什么帮助，因为我对原子的理解并不比对桌子的理解更多。贝克莱说，一张桌子或任何其他的东西并不存在，存在的是我的看到了一张桌子的精神。这至少比唯物主义的观点更加令人满意，但我仍然感觉不舒服，不仅因为我在这里看到了桌子，而且其他人也看到了。那么，可能在这里会有某种比我的简单的主观观念更加客观的某种东西。柏拉图的诸相理论试图通过说存在着一张桌子的"相"及其在这里能够看到的它的形象来解决这个困难（参看藤泽，1980年）。一张桌子的"相"存在于天上，出现在这里的实际上是它的不完美的形象。存在于天上的一张桌子的"相"可以被理解为其理想化了的功能上的属性——换句话说，就是一个理想的桌子应有的样子。

121

它的第二个目标，就是通过为绝对的人类价值——诸如善、正义和美——提供一个坚实的基础来驳斥智者的相对主义的哲学。善、正义和美的"相"存在于天上，当我们来到这个世界之前还在天上的时候（注意，受到毕达哥拉斯的影响，柏拉图相信转世轮回），我们曾清楚地看到过这些"相"。例如，我们能够认出这个世界上的美的事物的原因就是因为我们记得我们在天上看到过的美的"相"，尽管只是模糊的。教育的目的就是通过图解、类比和用精神的眼睛掌握它们来使人回忆起诸相。

什么是美的"相"？在这个世界上有很多单个的美的事物：一个美丽的女人，一幅美丽的画，一个美丽的（高贵的）行为。所有这些都是不完美的和有缺陷的，不仅是因为没有一个美丽的女人是一个十足的美人，而是因为所有这些概念都是被界定的或有条件的——也就是说，只是某种美丽的事物而已。柏拉图说，存在完美的和无条件性的美的"相"。个别的美的事物"分沾了"美的"相"。"相"是如何与共相区分开来的？共相是某种事物——比如美丽的女人、美丽的图画和美丽的行为——中的共同的因素。没有人会反对这个命题，即"美丽"这个词在所有这些事物中是共同的，但是，证明一个共相存在则是另外一回事。一个共相存在两种解释。一个唯名论者说，一个共相就只是一个名字，并不真的存在。一个唯实论者说它是存在的。亚里士多德是一个唯实论者。他说，实体（$o\dot{v}\sigma\iota\alpha$）＝事物（$\ddot{v}\lambda\eta$）＋相（$\hat{\iota}\delta o\varsigma$），"相"的确存在，但它总是与事物共同存在，而不单独存在。柏拉图说，"相"单独存在，并独立于事物。

善的"相"是最重要的"相"，它在一个统一的秩序下包围着所有其他的"相"。这种观点与苏格拉底的（和柏拉图的）著名的德性的统一性理论关系密切（参看"毕达哥拉斯"部分）。这个理论的意思就是，我们只有通过理解所有的德性才能理解单个的德性。对柏拉图来说，只有通过对对象的整体把握，才能获得真正的理解（参看《法律篇》，965B）。

在《理想国》第 7 卷，柏拉图提出了他著名的洞穴比喻。洞穴里的 122
人们只能看到投射到一面墙上的傀儡的影子，而光线是由傀儡后面的
一盏灯发出来的，他们把这些影子当作现实。真正的现实（"相"）存在
于洞穴之外的明亮的阳光之下。如果洞穴里的人们左顾右盼，更靠近灯
一些，他们将会离现实更近，但还并不能接近真实的事物。当他们走出
洞穴的时候，他们的眼睛开始逐渐适应了明亮的日光，他们最终将会看
到太阳，太阳就是善的"相"。这个世界中的荣耀和声名是毫无价值的，
就像是洞穴中的影子。

太阳不只是代表了知识。把你的眼睛转向太阳并不意味着刻苦学
习以增加知识。目标不是知识，而是人类灵魂的全部发展。善的"相"
整合了所有的德性——智慧、正义、节制和勇敢。在《会饮篇》中，柏
拉图用了"爱"这个词来指称这种把你的眼睛转向太阳的行为。爱就
意味着对某种事物的完全的献身。西蒙尼·威尔（Simone Well）（1987
年，第 134 页）这样写道：

> 柏拉图在《理想国》中运用的主要形象，十分值得注意的就是关
> 于洞穴的段落中的太阳和视觉的形象，表现出来的就是人类中的爱。
> 一个人如果这样认为就完全错了，即洞穴的比喻与知识有关，视觉就
> 代表了智力。太阳就是善。那么，视觉就是与善相关的官能。柏拉图在
> 《会饮篇》中十分肯定地说，这种官能就是爱。双眼和视觉在柏拉图看
> 来就是爱。

教育的目的就是使一个人转向太阳。早些时候我是这样定义它的，
"教育的目的就是通过图解、类比和用精神的眼睛掌握它们来使人回忆
起诸相"。希腊人强调看的重要性。$i\delta\acute{\epsilon}\alpha$ 和 $\epsilon\hat{\iota}\delta o\varsigma$ 都包含词根 $\iota\delta$，意思
是"看"。拉丁词 *video* 就来自于这个词根。我们还可以从另外一些词
中看到这个意思，比如 $\theta\epsilon\omega\rho\acute{\epsilon}\omega$，原来的意思是"看"，但也被用来表示

"沉思"。其名词就是 $\theta\varepsilon\omega\rho\iota\alpha$（沉思），被亚里士多德称为人类的最高级的行为。$\nu\acuteo\eta\sigma\iota\varsigma$（直觉）这个词就来自于动词 $\nu o\acute\varepsilon\omega$（看）。一个人通过 $\nu\acuteo\eta\sigma\iota\varsigma$ 看到了善的"相"。根据康德，一个人能够通过直觉掌握 *Ding an sich*（物自体）。这种获取的方式就像是佛教中禅宗的顿悟。西蒙尼·威尔在下面两段话中强调的就是这最后一点：

> 绝对的美就是某种像可感事物那样的具体的东西，某种我们能够看到的东西，不过是通过超自然的视觉看到的。经过长期的精神上的准备，我们可以通过某种揭示和撕破而接近它："突然间他看到了一种不可思议的美。"

> （威尔，第147页）

123

> 他充满热爱地沉思着世界的秩序，对于他来说，将来会有一天迎来这样的时刻，突然间他将会对另外一种事物，一种不可思议的美进行沉思。

> （威尔，第148页）

这些形而上学的讨论十分有趣，但不会由此获得对柏拉图的诸相的一种全部的理解。我们可以通过与他的伦理学理论的关联来理解柏拉图的诸相，也就是说，柏拉图把什么看作是人类生活的目的，生活中的什么东西是真正有价值的，以及一个人应该怎样生活。柏拉图是一个道德哲学家应该被置于他是一个形而上学哲学家的前面。"根据柏拉图，人类生活的正确目标就是去理解秩序与和谐，它们构成了现实的最基础的部分的特征，并在我们的生活中展示出来。"（莫拉维斯克［Moravcsik］，2000年，第98页）在这里，柏拉图的形而上学和他的伦理学是结合在一起的。这就是为什么柏拉图并没有试图制定出一个诸相的全部清单而是只给了我们"一系列相对来说很少的享有特权的要素"的原因，这些要素"联合在一起赋予现实以秩序、和谐和可知性"（莫拉维斯克，2000 年，第 58 页）。那些看见太阳的并且还没有决定回到洞穴且作为哲学王统治人民的人正是这一形而上学和伦理学的联盟的代表。

柏拉图的伦理学的基本特征是：（1）就目的和品质而言，善是灵魂的一种功能，就其结果而言，它并不是行为的一种功能（参看《法律篇》，864A）；（2）快乐和善是两种不同的东西，人应该只追求善。（在这里，快乐并不局限于身体上的快乐。）在这两个方面，从根本上讲，它都是与功利主义不相容的。亚里士多德多少是赞同这两个原则的，在后面讨论他的伦理学的时候，这一点将会十分清楚。

一般来说，现代的伦理学可以说把注意力集中在行为上，而古代的伦理学则集中在人上。柏拉图和亚里士多德最关注的是一个人如何能够过一种理想的和有价值的生活。这样的一种理想的生活在希腊语中被称为 *eudaimonia*。如果这个词被翻译成"快乐"的话，柏拉图和亚里士多德的伦理学就可以被归入功利主义，但这是不合适的。快乐可以被用来描述短期内的一种状态，比如"我现在很快乐"。另一方面，*eudaimonia* 可以用来描述一个人全部的生活。因此，直到一个人去世的时候，我们才能知道一个人是否是 *eudaimōn*（快乐的，*eudaimonia* 的形容词）。在一种极端的情况下，甚至在一个人去世的时候我们或许也不知道他是不是快乐。如果一个人的儿子成了一个窃贼，那么，他的生活就不能说是快乐的。因此，"真正有价值的"或"值得花时间的"是一个好的翻译；*eudaimōn* 是一个比"快乐的"更为客观的概念。

一个理想的和有价值的生活是这样一种生活，在这种生活中，诸如智慧、正义、节制和勇敢等品德得到了充分的发展。教育的最高目标就是打造出一个能够过这样一种生活的杰出的人来。一旦一个杰出的人被打造出来，他自然就会做出杰出的行动来。依此，孔子在 70 岁达到了状态。他说："七十而从心所欲，不逾矩。"（《论语·为政》）

124 　　这就是柏拉图在《理想国》中详细阐述的那种教育，即培养出哲学
王的教育。柏拉图把这种教育看作是使人们转向最高的神的教育。亚
里士多德在《尼各马科伦理学》中也说，最好的生活就是面向最高的神
的生活。反之，功利主义只把注意力集中在各种行为的好的和坏的结果
上。即使一个动机是坏的，只要结果是好的，一个行为就会被认为是好
的。对于柏拉图和亚里士多德来说，一个好的行为就是一个出于好的动
机而做出来并遵从了理性的考量的行为。

　　不论是柏拉图还是亚里士多德，都把快乐和善看作是不同的东西，
并且把善放在快乐之上。与斯多葛派不同，他们并没有说快乐是应该
避免的。然而，与功利主义不同，他们并没有把快乐用作行为的一个标
准。正确的行为之所以被采纳，是因为它是正确的。尽管快乐（精神上
的）常常会与行为相伴随，但我们选择这样的行为不应该只是为了获
得快乐。

2. 《理想国》

　　即使这本书的名字叫《理想国》，但它并不是一本纯粹关于政治科
学的书。柏拉图真正关心的是作为个体的人，感兴趣的是一个国家影
响个人的程度。对于柏拉图来说，一个理想的国家是一个在其中个人
能够过上最有意义的生活的国家。因此，《理想国》既是一本政治科学
的书，也是一本伦理学的书。柏拉图的理想国家在第二次世界大战之
后的西方极端不受欢迎，柏拉图甚至被比作斯大林和希特勒，但这是一
种完全的误解。这种观点甚至得到了波普尔（Popper）（1963 年）的认
同，他本应该更好地认识这个问题。当柏拉图说一个国家比一个个人更
加重要的时候，他并不是在鼓吹一种极权主义的哲学；他只是在说，所
有组成一个国家的个人比一个单个的人要更加重要。我们不应该忘记
这个事实，即对柏拉图来说，一个国家的目标是让它的公民过上最有道

德的生活。的确，柏拉图很看重公共精神的培育（《法律篇》，875A 和
923B）；然而，这不应该被错误地看作是极权主义。在《理想国》的第
八和第九卷，柏拉图把僭主制——就像斯大林或希特勒的统治——列
为最坏的政府形式。

（1）《理想国》第 1 卷

　　苏格拉底成功地驳斥了波吕马库斯和特拉西马库斯提出的关于正
义的定义。首先，波吕马库斯提出了西蒙尼德的定义："给予每个人他
应该得的就是正义。"苏格拉底批评这个定义说，正义就意味着"帮助
朋友和伤害敌人"，这在当时是一种大众的道德。苏格拉底指出，一个
受到伤害的人将会变得更加不义，因此不能作为正义的定义，正如一位
音乐家的任务不会使人变得更为不懂音乐那样。接着，特拉西马库斯把
正义定义为"强者的利益"，他的意思是，正义就是一个僭主为了他自
身的利益而强加给公众的东西。

　　通过苏格拉底的盘问，特拉西马库斯认识到，他实际上定义了非正
义而不是正义。苏格拉底还没有给出他自己的定义。对于克法洛斯、波
吕马库斯和特拉西马库斯来说，正义是指外部的义务。对苏格拉底来
说，它是人的内在的道德。

125

（2）《理想国》第 2 卷

　　这本书的第二卷中的关于劳动分工以及一个国家该如何形成的部
分，将在第 10 章"柏拉图的经济学"中进行讨论。

　　苏格拉底把善分为三类：①没有其他目的的善本身，②服务于一种
善的目的的善本身，③本身不是善，但有一个善的目的。他指出正义属
于②。安娜斯（Annas）（1981 年，第 60—64 页）指出，在现代的道德
理论中，①与义务论相对应，③与结果主义包括功利主义相对应，但②
不作为一种有效的变通包含在内。柏拉图用②来界定正义，因为就正义
而言，本身是善和服务于一个善的目的是不可分的。苏格拉底对两种人
进行了比较，一个看上去不正义的完全正义的人由此受到社会的谴责，

另一个看上去正义的完全不正义的人因而受到社会的赞扬。接着，他断言前者比后者更加 *eudaimōn*（快乐）。看上去，在苏格拉底的心目中，"正义"、"善"和"*eudaimōn*"（快乐）是同义词（第 361 页）。他并没有说正义是有价值的，是因为它会带来 *eudaimonia*（快乐）。如果他这样说了，他就变成了一个结果主义者。柏拉图不是结果主义者的另外一个线索可以在下面这段话中找到：

> 灵魂中激情、恐惧、痛苦、嫉妒和欲望的主导地位，不论它们是否造成任何伤害，我都把它们普遍称为"不义"；但是对最高的善的信念——不论什么方式，国家或 / 和个人认为他们能够得到它——如果这种东西占据了它们的灵魂并规范每个人，即使造成了一些破坏，我们还是一定会断言，我们所做的所有的事情都是正义的。
>
> （《法律篇》，R.G. 布瑞英译，劳埃伯古典丛书，863E）

对西蒙尼·威尔来说，一个看上去不正义的正义之人的原型是十字架上的基督，她说：

> 总之，正如柏拉图所认为的那样，只有悔过的窃贼是正义的、赤裸的和完美的，隐藏在罪犯的外貌底下。柏拉图走得很远，他认为完美的正义之人甚至连诸神都认不出来，他曾经提前说出了福音书的最刺耳的声音："我的主，我的主，你为什么抛弃了我？"
>
> （威尔，第 143 页）

（3）《理想国》第 3 卷

音乐在教育中的重要作用得到了讨论。护卫者们（哲学王）第一次被提到。后面，他们被进一步划分为监督者（ἐτιστάτης）和助理（ἐτικουρος）。只有前者被看作是狭义的和真正意义上的护卫者（哲学王）。他们不允许拥有私人财产或金钱。妻子和孩子也实行公有制。

（4）《理想国》第 4 卷

苏格拉底成功地界定了"智慧"（σοφία）、"勇敢"（ἀνδρεία）、"节制"（σωφροσύνη）和"正义"（σιχαιοσύνη）。他通过使用灵魂和国家的三分观念，既为一个个人也为一个国家定义了这些品德。灵魂和国家的三分法和相应的品德排列如下：

个人：	理性	激情	欲望
国家：	护卫者	武士	劳动者
品德：	智慧	勇敢	——

国家是明智的，如果它的构造是这样的话，即有智慧的人进行统治。柏拉图把勇敢定义为对什么应该害怕和什么不应该害怕有正确的信念，与之伴随的是在面对诱惑和逼迫的时候还能够坚持这样的信念。节制不仅是一种控制你的欲望的能力，而且还指拥有一种你是谁以及什么是你应该持有的立场的正确观念。在一个国家中，节制就是三个部分之间的一种和谐。最后，就像节制一样，正义也是三种状态中的一种和谐，但在下面的意义上它又超越了节制，即它描述了一个人或一个国家，在这个人或国家中，智慧、勇敢和节制都存在。安娜斯（1981 年，第 11 页）说，希腊文中的 *dikaiosynē* 比英文中的 justice 要更加宽泛，几乎与 righteousness 是同义词。如果护卫者控制着劳动者，就像理性控制着欲望那样，那么，很难知道劳动者是否被期望要拥有任何的德性。实际上，柏拉图把劳动者当作了受到主人统治的奴隶（590D）。

"精神"（θυμός）很难理解。柏拉图把羞耻、热爱荣誉和胜利放到了这个类别里面。而且，个人和国家之间的这种类似常常变得过于宽泛。例如，由于他的关于"相"的理论，柏拉图被迫把一个人的正义和一个国家的正义归入一类。

休谟说，理性是激情的奴隶。

> 与"休谟式的"理性不同，它统领着灵魂的其他部分的目标，并只
> 是以一种有效的和有组织的方式努力获得它们，柏拉图所认定的理性
> （λογιστικὸν）将会以这样一种方式决定整个的灵魂，它并不会引领其
> 他部分的目标，而是会压制或限制它们。
>
> （安娜斯，1981 年，第 134 页）

柏拉图的 λογιστικὸν（理性）与经济学家的理性的狭隘定义不同。在 443C-D 中，我们能够看到，柏拉图的道德理论是以人为中心而不是以行为为中心的，这个观点我在前面说过。

（5）《高尔吉亚篇》

127　　高尔吉亚是一位著名的智者，他的修辞学技艺十分有名。在这部作品的开头，苏格拉底和高尔吉亚讨论了什么是修辞学。高尔吉亚断言，修辞学是人类事物中最伟大的和最好的。另一方面，苏格拉底却并不赋予它真正的"技艺"（technē）的地位，因为"技艺"必须旨在某种真和善的东西。对苏格拉底来说，真正的"技艺"的例子是数学、医学、音乐和伦理学（参看莫拉维斯克，2000 年，第 14—17 页）。反之，由高尔吉亚和其他智者运用的修辞学只是一种劝说的艺术，与化妆术和美食烹饪相当。高尔吉亚在羞耻中退下，他的弟子波洛斯和卡里克里斯继续与苏格拉底谈话。他们两个人都是彻底的享乐主义者。

柏拉图对快乐的看法在他的著作中最清晰地展现出来。其中，苏格拉底告诉波洛斯和卡里克里斯说，因为存在着善的快乐和恶的快乐，所以快乐不能成为行为的一个规则，一个人应该为了正义而追求正义，不论它是否伴随着快乐。苏格拉底告诉波洛斯，修辞学的目标是快乐（ἡδύ）而不是善（ἀγαθὸν）。但对于像波洛斯那样的享乐主义者来说，快乐和善是同等的。因此，苏格拉底的命题，即如果你做了错事，如果

你被抓到了并由此受到惩罚，就将会比你逍遥法外要更为快乐（等于更好），对于波洛斯来说是难以理解的。在 470E 中，苏格拉底通过说出这样的话使波洛斯感到惊讶，即他不知道波斯的国王是否快乐，除非他了解了他曾经受到哪种类型的教育以及他是如何坚守正义的。在这里，苏格拉底心中的教育的正确类型就是哲学王能够通过它看见善的"相"的那种类型的教育。在 494C 中，苏格拉底嘲讽卡里克里斯说，对卡里克里斯来说，最快乐的生活一定是持续不停地抓痒的那种生活。柏拉图的确认识到一些快乐的事情是善的，而其他的则是没有价值的，就像抓痒（495A）。

在 504D 中，苏格拉底说，正义和节制对于灵魂来说就像是健康对于身体那样。（回想一下，对于柏拉图来说，正义和节制几乎就是同义词。）通过阅读《高尔吉亚篇》，我们了解到，对于柏拉图来说，正义（*dikaios*）、善（*agathos* 或 *kalos*）和 *eudaimōn*（快乐）是同义词。正如上文所提到的，同样的主题也出现在《理想国》的第二卷当中。参看 472E、479E、496B 和 507C 中关于善和快乐相等同的论述，以及 470C 中关于善和正义相等同的论述。

一个基督教之后的现代读者会对柏拉图为什么没有把对邻人的爱容纳到德性之中而感到困惑。答案就是，它被包括在正义和节制里面了。在 507E-508A 中，苏格拉底声称，没有正义和节制的话，我们是不能够拥有对邻人的爱和友谊的，他说"天、地、神和人由于对邻人的爱（μοινωνία）和友谊（φλία），以及秩序、节制和正义而被集中在一起"。

（6）《普罗泰戈拉篇》

普罗泰戈拉是他生活的那个时代最著名的智者。他的名言"人是万物的尺度"展示了他的相对主义哲学，对此，柏拉图予以坚决批判。

苏格拉底对普罗泰戈拉提出的第一个问题就是"美德是可以教授的吗？"普罗泰戈拉说可以，苏格拉底说不可以。"可以教授"在这里的意思是"在教授一个人如何盖一座房子的意义上是可以教授的"。如果

128

"可以教授"的意思是"在一种正确的教育之后可以获得的",苏格拉底当然就会说可以了,因为《理想国》中的哲学王就是以这种方式被教授各种美德的(参看 323C)。通过在第一种"可以教授"的意义上对这个问题做出了肯定的回答,普罗泰戈拉暴露出他的德性观念是很表面的一种观念。就像前面所提到的,对于苏格拉底(和柏拉图)来说,德性是必须经过长期的正确训练当作一个整体来理解的东西。因此,第一个问题与苏格拉底对普罗泰戈拉提出的第二个问题紧密相关:"不同的德性组成的一个整体,是像一张脸的不同部分构成了一张脸那样,还是像黄金那样由黄金的不同部分构成了黄金?"普罗泰戈拉选择了第一种,而苏格拉底选择了第二种。对普罗泰戈拉来说,智慧、勇敢、节制和正义是独立的美德,可以分别单个地教授,完全与建造一座房子的技术可以教授的方式相同。

在第 357 段,苏格拉底给出了一种快乐最大化的模式,边沁也可以作如是说。为什么普罗泰戈拉要不得不勉强接受这样一种荒谬的看法,即使他并不是像波洛斯和卡里克里斯那样的毫无羞耻的享乐主义者?这是他对各种美德的肤浅理解的一种不可避免的结果。他并不把诸如智慧、正义和节制这些美德理解为由善的"相"而统一在一起的绝对的价值观。反之,他肤浅地把它们看作是各种有用的技术,一个人可以像学习如何建造一座房子那样地学到这些技术。由于有用性和功效是同义语,所以,一种对各种美德的肤浅的理解就导致了功利主义。

> 因为毫无疑问的是,在这里,作为其知识概念的真正结果,普罗泰戈拉会被迫陷入一种激进的享乐主义。恰恰通过把自己打扮成另外一个样子从而避免这种激进的后果,他消极地表明这是他不得不得出的一个结论。
>
> (伽达默尔,1986 年,第 48 页)

伽达默尔把这种功利最大化的模式称为"一种生活艺术的漫画,这就相当于如何尽可能地获得最大数量的快乐的技术知识"(第 49 页)。

把这种享乐主义运算法的信条看作是柏拉图自己的看法的学者们显然没有理解苏格拉底式的反讽。正像在上面所显示的那样,柏拉图在《高尔吉亚篇》中显然把善与快乐区分开来了。更为中肯的是,柏拉图在《斐多篇》(68E)中批评的正是这种类型的享乐主义的运算法。在那里,柏拉图说,大部分人(包括毕达哥拉斯)对节制的看法就是"远离一些快乐,因为它们被其他的东西所征服了"。弗雷德(Frede)(1992 年)正确地理解了这段话的意思,因为她说,"柏拉图自己可能从未接受过这样的一种思想上的享乐主义"(第 434 页)。

接着,我将从安娜斯的著作(1999 年)中的三个相关部分中引用几段话,并加上我的评论,因为我认为这本书是柏拉图的伦理学核心思想的最好的展示。

2. 茱莉亚·安娜斯:《柏拉图的伦理学:旧的和新的》

(1)转变你的生活:德性和快乐

在《理想国》中,柏拉图说"一个正义的人是快乐的",而不只是说"一个人应该是正义的"。安娜斯把这种看法称为"快乐论"。但是,在柏拉图对话的很多个段落中,安娜斯却发现了类似于康德的义务论的观点。例如,"我们应该完全不考虑我们的行为的后果,即使死亡,而只考虑这个行为是否是正义的问题(《申辩篇》,28B—D)"(安娜斯,1999 年,第 33 页)。

柏拉图的"一个正义的人是快乐的"的看法的确是与"一个人应该是正义的"的看法相等同。但是,柏拉图为什么不只是说出后者?厄姆森(Urmson)(1988 年,第 1—2 页)提供了一个回答。古希腊人根深蒂固的观念是"成为善的是会受到嫉妒的;成为公正的是值得赞扬

129

的"。如果柏拉图能够摆脱这种文化上的束缚的话，他就会说，"不必在意快乐和过上善的生活；不必在意你个人的福祉；更重要的是成为公正的人"。

我们应该还记得，我们在前面说到的希腊文 $εὐδαίμων$ 和英文的 happy（"快乐"）之间的区别。因此，说"一个正义的人是 $εὐδαίμων$ 的"听上去不会比说"一个正义的人是快乐的"更令人感到奇怪。

在下面这段话中，康德批评了快乐论，他认为这是所有古代伦理学的特征：

> 当一个有思想的人战胜了邪恶的诱惑，意识到已经履行了他的常常是痛苦的义务，他发现他自己处在一种灵魂的平静和心满意足的状态中，这种状态可以被称为快乐，当中德性就是其自身的奖励。现在，快乐论者说：这种愉快，这种快乐就是他的有道德的行为的真正的动机。义务的观念并不立即决定他的意志；反之，是由于对快乐的预期驱使他这样去做的。
>
> （《道德形而上学》，玛丽·格雷格英译，剑桥大学出版社，1991 年，第 377 页）

不过，显然，这种批评并不是运用在柏拉图的伦理学上面的（参看欧文，1996 年）。

（2）简单的快乐：柏拉图思想中的享受和善

柏拉图作品中的一些段落包含着看上去像是享乐主义的内容（例如，《法律篇》，662E8-B6）。的确，柏拉图比斯多葛派对快乐抱有一种更加同情的态度。然而，对于柏拉图来说，快乐从来都不是生活的目标，最多它是某种"随之产生的"东西。就这种伴随而言，安娜斯的看法是"快乐必须伴随着有道德的生活，但它并不是有道德的人的生活目标"（安娜斯，第 146 页）。"最好的快乐只会到访那些并不寻求它的人"（第 147 页）。目标必须总是德性。快乐必须在理性的指令下，目标是为了使它成为善的。

"《高尔吉亚篇》似乎对快乐充满敌意，常常被看成是反享乐主义 130 的，而《斐莱布篇》则对快乐的广泛讨论报以更加同情的态度，并在善的生活中为它找到了一个位置。"（第 155 页）然而，"德性在这一天的末尾其本身似乎并未包含快乐"，"并不奇怪的是，很多人认为《斐莱布篇》的结论对快乐做出一个令人失望的很小的让步。它最终也没有推荐一种生活，这种生活用通常的标准来衡量，看上去明显地比在《高尔吉亚篇》中推荐的生活要更加使人快乐。"（第 155 页）

（3）《普罗泰戈拉篇》中的享乐主义

> 最后，享乐主义是苏格拉底自己的立场吗？一方面，它是作为一种苏格拉底没有成功地设法让普罗泰戈拉接受的立场而被引入的，而且遭到很多人的拒斥。苏格拉底是唯一的一个讨论它的人，在 351C4 中，它被当作是苏格拉底说出来的。然而，在论证中，当普罗泰戈拉开始把它当作是苏格拉底自己的立场来看待的时候，苏格拉底却突然放弃了它，开始尝试一个不同的方向。因此，我们拥有模棱两可的两种指示，一是苏格拉底引入了这个立场，另一个则是，在论证中，这并不是他的立场。

（第 170 页）

柏拉图真正的兴趣是"用理性转变快乐"，而不是"把理性转变成为一种工具性的方式去获得作为一种毫无意义的目标的快乐"（第 171 页）。

3. 柏拉图作品年表（克劳特 [Kraut]，1992 年，第 1—50 页）

早期对话	中期对话	晚期对话
《申辩篇》	《美诺篇》	《蒂迈欧篇》
《卡尔米德篇》	《克拉底鲁篇》	《克里底亚篇》
《克里托篇》	《斐多篇》	《智者篇》
《欧绪弗洛篇》	《会饮篇》	《政治家篇》
《伊翁篇》	《理想国》	《斐莱布篇》
《拉凯斯篇》	《斐德罗篇》	《法律篇》
《普罗泰戈拉篇》	《巴曼尼得斯篇》	
《欧绪德谟篇》	《泰阿泰德篇》	
《高尔吉亚篇》		
《大希庇亚篇》		
《吕西斯篇》		
《美涅克塞努篇》		
《理想国》第一卷		

第9章 亚里士多德的伦理学

1. 引言

亚里士多德（公元前384—前322年）出生在卡尔西狄斯的斯塔
吉亚（希腊东北部），所以，他有时被称为斯塔吉亚人。他的父亲是马
其顿国王阿米恩塔斯的一位宫廷医生，阿米恩塔斯是腓力的父亲和亚
历山大的祖父。亚里士多德17岁就到了雅典，成为柏拉图学园中的一
个学生。他作为一位定居的外邦人生活在雅典，直到柏拉图去世（公元
前348年）。此后，他在小亚细亚进行生物学的研究，在他在马其顿建
立的一所学校里教授年轻的亚历山大，后来在公元前335年回到雅典，
在吕库昂（Λύκειον）开设了一所学校。他在雅典创立的学派被称为逍
遥学派（Peripatetic），因为他是在吕库昂的柱廊（περίπατος）一边散步
一边教学的。公元前323年，他被雅典驱逐，公元前322年去世于卡尔
西斯。

亚里士多德在十分多样的研究领域留下了内容广泛的著作，这些
领域包括逻辑学、形而上学、心理学、伦理学、政治学、生物学和天文
学，对西方的思想产生了巨大的影响。亚里士多德的著作最先被翻译成
阿拉伯文，其目的是为伊斯兰教提供神学的基础，然后在13世纪从阿
拉伯文翻译成拉丁文。这以后，亚里士多德的哲学得到了像大阿尔伯特

（Albert the Great）和托马斯·阿奎那（Thomas Aquinas）这样的经院哲学家的系统研究，成为天主教神学的哲学基础。

在 20 世纪初，德国的研究亚里士多德的学者 W.W. 耶格尔（W.W. Jaeger）提出，亚里士多德起初是一个柏拉图主义者，后来逐渐脱离了柏拉图主义。他根据这个原则提出了一个亚里士多德所有著作的年代排列表。从那以后，有人在他的排列中发现了一些前后不一致的地方，很多研究亚里士多德的学者相信，尽管存在一些不同，亚里士多德的伦理学理论从根本上讲与柏拉图的理论是相似的。在本章的最后，在我采用茱莉亚·安娜斯对亚里士多德的伦理学的评价的时候，我将会对这些差异进行讨论。

2.《尼各马科伦理学》

在这部著作的开始，亚里士多德考察了 *eudaimonia* 的概念。就

132 像前面所解释的，这个希腊词通常被翻译成快乐，但是"活得好"或"做得好"是一个较好的翻译。亚里士多德说，尽管所有人都同意，*eudaimonia* 是他们生活的目标，但人们在他们所认为的 *eudaimonia* 是什么的问题上却有着不同的看法。因而，在亚里士多德的伦理学中，我们可以把 *eudaimonia* 等同于最高的善。然而，这样说还是不能够回答 *eudaimonia* 是什么。在 1098A15-1098A18 中，亚里士多德给出了他的第一个初步的界定："灵魂的活动，在一种完美的生活中展示出最高的和最完美的卓越。"被翻译为"卓越"的是 *ἀρετή* 这个词。它是一个比德性更准确的翻译。由于亚里士多德认为，理性（*λόγος*）是人的最重要的功能，所以，第二个对 *eudaimonia* 的初步的界定就是："在一种高水平的卓越中和一种完美的生活中运用理性的活动。"（厄姆森，1988 年，第 18 页）

关于亚里士多德的 *eudaimonia* 是"包含在内的"还是"占据主

导地位的"，在哲学家当中有着长期的争论。"包含在内的"意思是，
eudaimonia 一定由所有的好的道德上的和知识上的品质所组成，同时
还包括外在的诸多因素，比如健康、长得好看和出身好。（亚里士多德
认识到外在因素对 *eudaimonia* 拥有某种影响的可能性，但最终还是把
它们的重要性降低到最小，参看下面的安娜斯，"亚里士多德：一个不
稳定的观点"）。"占据主导地位的"指的是这种信念，即一种沉思的生
活是独一无二的最好的生活。之所以引起这种争论，是因为在《尼各马
科伦理学》（以下简称《伦理学》）的不同部分中，亚里士多德似乎赞
成不同的观点。"包含在内的"观点出现在前九卷中，而"占据主导地
位的"观点则出现在最后的第 10 卷中。

　　"包含在内的"观点对常识更有吸引力。在这种观点中，理想的生
活就是一位有道德的公民的生活，他拥有所有的资源——精神上的和
物质上的——来把他的城邦服务好。亚里士多德相信，所有事物都有其
自身的功能，任何事物的阿瑞特（*aretē*）就是其功能被发挥得最完备
的一种状态。因此，马的阿瑞特就是跑得快，眼睛的阿瑞特就是看得好，
如此等等。现在，根据亚里士多德，人是一种政治的（社会的）动物
（ζῷον πολιτικόν）（《政治学》，1253A2）。因此，一种卓越的政治的（社
会的）生活就是最好的生活。

　　然而，这种观点似乎太过陈腐了。在第 10 卷，亚里士多德认识到，
人的真正的功能，与马或眼睛不同，并不仅仅是成为一个完美的人，
而是要想方设法超越它。也就是说，要面向最高的神灵。这就是沉思
的含义。

　　　　如若幸福在于合于德性的现实生活中，那么，就有理由说它是合
　　乎最好的德性，也就是人们最高贵部分的德性的。不管这种活动是理
　　智还是别的什么，它自然地是主宰者和领导者，含有美好和神圣的东
　　西，或自身就是神圣的，或是我们各部分中最神圣的部分。它是合于本

己德性的现实活动，可以构成完美的幸福。像所说的那样，这种活动就是思辨活动。*

（1177A13-18，H.拉克姆英译，劳埃伯古典丛书）

133　　　这是一种高于人的生活，我们不是作为人而过这种生活，而是作为在我们之中的神。**

（同上书，1177B33-35）

与这种沉思的生活相比，亚里士多德把卓越的政治生活看作是次好的："有道德的生活，另一方面，只是一种次一级的幸福。"（同上书，1178A9-10）

对这种观点的一个很好的描述是由纳戈尔（Nagel）（1980年，第12—13页）做出的：

基于很多理由在论证了沉思生活的看法之后，他在1177B27中插入了评论说，这样的一种生活将会高于人类。它的获得不只是凭借一个人，而是借助于人所分享的某种神圣的东西。然而，这种神圣的因素，它给予了我们去思考高于我们自身事物的能力，是我们的灵魂中的最高部分，我们没有正当的理由可以把它的行为集中在较低的事物上——我们自己的生活——除非在后面部分中的需求的威胁下使沉思成为了不可能的事情。正如他在1177B33中所说，我们不应该听那些人的话，他们极力主张一个人就应该想人之所想，一个凡人就应该想凡人之所想。反之，我们应该培育我们本性中的那个承诺了可以超越其他部分的部分。如果有人坚持认为，其他的部分属于人之生活的一个

---

*　中译文参见苗力田译《尼各马科伦理学》，中国社会科学出版社，1990年，第224—225页。——译者

**　同上书，第226页。——译者

全部的描述，那么，就会提出这样的有些自相矛盾的观点，说全部的人类之善并不是一切，不应该成为人的主要目标。我们必须要仿效我们自身当中的最高部分而不是仿效整个部分。其他的功能，包括理性本身的实际运用，为最高形式的行为提供了支持，但并不作为主要的构成要素进入到我们的固有的卓越当中。这是因为，人不只是最高等级的动物，而且还拥有一种作为他们的基本性质的超越他们自身和成为像神那样的存在的能力。正是凭借这种能力，他们可以获得 eudaimonia（快乐），而动物却不具备这种能力，孩子不能获得它，某些成年人，比如奴隶，也被阻止接近它。

这个在一种沉思的生活和一种实践的生活之间的选择是每个人都要面对的一个大问题，不只是亚里士多德主义者。它是基督教和佛教中的一个关键的问题。在《福音书》中，根据《路加福音》（10：38-42），有一个关于耶稣到访姐妹马尔塔和玛丽的著名故事。马尔塔正在厨房里忙着准备午饭，而玛丽坐在耶稣的脚旁专心地听他讲话。当马尔塔向耶稣抱怨说玛丽不帮她的时候，耶稣回答说，玛丽已经选择了更好的活动。道元（1200—1253 年），日本禅宗之父，到中国学习禅宗。当他的船到达了中国的港口时，一个和尚上船来购买日本蘑菇。当道元问他为什么他没有进行坐禅的时候，他笑了，并回答说，对和尚来说准备食物就是他的坐禅。

很多人都批评"占主导地位的"观点是自私的。但是，我认为那些正确的冥想上帝的人将会爱他们的同胞，并试图帮助他们，就像柏拉图的看见了太阳的哲学王们将会回到洞穴去统治那些在下面的可怜的人们那样。 134

亚里士多德似乎相信对一个朋友的利他主义的爱。例如，在说到爱（philein）的时候，他说，"我们应该希望我们的朋友为了他自己的缘故而过得好"（1155B31）。他还说，"那么，让爱被界定为希望任何人得到那些我们相信是好的东西，为了他的缘故而不是为了我们自己的缘故，只要我们的力量允许，就设法使他获得这些东西"（《伦理学》，II.iv，J.H. 弗里兹英译，劳埃伯古典丛书）。

当我们讨论柏拉图的伦理学的时候，我曾经说，他的伦理学基本上是以人为中心而不是以行为为中心的。对亚里士多德的伦理学来说也是如此。亚里士多德相信，品格的卓越（ἀρετή）指的是灵魂的状态，这种状态在长期的实践和训练之后可以获得，在这种状态中，一个人会自愿地以一种善的方式来行动。只是做善事仍然不够。一个人必须自愿地做善事，使做这些事成为一种享受。安娜斯（1993 年，第 130 页）以如下的方式拓展了这个命题："各种德性是关系到选择的，与做正确的事情相仿，都来自于一种见识广博的判断，即知道什么是要做的正确的事情，还要有一种以正确的方式去感受和践行它的坚定的意愿。"品质包括了三个方面的内容——欲望、选择和行动。有卓越品质的人在所有三个方面都一定是善的。他感受着善的欲望（欲望在这里不仅包括身体的欲望，也包括理性的愿望），在深思熟虑之后选择善的行为，以及能够把它付诸实践。

一个有着卓越品质的人的行为通过中道（μεσον）的统治而被展示出来：

> 一个人恐惧、勇敢、欲望、愤怒或怜悯，总之感到痛苦和快乐，这些情感可能过多，也可能过少，两者都是不好的。然而若是在应该的时间，据应该的情况，对应该的人，为应该的目的，以应该的方式来感受这些情感，那就是中道，是最好的，它属于德性。*
>
> （1106B19-23，厄姆森英译，第 33 页）

---

* 中译本参见苗力田译《尼各马科伦理学》，第 33 页。——译者

因而，亚里士多德的中道概念并不是简单的居中，而是用最好的方式考虑到所有的情况。这也是孔子（公元前 551—前 479 年）的教导。

3.《伦理学》第 7 卷

亚里士多德考察了苏格拉底的众所周知的信条："一个人不会在知道的情况下做坏事。"一个人有知识（$\dot{\epsilon}\pi\iota\sigma\tau\dot{\eta}\mu\eta$）还会做坏事吗？亚里士多德的回答是一个有条件的"是"。如果一个人知道某种事情是坏的，但却屈从于某种欲望而做了它，他的知识就暂时被中止了，不能发挥其充分的作用。它就好像是背诵一首诗，却不能理解它的价值。这种现象被称为意志薄弱（$\dot{\alpha}\kappa\rho\alpha\sigma\acute{\iota}\alpha$）。一个意志薄弱的人至少要比一个有意做坏事的人要好。后一种特征被称为自我放纵（$\dot{\alpha}\kappa o\lambda\alpha\sigma\acute{\iota}\alpha$）。一个意志薄弱的人在做了坏事之后感到悔恨，但是，一个自我放纵的人却不会。厄姆森（1988 年，第 32 页）给出了以下的表格，从欲望、选择和行为三个方面来说明这些特征的不同：

	欲望	选择	行动
性格上的卓越	好的	好的	好的
意志坚强	坏的	好的	好的
意志薄弱	坏的	好的	坏的
自我放纵	坏的	坏的	坏的

那么，为什么苏格拉底没有认识到 $\dot{\alpha}\kappa\rho\alpha\sigma\acute{\iota}\alpha$（意志薄弱）的可能性呢？情况似乎是，因为苏格拉底在一种更深的含义上使用了"知识"这个字：知识被配备了正确的行为能力。$\Phi\rho\acute{o}\nu\iota\mu o\varsigma$（明智）这个希腊词就带有这样一种含义。

135

4.《伦理学》第 10 卷

在这一章中，亚里士多德拿出了他的快乐理论。他对快乐的态度比柏拉图的要更为积极一些，但在实质上是相同的，因为，他认为既有好的快乐，也有坏的快乐，因此快乐不应该成为行动的目标。亚里士多德写道：

> 有许多事情要积极去做，即使它们不会带来快乐，如观看、记忆、认知、具有德性。也许这些事情必然伴随着快乐，但这并非两样。即使它们不带来快乐，我们还是要选择它们。这样看来快乐并不是善，并非全部快乐都是可选择的。但显然有些快乐，由于它们的种类不同和来源不同，是可以因其自身而选择的。*
>
> （1174A4—A10，H. 拉克姆英译，劳埃伯古典丛书）

在这里提到的最高级的快乐的一个例子就是对最高的神进行沉思的快乐。与柏拉图相仿，亚里士多德也说，一个卓越的人做好事就是为了善的目的（1105A31—A32）。

有一种普遍的误解，那就是快乐是一种由一种行为而产生出来的情绪，它在各种行为中是一样的，因而能够被叠加起来。功利主义之父边沁就陷入了这种错误的想法。亚里士多德有力地消除了这一误解。根据亚里士多德，快乐与享受某种行为是同一件事情，因此它是某种行为所特有的。所以，不同的快乐相互之间是不能比较的。厄姆森在解释这种看法的时候说（第 104 页）："每种行为都有其自身的'恰当的'或特殊的快乐；比如说，一个人不能碰巧地从集邮中读到了诗歌而获得快乐。"

---

* 中译文参见苗力田译《尼各马科伦理学》，第 216 页。——译者

　　然而，厄姆森（1988 年，第 106 页）指出，除了与享受某种行为合 　　136
一的快乐之外，也存在着由某种行为而产生出来的一种情绪的快乐。例
如，确定无疑地存在着享受吃美食的行为的亚里士多德式的快乐，但与
此同时，我们在我们的味觉上确实感到了一种快乐的感觉。这并不会减
少亚里士多德在认识到了不同于一种感觉的快乐的某个重要方面上所
做贡献的价值。

5. 茱莉亚·安娜斯：《快乐的道德》

德性和道德

　　安娜斯（1993 年）在这个部分中的主要论点是，亚里士多德的德
性概念比现代的道德概念要宽泛，因为它既包括道德上的也包括非道
德上的值得拥有的品质。为了说明这一点，安娜斯提到了 1104B30，在
那里，亚里士多德说到了三种想得到的事物——高贵的东西（καλόν）、
划算的东西（σύμφερον）和快乐的东西（ηδύ）。在这三种品质中，只有
第一个是一个道德上的术语。然而，安娜斯又通过引用《伦理学》中的
段落使亚里士多德的和现代的道德哲学之间的区别减小到了最低的程
度，在这些段落中，高贵的东西主导了其他的标准："有道德的人为了
其自身的目的做有道德的事情（1105A31-32）"；"kalon（高贵的东西）
是德性的目标（1115B11-13）"（安娜斯，第 123 页）。

　　安娜斯写道：

> 　　扭曲德性的概念以适合快乐是一个错误；用古代的方式来思考的
> 话，快乐是弱小的和灵活的概念，当我们理解了我们生命中的德性提出
> 的种种需求的实质的时候，快乐就必须要被加以改造。

（安娜斯，第 129 页）

伯恩亚特（Burnyeat）（1980 年，第 86—88 页）也引用了 1104B30 中的同样一段话，声称 akrasia（意志薄弱）的产生只是因为这三种类型的善不能够用一种单一的尺度来加以比较。在功用最大化的模式中，苏格拉底常常会嘲笑普罗泰戈拉的这种认识，即认为这三种类型的善可以用一个单一的单位来衡量。然而，一个真正有智慧的人则认为这三种类型的善是重合的，因此，akrasia（意志薄弱）就不会产生。这就是孔子在年龄达到 70 岁的时候的状态，在前面我对柏拉图的伦理学的讨论中提到过。

亚里士多德：一个不稳定的观点

通过使用"一个不稳定的观点"，安娜斯的意思是说，亚里士多德摇摆在这样两种观点之间，一种观点认为德性对快乐来说是充足的，另一种观点则认为外部的善也是必需的。安娜斯提到了与她前面的部分提到的相同的一个段落，认为亚里士多德倾向的立场是德性对快乐来说是充足的。

137　　　我们可以用以下的《伦理学》中的引文来支持她的论点：

> 不过，尽管在噩运中，高尚仍放射出光辉，因为，人们所以能够心平气静地承受那么多和巨大的坏机遇，并不是由于感觉迟钝，而是由于他们的宽宏和心胸博大……作为真正善良和明智的人，他们对一切机遇都会很好地利用。从现有的条件出发，永远做得尽可能地好。例如，一位好将军要使用他所掌握的部队进行最好的战斗，一个好鞋匠要利用他所预备的材料做出最好的鞋来。*

（1100B30-A5）

在指出一种政治生活需要诸如健康和朋友这样的外部的善之后，

---

* 中译文参见苗力田译《尼各马科伦理学》，第 19 页。——译者

亚里士多德说，"与此相反，有智慧的人还能够由他自己来进行沉思，他越是富有智慧越是如此；毫无疑问，在同伴的帮助下，他会学得更好，但他仍旧是最自足的人"（1177A30）。

然而，的确，在《伦理学》中还有其他的段落显示出，亚里士多德不能完全摆脱传统的善的束缚。斯多葛派——坚持认为德性对于快乐来说是自足的——将亚里士多德的观点，即快乐既需要传统的善也需要德性视为"向每天的偏见做出的可耻的让步"（安娜斯，1999 年，第50 页）。安娜斯说，阿提库斯把这个称为一个"低级的和错误的看法"，并引证说，"在亚里士多德谈论这个问题的作品中，包括《尼各马科伦理学》《欧德莫伦理学》和《大伦理学》，都有关于小气的、卑微的和粗俗的德性的看法。它们是那种一个普通人能够追赶得上的东西，不论是一个受过教育的人，还是一个孩子或一位妇女"。在这段引证之后，安娜斯做出了如下的评论，"从亚里士多德自己对妇女的观点来看，这种抱怨是十分可笑的"，还说，"就我个人来说，我发现这次爆发是十分令人耳目一新的"（同上书，第 51 页）。

第 10 章 柏拉图的经济学

1. 引言

从狭义上讲，柏拉图没有写过多少经济学的东西。一个例外就是在《理想国》第二卷对劳动分工的解释。我将首先讨论这个问题，接下来讨论《法律篇》，在该篇中，为这个理想城市制定的很多经济法规被提了出来。这两部著作都有大量的针对贪婪和挣取利润的告诫。

2.《理想国》第 2 卷

第一部分（从 368C 开始）是关于与一个人相关的正义的讨论的一个继续。我在第 8 章"柏拉图的伦理学"中已经讨论过这个问题。在 368D，苏格拉底说，如果我们考虑一个国家的正义，我们将会获得对一个人的正义的一种更好的理解，就像我们通过一个放大镜可以把小字看得更清楚那样。接着，他继续讨论了劳动的分工。

把柏拉图的与亚当·斯密的（《国富论》，第 1、2 章）劳动分工理论进行比较是很有趣的。斯密很熟悉古典著作，毫无疑问，他读过《理想国》。

苏格拉底说，

因此我们每个人为了各种需要，招来各种各样的人。由于需要许多东西，我们邀集许多人住在一起，作为伙伴和助手。这个公共住宅区，我们叫它作城邦。这样说对吗？那么一个人分一点东西给别的人，或者从别的人那里拿来一点东西，每个人却觉得这样有进有出对他自己有好处。[*]

（369C，阿兰·布鲁姆英译，基本图书，1968 年）

另一方面，斯密说，

这种劳动的分工，从中产生了如此之多的好处，最初并不是任何人类智慧的结果，这种智慧预见了并想要得到它所带来的共同富裕。尽管十分缓慢并且是逐步进行的，它成为人性中的某种倾向的必然结果，但没有想获得如此广泛的效用；人倾向于交换，以物易物，用一种东西来换取另外一种东西。

139

（《国富论》，第 2 章）

注意，坚信一个人应该总是根据理性来行动的柏拉图，是不会给予"一种自然的倾向"以这样的一种重要性的。

柏拉图相信，劳动的分工起源于人们在他们的能力和偏爱上的自然差别。因而，苏格拉底说，

你刚说这话，我就想到我们大家并不是生下来都一样的。个人性格不同，适合于不同的工作。你说是不是？[**]

（370A–370B）

---

[*] 中译文参见郭斌和、张竹明译《理想国》，商务印书馆，1995 年，第 58 页。——译者
[**] 同上书，第 59 页。——译者

这就是一个人如何成为一个农民,另外一个人成为一个建房者,还有一个成为制鞋匠的原因,柏拉图不允许在他的城市中有太多的社会流动。相反,斯密却相信人类的不同是劳动分工的结果,而不是原因,正如他写道,

> 不同的人之间自然天赋的差别实际上比我们意识到的要小得多;在人长大成熟之后,把不同的职业者区分开的十分不同的创造能力,在很多情况下并不是劳动分工的原因,而是其结果。比如,在一个哲学家和一个普通的街头搬运工之间最为不同的品质上的差异,似乎并没有多少源于本性,而是来源于习惯、习俗和教育。
>
> (《国富论》,第 2 章)

柏拉图把这种劳动的分工扩大到一个更大的范围,在他的城市里定义了三个阶级——护卫者、武士和工人,他在这个三个阶级中不允许有太多的社会流动。记住,柏拉图在《理想国》第 4 卷中对正义的定义是“做他自己的事情,而不管其他人的事情”。然而,他的确认识到了这种可能性,即一个护卫者的孩子可能不够好而不能归入护卫者阶级,而一个武士的孩子也许会有足够的天赋而被教育成为一个护卫者(415C)。

柏拉图和斯密在劳动分工的好处的问题上基本上是一致的。柏拉图说,作为劳动分工的结果,生产将变得“更为充足、优质和便利”(370C)。斯密说,劳动分工的效果是(1)敏捷性的增加,(2)节省了时间,这个时间通常会在从一种工作转变为另外一种工作的时候消耗掉,以及(3)“大量的机器的发明,使劳动更为便利,且减少了劳动,使一个人可以做很多人的工作”(《国富论》,第 1 章)。苏格拉底也如此地表达过第二个观点:

140

其次，我认为有一点很清楚——一个人不论干什么事，失掉恰当的时节和有利的时机就会前功尽弃。我想，一件工作不是等工人有空了再慢慢去搞的，相反，是工人应该全心全意当作主要任务来抓的，是不能随随便便，马虎从事的。*

（370B–370C）

并不使人感到奇怪的是，第三种观点没有出现在柏拉图的对话中。

作为劳动分工的一个例子，斯密谈论到别针的工厂，在那里，"一个人拉长铁丝，另外一个把它弄直，第三个人切割它，第四个人把它弄尖，第五个人在头上磨它以做成针头"（第1章）。尽管柏拉图没有讨论这种类型的劳动分工，但古代希腊人是很熟悉的，正如一个人在色诺芬的一段话里诉说的那样：

另一方面，在大的城市里，由于很多人都有需要承担手工业生产的一个分支，只是一种活计，常常甚至还不是整个的活计，就足以维持一个人的生活了，例如，一个人做男鞋，另外一个做女鞋；在有些地方，一个人只是靠缝鞋就可以维生，另外一个人靠裁剪，一个人靠把鞋面缝合在一起，还有另外一个人完全不干这些活儿，而只是把各部分组装起来。

（《居鲁士的教育》，VIII.ii.5，瓦尔特·米勒英译，劳埃伯古典丛书）

对劳动分工的讨论自然继续到了对一个城市建立的讨论中。一个城市最少有一个农民、一个建房者、一个纺织匠、一个鞋匠。另外，我们还需要木匠、铁匠以及很多其他的工匠，养牛工，以及牧羊人。这个

---

*　中译文参见郭斌和、张竹明译《理想国》，第59—60页。——译者

城市将会继续扩大，因为一些货物需要从其他城市进口，为了支付进口的费用，这个城市必须要生产出更多的东西。作为交换媒介的货币是预先设定的。这就需要在市场上工作的大小商人、做买卖的人以及挣取工资的人。在这个阶段，这个城市仍然是相当简单的和质朴的：

> 他们用大麦片、小麦粉当粮食，煮粥，做成糕点，烙成薄饼，放在苇叶或者干净的叶子上。他们斜躺在铺着紫杉和桃金娘叶子的小床上，跟儿女们欢宴畅饮，头戴花冠，高唱颂神的赞美诗。*

（372B）

141 在这时，格劳孔打断了苏格拉底的话，说："不要别的了吗？好像宴会上连一点调味品也不要了。"所以苏格拉底又加上了盐、橄榄、乳酪、洋葱、蔬菜、无花果、鹰嘴豆、豌豆、爱神木果和橡子（372D）。到这个地方，简单城市的描绘结束了，对一个奢侈城市的描述开始了。一个奢侈的城市将会再加上卧榻、桌子和其他家具，香水，香料，歌伎，蛋糕，绘画，刺绣，黄金，诗人，游吟诗人，演员，合唱队，舞蹈队，承包人，做妇女装饰品的人，教师，奶妈，保育员，美容师，理发师，做调味品的人，厨师，猪倌和医生（373A-373D）。这些职业在任何国家中都存在，很难想象柏拉图反对所有这些职业。柏拉图描绘这个奢侈城市的原因就是为了表明，随着城市变得奢侈，就会有更多的事物以满足人类的欲求，就会有更多的使人的贪欲得到扩展的机会，因而也就会有更多的不正义。他是想展示那种类型的城市更容易走向不正义。

为了保卫这个奢侈的扩张的城市免受外国的侵略，需要护卫者阶级，这部书的其他部分就贡献给了关于这些护卫者（φύλακες）应该拥有哪种类型的品质以及该如何教育他们。后面（414B）我们发现，

---

* 中译文参见郭斌和、张竹明译《理想国》，第63页。——译者

在这个宽泛的意义上，护卫者是由真正的护卫者（哲学王们）和武士（ἐπίκουροι）组成的。

3.《法律篇》

概述

《法律篇》是柏拉图最后的著作。在《理想国》（473D）中苏格拉底说，

> 除非哲学家成为我们这些国家的国王，或者我们目前称之为国王和统治者的那些人物，能严肃认真地追求智慧，使政治权力与聪明才智合而为一……否则的话，对国家甚至我想对全人类都将祸害无穷，永无宁日……[*]

在撰写《理想国》和《法律篇》之间的那段时间里，柏拉图两次访问了西西里，试图把狄奥尼修斯二世塑造成一个哲学王。两次努力都以失败告终，柏拉图有点感到理想破灭了。这次经历，加之亚里士多德和其他学生的批评，即《理想国》里的一些建议太不现实了，导致柏拉图对他的理想城市的某些方面进行了修正，于是撰写了现在这部称为《法律篇》的著作。正如这个题目所显示的，柏拉图现在认识到了法律的重要性。与上文引述的《理想国》那段话形成鲜明对比的是，柏拉图在《法律篇》中认识到了没有人好到足以统治其他的人（713C-714A），因而让雅典人说，

> 不论在哪个国家中，法律是从属和无能为力的，我就会看到这个

---

[*]　中译文参见郭斌和、张竹明译《理想国》，第214—215页。——译者

国家正在面临毁坏；但是不论在哪里，法律是官员们的主人，而官员是法律的奴仆，在那里我就会找到拯救，以及众神给予这些国家的所有的福祉。

（715D，R.G.布瑞英译，劳埃伯古典丛书）

142 然而，柏拉图并没有设想法律是在惩罚的威胁下而迫使公民遵守。通过教育，柏拉图希望在遵守法律上获得公民自愿的合作。因此，与一般的批评相反，《法律篇》中的理想城市远远不是一个极权主义国家（参看科恩［Cohen］，1993年）。

在《理想国》中，柏拉图制定了一个革命性的规则，在护卫者阶级中实行财产和配偶的公有制。在《法律篇》中，作为不现实的东西，他放弃了这个制度（739C）。然而，为了控制私有财产的限度，柏拉图提出了四个财产等级，对每个等级可以占有的财产数量设置了某种限制（参看739C-745B以下）。

与在《理想国》中详细阐述的理想国家相比较，柏拉图把在《法律篇》中提出的国家模式看作是次一级最好的（739A，739E和875A-875D）。如果说在《理想国》中，柏拉图赞成由哲学王来统治，那么在《法律篇》中，他则推荐一种君主制和民主制的混合政体。雅典人说，

有两种政治制度的母型，之所以这样称呼它们，是因为可以说，所有其他的政体都真的是来源于它们。其中一种可以被恰当地称为君主制，另外一个就是民主制，前者的极端例子就是波斯的政体，后者的极端例子则是雅典的政体；实际上，其余所有的政体，正如我所说，都是这两种政体的变种。现在，对一个政体来说，最基本的就是分沾这两种形式，如果它想拥有与智慧相结合的自由和友谊的话。这就是我们的论证所要达成的东西，那时候它将宣布一个没有分沾这两种政体的国

家是永远也不能被正确地组织起来的。

（694B）

作为一个理想的混合政体的例子，柏拉图提到了波斯的国王居鲁士，他给予了被统治者一定程度的自由（694A-694B）。他的理想国家中的一个民主因素出现在下面的这段话中："但是，如果有人认为出现了一种改变的必要，所有人（πάντα δε τόν δῆμον）都必须得到咨询，与所有的官员都必须得到咨询一样；另外，他们必须到所有的神谕那里寻求建议。"（772D）

三位老年人——一个匿名的雅典人、克里特的克里尼阿斯和斯巴达的迈吉洛斯——讨论他们正要建立的被称为马哥尼西亚的新国家的政治制度和法律。首先，克里特人和斯巴达人骄傲地告诉雅典人关于他们的政府和他们的法律的形式，其特点就是著名的公餐和体育训练的制度，但是雅典人却对它们提出批评，原因是它们唯一的目标就是赢得战争。雅典人坚持认为，法律的真正目的应该是赢得国内的战争而不是打败外国，也就是说，建立一个和谐的和没有争斗的国家。为了达到这个目的，法律应该以在公民的灵魂中培育智慧、节制、正义和勇敢为目标（631C-631D，688B，963A）。注意，这个目标在《理想国》和在《法律篇》中是一样的，即使达到这个目标的手段是不同的。正如在讨论《理想国》的时候所提到的那样，对于柏拉图来说，理想的国家是，在这个国家中，它的公民能够过上理想的生活。雅典人说，"所有这些谈话的目标就是去发现一个国家如何能够得到最好的管理，发现作为个体的公民如何能够最好地过他的一生"（702B）。

在整本书中，柏拉图都在讨论有关社会生活的不同方面的法律的细节，但他也强调法律的序言的重要性（718B-718C），该序言应该阐明法律的基本精神和原则。

序言的目的是教育公民，使他们能够自愿地遵从法律。这些原则之

143

一就是，就重要性而言，灵魂、身体和财富应该这样排序。这一主题不断重复地出现（631C，660E，697B，728A 和 870B）。

与此相关的就是柏拉图熟悉的主题"正义是快乐的"，这在第 8 章"柏拉图的伦理学"中已多次提及。雅典人说，"那么，毫无疑问的是，不正义的生活不仅是更低级的和可耻的，而且与正义的和神圣的生活相比较还真的更加不快乐"（663D）。他继续说，

> 即使在这种情况下，这个国家与现在用我们的论证证明出来的这个国家是不同的，那么一个称职的立法者还能够找到比这个更多的有用的谎言（如果他在劝说他们的年轻人向善的事情上敢于使用任何的谎言的话），或者在劝说所有人出于自愿而不是强制在所有的事情上正义地行事的问题上更为有效的东西吗？

这个有名的段落，有时候被称为"一个高贵的谎言"论证，经常被批评为是不道德的。莫罗（Morrow）（1993 年，第 559 页）为柏拉图辩护说，

> 而且，他倡导的道德教育的方法——情感的训练，激情的训导，习惯的养成，附之以原则的教学——恰恰就是那些教师在所有的年龄层中使用的东西，他们认真地训练人的品格。他们试图使灵魂陶醉其中，以便它能够出于本能去热爱那些明智的判断所宣称的最好的东西。

另外，参看科恩（1993 年，第 306 页）的著作，他说，

> 对于柏拉图来说，制造纯粹的习惯性的和无头脑的对社会规范的服从是不够的。尽管，正如亚里士多德也认识到的那样，习惯是社会化的必不可少的出发点，但它必须要得到关于对和错的理解作为补充，只有这种理解才能够提供对德性做出判断所必需的能力的基础。

在第六卷中，讨论了很多种为了制定和实施法律而建立的管理机构和职位。大多数职位，以及选举的方法——一种抽签和选举的混合使用——与古典时代雅典存在的那些方法是相似的。

最重要的职位就是法律的护卫者（νομοφύλακες，在 671D 和 752E 中第一次出现）。37 位成员从年龄在 50 岁和 70 岁之间的公民中选出（755A）。尽管他们在柏拉图时代的雅典实际上并不存在，但在色诺芬的《经济论》（IX，14-15）和亚里士多德的《政治学》（1298B，1322B，1323A）中提到过他们，所以，这样的一个职位一定在希腊的其他地方存在，尽管不是在雅典。斯巴达的监察官（ἔφοροι）有某种类似的职能。每年从年龄在 30 岁以上的人中选出五个人，负责监督两个国王和长老（γερουσία，28 个年龄在 60 岁以上的男子），阐述法律的原则。在梭伦时代，战神山议事会的职能有些类似（参看第 3 章"雅典的民主制度"），但是法律的护卫者并不拥有战神山议事会拥有的所有权力；另一方面，他们也行使着执政官的一些职能。有启发性的是，在《法律篇》中，柏拉图任命了法律的护卫者（νομοφύλακες），而在《理想国》中，则由 φύλακες（护卫者）进行统治。

法律的护卫者的作用有很多，且内容多样。可以把莫罗（1993 年）的详细描述归纳一下，要点如下：

（1）监管各式各样的官员（ἄρχοντες），比如将军（στρατηγοί），负责管理城市的 astynomoi（城市监督官），负责管理市场的 agoranomoi（市场监督官），负责管理乡村的 agronomoi（农业监督官），还有男女祭司。法律的实际实施交给了官员们。法律的护卫者的作用主要是充当一个道德的权威（莫罗，1993 年，第 198 页）。不过，如果在官员和公民之间产生了纠纷，那么，法律的护卫者就要充任仲裁者。法律的护卫者可以在法庭上控告官员。

（2）制定并保护法律。换句话说，法律的护卫者既是 nomothetai

144

（立法者），也是 *nomophylakes*（护法者）（770A）。

（3）登记财产并向那些少报财产的人提出诉讼（754）。

（4）监管个体公民的行为和家庭法。

另外一个独一无二的职位是教育部长（765D），从法律的护卫者中选出。由于教育对于他的理想城市的成功来说发挥着一种至关重要的作用，柏拉图给予了这个职位以最大的重要性。公共监察官（945B），负责监察所有管理职位的行为，与雅典的审计员类似，但在马哥尼西亚则发挥着大得多的作用。他们被授予国家的最高荣誉，还充任国家的祭司。

马哥尼西亚的独一无二的特征之一就是被称为暗夜议会的公共机构（951E–952B）。其成员从公共监察官、法律的护卫者、教育部长以及特别挑选出来曾经出国学习外国的法律和制度的人中选出。他们每天早上开会并讨论法律。他们不仅讨论实际的问题，而且还致力于对法律和道德以及宗教进行基础性的探究。

第十卷的大部分都用来反驳物质主义和无神论。它提供了即使在今天都有用的和相关的文本。柏拉图敏锐地意识到了物质主义和无神论对很多人都具有吸引力，并着手十分谨慎地做出他的反驳。

739C–745B

145　　一开始，雅典人承认，即使在理想状态下，所有的财产应该公有，但作为次一级的最好的政策，私人的占有在马哥尼西亚是被允许的（739A）。土地和房屋会通过抽签在公民中进行平等分配。它们不可以被出卖，要传给后人，不论是亲生的还是收养的。家庭的数量应该总是保持在 5 040 个，如果需要的话，可以通过向外移民的手段来保持这个数字。选择 5 040 这个数字表现出柏拉图对数学的偏爱，因为这个数字等于 $2^4 \times 3^2 \times 5 \times 7$，并且能够被 1 到 10 之间的任何整数整除。

公民们不可以在手工业（$\beta\alpha\nu\alpha\nu\sigma\iota\kappa\delta\varsigma$）中从事那些挣钱的或没有

技术的劳动。然而，从农业的诚实劳作中得到一个合适数量的收益是得到允许的（743D）。马哥尼西亚的居民只能使用国家发行的货币，只能购买国内的商品。在国内，不允许拥有金或银。由于公差或其他必要的原因到外国去的公民可以使用国际货币，但是他们必须在返回之后把剩余的钱交还给国家。嫁妆和有息的借贷是被禁止的。

关于财富与快乐的关系，这个雅典人声称，"对于它们来说，不可能同时既是善的也是极为富有的"（742E）。可以把这个命题和"与一个富人进入上帝的王国相比，一头骆驼通过一个针眼要更容易一些"（《马太福音》，19：24）进行比较。这就是西蒙尼·威尔所称的在古希腊人中存在的一个基督教前兆的另一个证明。还要注意到，"我永远不会对它们做出让步，即承认富人真的会快乐，如果他并不同时是善的话"（743A）。财富对快乐来说既不是充分的又不是必要的，这一点在前面已经被雅典人这样地强调过了："善的人，由于他是有节制的和正义的，因而是幸运的和快乐的，不论他是伟大还是渺小，强壮还是虚弱，富有还是贫穷。"（660E）贪婪的巨大危害在下面一段话中得到了强调：

> 最厉害的是贪欲，它掌控了一个灵魂，它被欲望变得野蛮；它尤其会出现在与这样的对象发生关联的时候。为了得到这个对象，最经常的和最强烈的渴求折磨着大量的人——财富拥有着对他们的控制力，由于他们的品性的恶劣和缺乏教养，在他们当中滋生出对其不能满足的和无穷获取的无尽的欲求。对于这种教养的缺乏，原因可以在希腊人和蛮族人的普通谈话中对财富的错误赞美中找到；通过把它抬高到善的第一位，在它应该仅仅处在第三位的时候，他们既毁了他们的后代，也毁了他们自己。

（870A）

一个类似的描述还可以在 831C 中找到。

土地和房屋最初在公民之间通过抽签平均分配，土地和房屋的买卖是被禁止的。四个财产等级得到了界定（744B-745A），公共职位、税费、罚金和钱财的分配都是根据财产等级的划分来进行的。政府应该实施监管以确保最穷的人的财产不应该低于被分配的土地的估价，第三等级（仅次于最穷的等级）、第二等级和第一等级（最富有的）的成员的财产不应该超过被分配的土地估价的两倍、三倍和四倍。任何超出被分配的土地估价的四倍的部分都必须要交还给国家。柏拉图设置财产的较高和较低限额的原因是，他清楚地认识到，如果富人和穷人的差距增长到了一个平衡将要被打破水平的话，就会出现内部冲突的危险。在《理想国》里，他批评了一个寡头政府（551D），他说："这样的一座城市不是一个，而必然是两个，即穷人的城市和富人的城市，在同一个地方居住，都在密谋破坏对方。"柏拉图也是这么看待他生活的时代的雅典的。

任何公民都能够参加公民大会；对于第一和第二等级的公民来说，参加公民大会是必须的，缺席的话就会受到 10 德拉克马的惩罚，而对于第三和第四等级的公民来说则不是必须要参加的（764A）。尽管在参与政府的事务上并不存在等级的限制，但对某些公共职位来说还是存在某种限制的，例如，只有第一等级的公民可以成为城市监督官（*astynomoi*），也只有第一和第二等级的公民可以成为市场监督官（*agoranomoi*）。

846D-850D

公民们不应该是有技术的工人（δημιουργοί）。前面提到过，公民们不应该是没有技术的工人（βάναυσοι），但原因是不一样的。公民们不应该是没有技术的工人，因为这样的工作是不健康的和低下的。公民不应该是有技术的工人，因为一个人只应该有一种工作，一个公民的工作是从事政治和公共服务。柏拉图对任何 *technē*（技艺）都极为尊重，不论是公共服务的 *technē* 还是一个有技术的工人的 *technē*。

　　除了战争所需，所有的进出口都必须禁止。军需品由国家进行管理。在第 4 卷的开始，雅典人建议，马哥尼西亚应该建在一个山区的腹地。进口和出口都不受到鼓励，因为这个国家离海很远，还因为它并没有能够提供出口的丰富资源（705A-B）。国际贸易不受到鼓励，因为从中得到的大量财富将会腐蚀公民。

　　农业的产出分为三个部分：第一个部分被分配给公民，第二个部分给他们的奴隶（我们从 806D 得知，农业上的所有工作都是由奴隶承担的），第三个部分分配给包括有技术的工人在内的外邦人。只有第三个部分在市场上出售。公民们和他们的奴隶不能在市场上买卖农产品。对于其他的物品，他们可以这样做。借贷被禁止。对于出售产品的数量和所出的价格都会有法律上的限制。市场监督官（*agoranomoi*）会对市场上的行为适时监管。

914E-921D

　　卖和买只允许在专门的市场里进行。当一个人在市场上兜售商品，他就应该在整个一天中出一种价格。那些出售假冒商品的人将会受到惩罚。

　　柏拉图承认零售商业（*καπηλεία*）从理想上讲是一个有用的职业。然而，在现实中，大多数从事零售商业的人都会受到诱惑去寻求超出正义的要求之外的利益：

> 　　这个阶级的人很少有人能够如此——很少是由于本性，也没有受到过最好的训练——当他们陷入各种各样的需求和欲望的时候，他们能够牢牢地坚守中道，当他们拥有力量获得更多的财富的时候，他们会保持冷静，选择恰当的数量而不是更大的数量。大多数人的性情恰恰与此相反；当他们想要什么东西的时候，他们就想得到无限多的这种东西，当他们可以得到适度的收益的时候，他们却宁愿选择贪得无厌。
>
> （918D）

因而,柏拉图对于零售商业制定出以下的政策:(1)把零售商人的数量减少到最少。(2)那些从事零售商业的人应该属于这样的一个阶级,他们的腐败不会对国家造成大的伤害——换句话说,他们应该是外邦人和外国人。(3)找到一些方法阻止零售商业轻易地陷入腐败和堕落。官员们应该就零售商人被允许获取的合适的利润率公布指导原则。

柏拉图认识到,富有和贫穷都是坏的:"实际上,在这件事上,我们现在的斗争针对的是两种危害,即贫穷和富足,其中的一种会用奢侈腐蚀人的灵魂,另外一种则用痛苦的方式使它陷入无耻的境地。"(919C)

正如我在上面所提到的,柏拉图很尊敬有技术的工人。参看920E;在那里,雅典人说,

> 专属于赫淮斯托斯和雅典娜的是工匠阶级（δημιουργοι），他们用技艺（τέχναι）来装饰我们的生活;用其他的防御性的技艺来保护这些工匠的产品的是专属于阿瑞斯和雅典娜的那些人;这个阶级也正当地属于这些神灵。

不过,与体面相伴随的是责任,雅典人继续说,

> 这些人都要不断地服务于国家和人民:一个阶级是战争竞赛的领导者,另一个阶级为了报酬生产工具和建造防御工事;对于这些人来说,在他们手艺上说谎是不体面的,因为他们很尊敬他们的神圣祖先。

他们还被告诫不要对他们的产品给出过高的估价,而只是根据其"实际的价值"来定价(921B)。柏拉图并没有解释什么样的价格与一件产品的实际价值是相当的。工匠也会受到保护,以避免受到不老实的买主的欺骗。任何一个破坏了与一个工匠签订的契约而没有在合同规定的

148

期限内支付钱款的人必须付出总额和利息的两倍。这是禁止有息借贷的普遍规则的一个例外。

我们已经看到，公民禁止充当无技术的劳力、有技术的劳力和从事零售贸易。更为根本的是，一个公民不要为了报酬而为其他人工作。然而，为父母或老年人服务在某种意义上却适合于一个自由人的身份，这是一个例外。

与经济学相关的其他事项

949D 捐助被看作是义务性质的。

955D-E 在一个丰收的年份，税率是根据收入来计算的；在其他的年份，则根据财富的估价来计算。

对待奴隶

776B-778A 柏拉图以奴隶开始了他的对话，说这是一个困难的问题。他把奴隶（oἰκέτης）看作是家庭的财产（κτῆμα）。

他承认一些奴隶有着卓越的品质，"在过去，很多奴隶都证明了他们自己在所有形式的卓越上都要优于兄弟和儿子们，他们救了他们的主人、他们的货物和他们的整个房屋"（776D-776E）。另一方面，他继续说，一些人却有着极端的看法，即奴隶是没有灵魂的。

雇佣来自于不同地区的奴隶是明智的，这样的话，他们不会发动起义。

奴隶不应该受到傲慢（hybris）的对待；然而，他们不应该被过分纵容，如果需要的话应该受到惩罚。

914E-915C 主人有权抓捕逃跑的奴隶。

被释奴应该每个月拜访他们的前主人并提供服务。他们不应该拥有比他们的前主人还要多的财富。

对待妇女

正如我们在下面这些段落中所看到的那样，柏拉图展现出对妇女的一种模棱两可的态度。

742C　正如在上面的 739C–745B 中所提到的，柏拉图建议应该废除嫁妆。这将会削弱妇女的地位（参看第 2 章"社会和文化"中的"妇女的地位"部分）。

781A　"女性，这部分人——由于其脆弱性——在其他的方面是最遮遮掩掩的和诡计多端的。"

781B　"在德性（ἀρετή）方面，女人在天性上是低于男人的。"

804E　男人和女人在教育和训练上应该平等对待。

937A　自由妇女在到了 40 岁之后就应该被允许在法庭上作证，为她们进行辩护。如果她们没有丈夫，她们还可以在法庭上诉。

944D　一个在战场上丢弃武器的男人就应该被改变为一个女人（如果这样做是可能的话）。

第 11 章　亚里士多德的经济学

1.《伦理学》第 5 卷（至 1134A15）

正义有两种意思：一种是一般的，另外一种是特殊的。一般含义的 150
正义，就是我们一直在讨论的比如柏拉图的《理想国》中的正义。特殊
含义的正义与收益分配中的公平有关。因而，为了性欲的满足与另外一
个男人的妻子上床的男子就是犯了自我放纵和一般意义上的不正义的
错误，而一个为了获得收益而这样做的男人就不是自我放纵了，而是犯
了特殊意义上的不正义的错误（1130A25）。

亚里士多德在设法使正义的概念符合于他的中道的理论上没有成
功。不过，这对理解作为情感的一种适量的展示的正义的问题上也没
有什么帮助。所以，最好把与这个观点相关的那一章的有关部分先放
在一边。

亚里士多德声称，（特殊含义上的）分配正义（justice in distribution）
是由几何比例支配的。这就是说，如果 F（A）和 F（B）是 A 和 B 两
个人的价值（荣誉、财富等），S（A）和 S（B）是他们的份额，我们就
必须有 S（A）/S（B）＝ F（A）/F（B）（1131B5）。这种分配的一个
例子出现在《政治学》（1318A10-1318A40）中。在这里，亚里士多德
考虑根据财富来决定人民的选票，也就是说，如果 A 拥有两倍于 B 的

财富，那么 A 就应被给予两倍于 B 的选票。

另一方面，矫正正义（justice in rectification）则是由算术比例来决定的。也就是说，如果 A 从 B 那里不正义地获得了 X，A 就必须把 X 还给 B。在这里，与分配的例子不同，A 必须要还给 B 的数量与 A 和 B 的价值无关（1132A1）。

接下来，亚里士多德提出了一个价格理论，更为确切地说，是两种商品之间的交换律，并且提出交换律也应该遵循比例的原则。这个论证的主要观点在以下的引文中表达了出来：

> 因此，当商品被画上等号的时候就存在着对等的比例，比如农民对鞋匠，鞋匠的产品对农民的产品。

> （1133A33—35，H.拉克姆英译，劳埃伯古典丛书）

151　　这句话的模糊导致了后来的学者做出了很多不同的解释。让我们用 N 代表农民，用 K 代表鞋匠，用 P（N）代表农民的产品的价格，用 P（K）代表鞋匠的产品的价格。如果上面这句话从字面上来解释，它就成为 N/K ＝ P（N）/P（K），这没有什么意义。因此，我们必须把它解释成为 F（N）/F（K）＝ P（N）/P（K），在这里功能 F 得到了恰当的界定。问题是，F 是什么？

最自然的解释就是把 F 看作是需求或效用。在这种情况下，F（N）就被界定为鞋匠对于农民的产品的需求。这种解释的基础就在于以下的引文：

> 因为没有这种对等的比例，就不会有交换，也不会有交往；除非这里提到的商品在某种程度上是相等的，否则是没有保障的。因此，必然的情况是所有的商品都应该用某种单一的标准来衡量，就像我们在前面所说的那样。这个标准在现实中就是需求，正是它把所有的东西聚

集在了一起……

（1133A26-1133A33）

拉克姆在这里翻译成 demand（需求）的希腊词是 χρεία，但最好的译法是 need（需要）或 utility（效用）。亚里士多德天才地发现了不同的物品是如何能够用 chreia 变成可以测度的东西。我把这种解释称为价值的效用理论。在这些英语单词之间有着微妙的差别。need（需要）是最基本的。然而，亚里士多德充分意识到了一种善的效用来自于基本需要以外的其他要素，比如稀少（《修辞学》，1364A）或引人注目（《修辞学》，1365B）。需求意味着一种积极的欲望和需要。例如，一个富人和一个穷人可能有等量的对某一种食物的需要，但是前者拥有一种更大的需求，因为他能够出更多的钱。亚里士多德不太可能想到需求。

第二个解释就是劳动价值论。这是托马斯·阿奎那和卡尔·马克思所倡导的。在这种情况下，F（N）就被看作是用于生产商品的劳动力。亚里士多德没有直接地提到劳动力。这种解释是建立在以下引文的基础上的：

> 但是在服务的交换中，以"互惠"为形式的正义就是维持联合的纽带：互惠性是建立在比例的基础上，而不是以平等为基础。国家的存在正是依赖于合乎比例的互惠性……是交换把它们聚合在一起。
>
> （1132B32-35）

这里的关键词是"联合的维持"。正像在前面所提到的那样，柏拉图的理想是建立起一个城邦，在那里，公民们能够过一种快乐（eudaimōn）的生活，对于亚里士多德也同样是如此。联合的维持对此是必要的。如果劳动力的价格没有得到充分的补偿，就会产生不满，联合的维持就将成为不可能的了。

152 　　亚里士多德强调了联合的加强是交换的一种结果。这是一个与非个人的市场交换的明显区别。把这个观点与亚当·斯密的比较一下："我们期待的食物，并不是出自于屠夫、酿酒者和面包师的仁慈，而是出自于他们对他们自身利益的关注。"(《国富论》，第1卷，第2章，第15页)还有，

　　　　通过以这样的一种方式来引导这个产业，即它的产品可能会产生更大的价值，他想得到的只是其自身的收益。跟很多其他的情况一样，他是受到了一只看不见的手的引导，去促成一个并不是他的目的的一个组成部分的目标。它不是它的一个部分，对社会来说也并不总是更坏的事情。通过追求他自己的利益，常常比他真的想要这样做能够更有效地提升社会的利益。

　　　　　　　　　　　　　　　　　　(第4卷，第2章，第485页)

　　第三种解释是波兰尼提出来的（1968年）。它把F（N）和F（K）解释成为农民和鞋匠的社会地位。这取代了前面提到的亚里士多德的价格分配理论中的一个人的份额。

　　在这里应该注意的是，亚里士多德的价格理论关注的是当两个人把商品带到市场上的时候一种交换率的确定，这些商品已经被制造出来，他们试图交换它们。除了正要进行交换的这些人的心理上的影响之外，生产的过程被忽略了，其他生产者和消费者的存在也被忽略了。因此，它与现代经济学的主要目标不同，即由需求和供给之间的平衡来决定市场价格。

　　不过，有一些现代经济学所分析的问题，亚里士多德也考虑到了。其中最有名的例子就是埃奇沃思（Edgeworth）的契约曲线。埃奇沃思表明，两个人的交换率被包含在一个点的序列中（也就是契约曲线），其中相互之间的无差异曲线拥有相同的正切线，且并不只是由效用最

大化的原则来决定。在图 11.1 中，交易者 X 的无差异曲线被用带点的
曲线表示出来。他的效用随着他的位置向东北方向移动——这表明拥
有更多的苹果和橘子——而变得越来越大。一条单一的无差异曲线上
效用保持不变。交易者 Y 的无差异曲线被用实线表示出来。他的效用
随着他的位置向西南方向移动而变得越来越大。假设两位交易者的初
始位置用点 A 表示出来，意思是 X 只有苹果，Y 只有橘子。随着交易
的开始，两位交易者将再也不会停留在像 B 这样的点上，因为通过从
B 运动到 C，他达到了一个拥有更高效用的位置，交易者 X 将会富裕起
来，而交易者 Y 的效用仍旧保持不变。因此，只有在这个曲线与无差异
曲线的正切点连在一起的时候，交易才能发生。

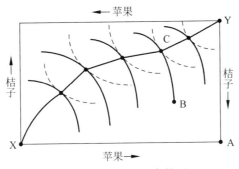

图 11.1　埃奇沃思盒状图

　　在现实中，一个独一无二的交换率必须被确定下来，这将依赖于卷
入交换的双方的谈判的能力。由于谈判的能力可能是由比如他们的地
位、荣誉、财富和用于生产的劳力这些事情决定的，所以，上面提到的
三种解释在某种意义上就是相互关联的。在注意到需要或效用通过使
不同的事物成为可以公约的而使交换成为可能之后，亚里士多德说使
交换变得顺畅的是金钱（1133A33），并且详细阐述了一种令人惊讶的
现代货币理论。像柏拉图一样，亚里士多德也不认为通货本身就有价
值，而是作为法定货币或不兑现纸币。这与下面的事实并非无关，即用
于"通货"（*nomisma*）的希腊文就来源于 *nomos*（习俗、法律）。亚里

153

士多德声称，"货币给了我们一个未来交换的保证"（1133B11），货币像任何其他商品一样会改变它的价值，只是没有那么多罢了（1133B17）。

2. 《政治学》第 1 卷

亚里士多德的《伦理学》以这样的评论作为结束："让我们接着开始我们的讨论。"在这里，亚里士多德的意思是政治学的讨论。在《伦理学》中，他考虑的是对于一个人来说什么是最好的生活。因为对于亚里士多德来说，正如对柏拉图来说，最好的国家就是，在这个国家中一个人能够过上最好的生活，所以《伦理学》后紧接着《政治学》是很自然的。在《政治学》的开头，这种看法得到了如下的明确表述：

> 我们把每个国家都看作一种共同体，而每个共同体的形成都是为了某种善（因为所有人的所有行为都是为了他们所认为是善的东西而做出的）。因而，很明显的是，在所有的共同体都把目标指向某种善的情况下，所有共同体当中最高等级的且包括了其他的共同体的共同体就是为了实现所有的善，且目标指向所有的善中的最高等级的善；这就是被称为国家的共同体，即政治的联合体。
>
> （1252A1-6；我把拉克姆的译本中的 partnership［合作伙伴］改成了 community［共同体］［κοινωνία］）

154

最小的共同体是一个家庭，下面一步就是由很多个家庭组成的村落，共同体最后的完善的形式就是由很多个村落组成的国家。亚里士多德相信，一个家庭、一个村落和一个国家都是自然产生的，国家是共同体的最后的和最好的形式，因为在一个国家中实现了自给自足（αὐτάρκεια）（1253A1）。人类能够靠他们自己而存在，因而，只有在他们形成了一个国家的时候，他们才能够满足他们所有的需要而成为自足的。换句话说，"从本性上讲人是政治的动物"（1253A2）。

当亚里士多德说一个国家自然产生的时候，他的意思并不是在一个蜜蜂的共同体是自然形成的意义上。由于理性是人性的一个组成部分，他确实希望它能够在一个国家的形成过程中发挥作用。所以，我们能够说，与亚当·斯密的关系相比，亚里士多德更接近柏拉图，斯密预先设定了一个人倾向于交易、以物易物和交换。与一个蜜蜂的共同体不同，它总是一个样子，一个人类的共同体既能够是好的，也能够是坏的。只有当理性和德性充满了它的时候才会是好的（1253A35）。

不过，在对待国家起源的问题上，柏拉图和亚里士多德之间还是有一个区别。柏拉图把它归之于不同职业的成员之间的劳动分工，而亚里士多德则把它归之于家庭和村落之间彼此的需要。

在第一卷中，亚里士多德讨论了家庭的管理（οἰκονομία）。它有两个部分：一个是关于人的关系，另外一个是关于必需品的获取。尽管亚里士多德后来说（1259B18-1259B19），人的关系比必需品的获取重要得多，但他还是先讨论了后者。

然而，由于亚里士多德把奴隶看作半人和半工具，所以奴隶在两个部分中都被讨论到了。他说，"一个奴隶是一件活着的财物"（1253B32）。亚里士多德问，奴隶之所以为奴隶是由于本性（φύσις）还是由于习俗（νόμος）？他相信，大部分奴隶是由于本性。但他意识到了有很多学者不同意他的观点，后来（1255B5）他勉强地承认，可能有一些奴隶是由于习俗才成为奴隶的，也就是说，他们拥有所有的成为自由人的品质。该如何把奴隶（那些天生是奴隶的人）和自由人区分开呢？"因为他在本性上是一个奴隶……分沾了一些理性达到了能够理解它但不能够拥有它的程度。"（1254B21-22）

在他那个时代，一个不同意亚里士多德的看法的杰出学者之一就是安提丰（公元前 480—前 411 年），他认为所有人都属于一个物种，因而在生物学上是没有什么区别的（哈弗洛克［Havelock］，1957 年，第 256—257 页）。另外一个就是阿奇达玛斯，高尔吉亚的一位学生，他说，"神让所有人都是自由的；自然没有把一个人变成奴隶"（亚里士多德的《修辞学》的一个脚注，J. H. 费里兹英译，劳埃伯古典丛书，1373B2）。其他对奴隶抱有同情心的还有欧里庇得斯（多福尔，1994年，第 114—116 页）和色诺芬（波默罗伊，1994 年，第 66 页）。

155　　　在继续我们的讨论之前，我们需要说一说术语的问题（参看本章的末尾）。有四种技艺被提到：家庭管理的技艺（οἰκονομική）、获得财产的技艺（κτητική）、获得财富的技艺（χρηματιστική）和零售贸易的技艺（καπηλική）。"获得财产的技艺"是"家庭管理的技艺"的正当组成部分，其他的部分是关于人与人之间的关系的技艺。"获得财富的技艺"有两个意思：正当的和不正当的。在正当的意思上它与"获得财产的技艺"是合一的。它是获得食物和包括奴隶在内的其他必需的家庭财产的技艺，不论是直接的方式还是通过与其他的家庭交换产品的方式。在不正当的意义上，它与"零售贸易的技艺"相重合。交易的实现或是通过物物交换，或是通过使用货币。使用梅克尔（Meikle）（1979 年）的象征性的展示的话，前一种交易可以用 C-C 来代表，意思是一件商品被用来换取另外一件商品，而后一种则是 C-M-C，意思是一件商品被用来换取货币，接着再用货币换取另外一件商品。亚里士多德将会对它们都采取赞成的态度，因为两种类型交易的目的都是为了获取必需的商品，因而对于得到的数量都有一种自然的限制。在这里，货币的使用只是作为一种交换的方式，而不是一个要获取的目标。

　　然而，只要货币被发明出来，那么"获得财富的技艺"的不正当的意思就会产生出来，即"零售贸易的技艺"。与获得财富的正当技艺不同，一个人想要获得的货币数量并没有天然限制（1257B24）。贪婪驱使一个人去试图获得更多的货币。这种行为的象征性的展示就是 M-C-M（货币—商品—货币），"零售贸易的技艺"基本上与"家庭管理的技艺"是相反的。不过，一些人会错误地认为增加财富是家庭管理的目的（1257B39），"零售贸易的技艺"会侵入到"家庭管理的技艺"的领地内，因而造成了"获得财富的技艺"的不正当的意思的产生。亚里士多德不赞成 M-C-M。不过，他更为强烈地拒斥的是有息借贷，说它是获取财富的所有形式中最不自然的（1258B37）。用公式来表示，这种行为可以用 M-M 来代表。

作为获取货币的可耻方式的例证，亚里士多德提到过哲学家泰勒斯和一个西西里人的故事。为了表明一个哲学家能够做有用的事，泰勒斯用他的天文学知识预测了一次橄榄的大丰收，事先买下了这个地区所有的榨油坊，赚了一大笔钱（1259A7-17）。一个西西里人大量买进铁，实行了价格的垄断，获得了丰厚的利润（1259A24-27）。

这部分关于家庭管理的讨论与第 12 部分开始的关于人与人的关系的讨论（1259A37）相关。亚里士多德讨论了一个男人和奴隶、一个男人和妻子以及一个男人和一个孩子的恰当关系。他们是在这种信念的基础上来加以界定的，即"奴隶完全没有自愿的部分，妇女有这个部分，但没有充分的权威，孩子也有这个部分，但却是以一种低级的形式"（1260A13-15）。不过，由于奴隶能够"分沾理性"（1259B29），所以只使用命令是错误的，"劝诫被用在奴隶的身上比用在孩子的身上要更为恰当"（1260B6-7）。与苏格拉底不同，苏格拉底认为德性对于每个人来说都是一样的，不论是一个男人、女人还是孩子（柏拉图，《美诺篇》，72A-73C），亚里士多德相信，德性对于每个种类的人一定是不同的（1260A22-23）。

156

3. 政治理论

由于亚里士多德是一个定居的外邦人（metic），所以他是不允许参政的。然而，在《政治学》中，他运用一个十分广泛的对希腊当时存在的很多种政体形式的经验性研究提出了他自己的政治理念。而且，在

《雅典政制》当中，他展示了从古代到公元前 4 世纪下半叶的雅典政治史。与柏拉图相似，亚里士多德也有一种贵族制的倾向，因而他对贵族政体（也就是说由那些最优秀的人［aristos］来统治）抱有同情；不过，他比柏拉图更愿意认同民主制度的好处。在《政治学》（1281B 和 1286A）中，通过阐述以下的观点，亚里士多德认可了民主制度的一个好处，即即使构成了大多数的个人可能在智慧上是较为低下的，但大多数人的全部智慧还是能够超越少数智慧很高的人，就像一顿由很多人来准备的饭菜，每个人带来一种菜，就是比一个人准备的要好。亚里士多德似乎认为贵族制和民主制的一种结合是比较理想的，就像柏拉图在《法律篇》中所倡导的那种政体。不过，亚里士多德没有柏拉图民主，正像前面所提到的那样，他更为歧视妇女和奴隶。与色诺芬的伊斯霍马库斯——他认可她的妻子的个性并把奴隶当作人来对待——形成对比的是，在《政治学》的第 1 卷，他描述了一个家庭中的理想的人际关系，其中妻子完全服从于丈夫，而奴隶被当作财产来使用。

亚里士多德对柏拉图在《理想国》中的这个建议予以了严厉的批评，即哲学王不应该拥有私有财产，应该共妻共子。他的理由是人们只关心那些他们拥有的事物，如果一个人没有自己的私产，也就不再会有慷慨的展现，对妇女的共同占有将会夺去男人的节制的美德。

尽管亚里士多德自己不能参与政治，但他却称赞参政议政是一种幸福的生活，《尼各马科伦理学》的第十卷中的观点是一个例外。在那里，他倡导一种沉思的生活，把它看作是幸福的，把参与政治降低为次一级最好的，就像在前面所提到的那样。

4. 波兰尼，"亚里士多德发现了经济"

波兰尼是一个"原始派"和"实质派"。即使他基本上是一个"原始派"，但他的评论有时候是矛盾的。在第 105 页，他声称，"亚里士多

德不知道供求—需求—价格机制"。但在第 106 页，他却承认，

　　因而，雅典的阿戈拉在大约两百年里在爱琴海建立了一个市场，可以说这体现了一种市场机制。亚里士多德在这个时期的后半段写作，认识到了一些由于价格的差异而获利的早期事例，以此作为商业组织上发展的实际的证明。

更重要的是，在第 101 页，波兰尼注意到，

　　阿戈拉的第一个可信的记载出现在公元前 5 世纪，那时候它已经确定无疑地被建立起来，尽管仍旧有争论。贯穿其早期历史发展过程的是小面额货币的使用和食品的零售业同时存在。其在雅典的出现因而应该与公元前 6 世纪早期的奥波尔的铸造相吻合。

证据似乎并不能支持我早已指出的他的原始派的论点。

在第 87—93 页，波兰尼描绘了由像玛格丽特·米德和马林诺夫斯基这样的人类学家所报道的原始社会的特点。不论他们的报道是否准确，与古典时代的雅典相比，波兰尼的原始派的和实质派的观点似乎更加适用于这些人类学家所描述的那些原始社会。波兰尼对经济的界定如下：人和他的环境之间的一种制度化的互动过程，其结果就是持续供应满足物质需要的手段。注意，波兰尼在经济的决策中，力图小心地避免人的有意识的和理性的考虑的介入。相反，现代正规的对经济的界定则是"把稀缺的手段分配给不同的目标"（罗宾斯［Robbins］，1984年）。在这里，这个分配不论是由一个国家还是由市场来完成，都包含了人的理性决策。

波兰尼对亚里士多德关于如何确定一个农民（或一个建筑工人）和一个制鞋者之间的交换率的著名段落（1133A33-35）的解释，在以

157

下的引文中得到了最好的展示：

> 交换率必定成为维持共同体的东西。再一次，不是个体的利益，而是共同体的利益成为了占据主导地位的原则。不同社会地位的人们的技艺必须以一种与每种地位相适合的比率进行交换：建筑工人的工作与皮匠的工作进行交换的时候，其收入要高出很多倍；除非这样，否则互惠将会受到破坏，共同体难以维持。

（第 107 页）

亚里士多德的术语

家庭管理的技艺（*οἰκονομική*）

人与人的关系

获得财产的技艺（*κτητική*）　　获得财富的技艺（*χρηματιστική*）

（C-C，C-M-C）　　　　　　的正当的含义

零售贸易的技艺（*καπηλική*）　获得财富的技艺（*χρηματισιτική*）

（M-C-M，M-M）　　　　　　的不正当的含义

第12章　功利主义

1. 边沁

　　杰里米·边沁（1748—1832 年）通常被看作是功利主义之父。尽
管弗朗西斯·哈奇森（1694—1832 年）和大卫·休谟（1711—1776 年）
与边沁拥有相似的观点，但边沁第一个使用"功利主义"这个词，并在
1789 年出版的《道德与立法原理导论》一书中系统地阐述了这一观点。
边沁在这本著作中的主要目标是力图改革英国的刑法，英国的刑法仍
旧建立在中世纪的观念，"即罪犯应该为了惩罚的目的而受到惩罚"之
上。边沁认为，处罚应该为了使社会的效用或幸福最大化。他声称，"所
有的惩罚本身都是邪恶的"。在他的人道主义方法中，边沁主义是欧洲
启蒙哲学的一个组成部分。

　　边沁的功利主义是粗糙的，有很多缺陷，其中一些已经得到了后
来学者的纠正。他的一个基本的错误就是认为快乐是感觉，这在两千
多年以前就已经被亚里士多德反驳过了。边沁是这样定义效用的："诉
诸效用的意思就是任何事物的某种属性，靠这种属性，它就可以产生
利益、好处、快乐、善或幸福（在这种情况下，所有这些都是同一种东
西）。"（第 12 页）这样说是会招致误解的，即效用是一种事物的某种
属性，因为它并不是属于这种事物的某种东西，与使用它的这个人无

关。我们必须总是对 A 这个人说到事物 X 的效用 U，所以我们能够说
U 是 X 和 A 的一种效用，用等式表示就是 U＝F（X，A）。对边沁来
说，效用、利益、好处、快乐、善或幸福表示的都是同样一种事物。边沁
认识到四种不同的快乐和痛苦的来源：身体上的、政治上的、道德上的
和宗教上的。因而，我们可以把边沁的伦理学理论看作是心理上的享乐
主义。他认为所有的快乐，不论来源是什么，都是同质的和可以测量的。
而且，他相信不同的人的快乐（效用）可以比较和添加。这就会产生一
个难以解决的人与人之间的效用如何进行比较的问题，这在道德哲学
家之间成为了一个争论十分激烈的问题。社会中，所有人的效用的总和
被称为社会的福利。边沁把社会福利的最大化称为"效用的原则"，这
是他的伦理理论的核心。他把这种观念概括为"对大多数人的最大的
快乐"。

159　　关于边沁的效用原则有很多歧义。我们并不清楚边沁是认为一个
个人应该以这样的一种方式行事以使社会的福利最大化，还是使他自
己的效用最大化。在下面一段话中，边沁把前者看作公共的伦理，把后
者看作私人的伦理（第 293 页）：

> 私人的伦理教授的是每个人如何使他自己走上最能够导致他自己
> 的快乐的道路，其途径就是提供那些能够满足这样的动机的东西：立
> 法的技艺（这或许被看作是法学科学的一个分支）教授的是组成了一
> 个共同体的大众是如何走上这样一条道路的，这条道路对全体人民来
> 说最能够导致整个共同体的快乐。

边沁是以这样的评论作为他的书的开头的："自然把人置于两个至
高无上的主人的统治之下，即痛苦和快乐。仅仅由于它们，就可以指
出我们应该怎么做，以及确定我们会怎么做。"（第 11 页）同样的观
点早在两千多年以前就已经被德谟克利特采纳了（参看卡拉雅尼斯

［Karayiannis］，1988 年）。如果他的效用原则是社会福利的最大化，那么，一个人的个人利益如何能够服从于普遍的福利则是不清楚的。一个可能的解释是，边沁希望——不过有点模糊——两种利益能够通过同情和仁慈被调和在一起，就像下面这段话中所显示出来的那样："哪些动机可以使一个人必须要去顾及另外一个人的快乐？""首先，在所有的情况下，他都拥有纯粹的同情或仁慈的社会动机；第二，在大多数情况下，他都拥有爱好和睦和热爱荣誉的这些半社会的动机。"（第 284 页）看上去使人怀疑的是，这些社会动机足以使这些个人放弃他们对快乐的追求以使社会的福利最大化。对功利主义做出这样的批评是正当的，即个人为了普遍的福利而做出了太多的牺牲了（参看罗尔斯在"对功利主义的进一步的评论"部分的批评意见）。

　　下面的刻薄但却贴切的对边沁的评论是由卡尔·马克思在《资本论》第 1 卷的第 571 页做出的（引自米勒，1992 年，第 279 页）：

> 　　边沁是一个纯粹的英国现象。即使不把我们的哲学家克里斯蒂安·沃尔夫排除在外，在任何时候和任何国家都不曾有过这种最简陋的老生常谈以这种如此自满的方式招摇过市。效用原则并不是边沁的发现。他只是以他自己的笨拙的方式复制了爱尔维修和其他的法国人在 18 世纪已经精神抖擞地说过的东西而已。为了知道什么对一只狗来说是有用的，我们就应该研究狗的天性。这种天性本身并不是从效用原则中推演出来的。把这个原则运用到人身上的话，那些批判所有的人的行为、动作、关系等事物的人，根据效用原则，必须要首先面对一般的人性，接着研究每个历史时期所形成的人性。边沁很少做这样的工作。带着最冷冰冰的天真，他把现代的店主，尤其是英国的店主，看作是标准的人。不论什么东西对这个古怪的标准的人有用，以及对他的世界有用，就绝对是有用的……如果我拥有我的朋友海因里希·海涅的勇气的话，我就会把杰里米先生以一种资产阶级的愚蠢的方式称

160

为天才。

2. 约翰·斯图亚特·密尔

约翰·斯图亚特·密尔（1806—1873 年）从很小的时候起就由他的父亲詹姆斯·密尔在家里接受一种私人的教育。它有一种强烈的功利主义的偏见，因为詹姆斯·密尔是边沁的密友，他自己就是一个坚定的功利主义者。J.S. 密尔（下面简称密尔）也受到过良好的希腊哲学的教育。在他成年之后，他开始对边沁大失所望，并背叛了他的父亲；这样说似乎是恰当的，即在他生命的这个阶段，与边沁相比，他与亚里士多德的思想更为接近。在他的一篇发表于 1833 年的名为《对边沁哲学的评论》的文章中，密尔"坚决地拒绝接受边沁的看重伦理理论的看法"（斯卡里［Scarre］，1996 年，第 88 页）。在他发表于 1838 年的题为《边沁》的文章中，密尔写道：

> 人从未把自己看成是一个能够把追求精神上的完美当作目标的存在；为了其自身的目的，以其自身的卓越的标准向往他自身的品质的和谐，没有对善的希望或对邪恶的恐惧，这些都不是源自其他，而是来自于他自己的内在意识。
>
> （斯卡里，1996 年，第 88 页）

然而，在 19 世纪 40 和 50 年代，在女权主义者哈瑞特·泰勒（Harriet Taylor）的影响下，密尔对边沁的批评有所缓和。1851 年，在持续了 20 年的友谊之后，他娶了泰勒为妻。在出版于 1873 年的自传中，密尔写道：

> 在我的这个精神发展的第三个阶段中（如果可以这样称呼的话），

现在我们手牵手地走在一起，我的观念在广度和深度上都有进展，我理
解了更多的事情，我从前理解的事情现在理解得更为彻底了……我现
在完全从我以前对边沁主义的过度反应中回心转意了。

（斯卡里，1996 年，第 90—91 页）

正是在这种已经改变的境况下，密尔写了他的《功利主义》，于 1861 年
出版。

3. 密尔的功利主义

我将从密尔的著作《功利主义》中选出一些重要的段落，直接或间
接摘引，后边是我的评论。在他的著作中，我们可以看到密尔对功利主
义的摇摆不定的态度。括号里指的是由乔治·希尔编辑的约翰·斯图亚
特·密尔的《功利主义》的版本（哈基特出版公司，1979 年）中的页码。

苏格拉底听着年老的普罗泰戈拉的见解，就坚持功利主义的理论，　161
而反对所谓的智者的大众道德。

（第 1 页）

这显示出密尔对柏拉图的《普罗泰戈拉篇》的肤浅的理解。（参看第 8
章"柏拉图的伦理学"中的"普罗泰戈拉"。）

认识到这个事实是与效用原则十分契合的，即某些种类的快乐比
其他种类的快乐更加具有吸引力，且更加珍贵。这将是很荒谬的，即在
对所有其他的事情做出估价的时候，质量被看作与数量一样的东西，因
而对快乐的估价就应会被认为是仅仅依赖于数量。

（第 8 页）

一旦一个人开始讨论快乐的质量，简单的享乐主义的计算法就变得不可能了。这将必然导致一种对边沁的功利主义的背离。

> 密尔相信一个人会选择一种较高质量的快乐而不是较低质量的快乐，"即使知道它将伴随着更大数量的不满足"。
>
> （第8页）

由于不满足是快乐的反面，这个评论就等同于把放弃所有的快乐当作行动的标准了。

> 一个更高级的官能的存在需要更多的东西使他快乐，可能也会有更多的剧烈的痛苦，当然与一种较低级的类型相比，它也会在更多的时候可以得到；尽管有这些倾向，他也绝不会真的希望下降到一个较低级的存在的感受中去。
>
> （第9页）

一个令人敬佩的反功利主义的座右铭。

> ……一种尊严感，是所有人都有的，以这种或那种形式……
>
> （第9页）

密尔是一位"尊严主义者"，而不是一位功利主义者。

> 做一个不满足的人比做一头满足的猪要好；做不满足的苏格拉底比做一个满足的傻瓜要好。
>
> （第10页）

密尔还会说，"做处在痛苦中的苏格拉底比做处在快乐中的傻瓜要好"。

　　各种痛苦和各种快乐都不是同质的。

（第 11 页）

密尔接着说，不同性质和数量的快乐的比较一定是由合格的法官做出的；如果他们意见不一致，就由大多数人来评判。

　　密尔正在用大多数人代替客观主义。

162

　　如果一种高贵的性格总是由于其高贵性而更加快乐是可以受到怀疑的，那么，不会产生怀疑的是，它会使其他的人感到更快乐，整个世界就会由此获得极大的好处。因此，功利主义只有通过普遍培养性格的高贵来达到它的目标。

（第 11 页）

如果每个人都是高贵的，我们就不需要任何的伦理学理论了。这就是柏拉图的和亚里士多德的以个人为中心的伦理学。

　　密尔把理想的人定义为一个已经"培养出一种与人类的集体利益建立起友谊的人"，并且"在其周围发现了永不枯竭的利益的来源：在自然的事物中，艺术的成就，诗歌的想象力，历史的事件，人类的道路，过去和现在，以及他们对未来的期待中"。

（第 13—14 页）

这就是密尔所说的高贵性吗？马克思或许会把它称为小资产阶级的伦理学。与柏拉图笔下的一个没有获得任何赞扬和荣耀的公正者的形象

253

的严酷的节制相比,它令人遗憾地显得过于自鸣得意了。威尔(1987年,第143页)写道:"只有悔过的小偷理解了柏拉图所认为的公正,赤裸的和完美的,掩藏在一个罪犯的外表之下。"

> 它(为了抛弃快乐)经常被英雄或殉道者自愿地做出,为了获得某种比他的个人快乐更为珍视的东西。但这种东西是什么呢?无非就是其他人的快乐或者某些快乐的必需品。
>
> (第15页)

> ……但是这样做或为了其他目的而假装这样做的人,并不比其事迹刻在了纪念碑上的苦行者更值得尊敬。
>
> (第16页)

> 功利主义拍手称赞的唯一的自我克制就是为了其他人的快乐或者快乐的一些手段而献身,不论是作为集体的人类还是由于人类的集体利益而受到限制的个人。
>
> (第16页)

这些段落显示出,密尔的哲学完全是世俗的。他没有认识到一个人的行为是为了上帝。亚伯拉罕或者是疯狂的,或者是愚蠢的。即使在一个世俗的层面上,他也并没有认识到一个人做出某种行为是由于他相信这就是他这一生的使命或任何一般性的义务。

163

> 在拿撒勒的耶稣的黄金法则中,我们读出了功利主义伦理学的完备的精神。
>
> (第16页)

密尔为了他的利益只接受了基督教的无关痛痒的、最陈腐的部分。一个在临终之时大叫着"我的上帝，我的上帝，你为什么不拯救我"（《马太福音》27∶46）的人极为不可能在功利主义的原则下生活。

> 出卖相信他的朋友的人是有罪的，即使他的目标是为了服务于另外一个朋友，他对这个朋友有更大的责任。
>
> （第 18 页）

这个评价听上去更像是属于一个义务论者而不是功利主义者。义务论是这样一种伦理学理论，它基于这样的信念，即职责应该总是由于其自身的目的而得到执行的，与结果无关。德国哲学家伊曼努尔·康德就是这种理论的最著名的倡导者。康德在他的《道德形而上学的基础》一书中提出的道德理论的两句核心的格言就是（1）"根据这句格言采取行动，由此你就能够与此同时期望它应该成为一个宇宙的法则"（绝对命令），以及（2）"永远把人当作一个目的，永远也不把人仅仅当作一种手段"。康德把这些看作是理性的必然结果。

> 在这些情况下，任何人（除了千分之一的人）有能力以一种更大的尺度这样去做——换句话说，成为一个公共的捐助者——都只是例外而已；在所有的其他的情况下，私人的功利，某些少数人的利益和快乐，是他必须关注的所有的东西。
>
> （第 19 页）

这是前面提到过的边沁的私人伦理学或公共伦理学之间区别的一个重述。

> 我们还是常常会听到功利的信条受到痛斥，被看成是一种邪恶的

信条。

密尔对这种批评的回答，我在上面提到了，是十分厚颜无耻地追逐私利。他实际上是要说，如果上帝是一个功利主义者的话，一个功利主义者就将会相信上帝。他使人想到一位毕达哥拉斯主义者，他说如果一匹马发明了一个上帝的话，那么上帝就会长成马的样子。

在第 22 页，密尔回答了把功利主义看作是追逐私利的批评。例如，一个功利主义者被批评打破了不要为了一时之利而撒谎的规则。密尔是不会如此轻而易举地打破这个规则的。他说："我们感到，为了眼前的好处，违反这样一种超越性的权宜之计的规则是对自己没有好处的。""然而，即使这样一种神圣的规则，允许出现可能的例外也是被所有的道德家所认可的。"

164

康德会反对。根据他在《实践理性批判》中阐述的著名的事例，如果一个正在追逐一个无辜的牺牲品的邪恶的人问康德这个牺牲品躲藏在哪里，康德也会对这个邪恶的人说出真话。

密尔注意到，对功利主义的一个批评是，"在做出行动之前，是没有时间计算和测定建立在普遍的快乐之上的任何行为的结果的"。

（第 23 页）

密尔回答说，我们能够使用很久以前就有的行为的普遍规则，比如"谋杀和偷窃会伤害人类的幸福"。

（第 23 页）

密尔把效用的最大化称为第一原理，把这些基本的规则称为第二原理。他把第一原理比作告诉一个旅行者他的目的地在哪儿，把第二原理比作"路标和指示牌"。

（第 24 页）

这是所谓的"规则功利主义"（rule utilitarianism）的一个变体。行为功利主义（act utilitarianism）决定着每个行为，以便使普遍的福利最大化。规则功利主义有很多种变体，依赖于规则的相对重要性和最大化。

在第三章，"关于功利主义原则的最终认可"，密尔提出了一个重要的问题，就是是否有一种道德的力量迫使一个人遵从功利主义的原则。简而言之，密尔相信，一个人富于同情心的自然感情提供了这种道德力量的一大部分。他希望教育和由于社会的进步所带来的一个较好的环境将会使功利主义道德的基础愈加完善。社会进步的信念是在他所生活的启蒙主义运动时代很盛行的乐观主义的一种反映。

我认为，一种富有同情心的情感是道德力量的一种脆弱的基础。正如密尔自己也承认的，如果没有一种坚实的道德力量，教育也会退化成为仅仅洗脑而已。

它坚持的不仅是德性是人们所想要的，而且是人们为了其自身的无私的愿望而需要德性。

人们想要得到它们，而且是在它们自身当中，为了它们自身；除了是手段，它们还是目的的一个组成部分。

（第 35 页）

这些评论完全是柏拉图主义的和亚里士多德主义的，但是在几段话之后，密尔就退化为最糟糕的边沁主义了。

> 那些为了其自身的目的想要获得德性的人之所以想要得到它，或是因为意识到它是一种快乐，或者是因为意识到没有它是一种痛苦，或者是两种原因的结合。

（第 36 页）

165　　这是极端令人不快的，因为一个人做一件好事是因为他的信念，而不是因为通过这样做他会获得什么样的好的情绪。

> 如果"精神能够通过对其自身的简单的反省就能够认识到公正，……很难理解为什么那个内在的神谕会是如此模糊不清"。

（第 53 页）

在这里，密尔承认了任何道德理论的内在的基础，包括功利主义，都是脆弱的；因此，他必须给人们洗脑使他们接受功利主义。然而，人们有着对公正的不同认识的事实并不意味着就不存在一个正确的认识。

> 算术上的真理可以应用到对快乐的估价上，就像其他的可以测度的数量那样。

（第 61 页）

这是边沁主义的另外一个失误，与他较早的这个评论相抵触，即快乐在性质上是不同的。

4. 对功利主义的进一步的评论

斯卡里（1996 年，第 1 页）在下面这段话中恰如其分地总结了对功利主义的反对态度。

> 被它的热衷者看作是一种实事求是的和解放的理论，它禁止对实际的决策采取一种经验主义的态度，并且拒绝接受有问题的道德习俗的暴政，功利主义遭到了它的批评者的强烈谴责，把它看作是一种有害的信条，它对我们最珍视的价值观报以嘲笑的态度，开出了一个普遍的牺牲原则以获取私利的方子。

例如，狄更斯（《艰难时世》，1854 年）就曾写道，功利主义的理论是冷酷的，干巴巴的，带有对人类的可能性的最低的估算（斯卡里，1996 年，第 4 页）。斯卡里说，他是有点赞成功利主义的，但是，他还是展示出了一个非常公正的对论证双方的图画。他用下面的话简洁地描述他自己的态度："它（功利主义）是道德哲学的一种非常坏的形式，但是所有其他的形式还要更坏。"（第 2 页）

斯卡里说，约翰·普拉蒙纳兹（John Plamenatz）在 1949 年宣布了功利主义的死亡，但是到了 1973 年的时候它依旧活着，这时候，伯纳德·威廉姆斯（Bernard Williams）希望，"离我们不再能够听到它的一天为时不远了"。"过了 20 年，我们听到了像我们从前听到的一样多的关于功利主义的东西，对这个问题的新的撰述并没有停息"（第 2 页）。斯卡里这样结束了他的初步评论，"功利主义到今天为止成为了人们喜欢憎恨的杰出的道德哲学"。

我自己对功利主义的想法如下所述。在某些情况下，比如在决定是到麦当劳还是一家法国餐馆去用餐的时候，这样想或许是有用的，即要

166

选择产生较高效用（享乐、快乐、满足或价值）的行为。不过，在包含有道德的情况下，它就是无效的了。在决定是否要偷窃一本书的时候，我们是不会对各种效用进行比较的。我们不偷是因为偷东西是错误的。当我们遵从我们的是非感的时候，我们并不是在把效用最大化。然而，如果我们把"选择 A 而不是选择 B"等同于"U（A）大于 U（B）"的时候，从定义上讲，每个人都是功利主义者。这样的一种理论没有任何有意义的内容，完全是无聊的。如果有人问安提戈涅、西蒙尼·威尔和特蕾莎修女，她们做了她们要做的事情之后是否感到高兴、快乐和满足，她们或许会说是的，但这并不意味着她们这样做是为了获得快乐。她们这样做是因为她们相信这样做是对的。

另外一个反对功利主义的强有力的论证，是由强调基本的个人权利的重要性的哲学家们提出来的，比如约翰·罗尔斯（John Rawls，1971 年）。这些哲学家抱怨说，"功利主义不仅宽恕而且确定地鼓励以普遍的善的名义对个人权利的侵害"（斯卡里，1996 年，第 21 页）。

在功利主义中，一个重要的论题就是效用是主观的还是客观的问题。如果我们采纳主观主义者的态度，我们就必须放弃一种客观主义的标准，对一个傻瓜的效用与对一个圣哲的效用做同等的对待。然而，如果我们采纳客观主义的态度，就存在着一种武断地把一种标准强加给每个人的危险。布林克（Brink）（1989 年）认为，客观主义的标准应该是由一个理性的、见多识广的人建立的，但是，即使理性的、见多识广的人也会犯错误。另一方面，哈桑伊（Harsanyi）（1976 年）则秉持一种主观主义的立场，他说："我希望得到与我自己的愿望相一致的对待。"但他希望，人们之间的主观上的不同不会很大，如果期望是由"恰当的反思所决定的，并且拥有所有的相关信息的情况下"（斯卡里，1996 年，第 7 页）。尽管他秉持着主观主义的立场，哈桑伊还是相信，功效的个人之间的比较是可能的，其途径就是"想象的同情"（斯卡里，1996 年，第 16 页）。

5. 效用最大化的经济理论

我已经提到过亚当·斯密的一只看不见的手的信条；在消费者和制造者寻求他们的私利时，作为一个结果，社会将会获利（参看第 11章）。这个信条得到了后来的经济学理论家的如下的详细阐发。如果制造者使利润最大化，消费者使效用最大化，假设处在完美的竞争和完美的掌握信息的情况下，同时还假设一个人的效用并不依赖于另外一个人的效用，资源将会被充分地加以利用，所谓的"帕累托最优"就将达到而处于平衡状态。"帕累托最优"是这样的一个点，在这个点上，任何偏离这个点的运动都将会至少使一个人情况恶化。它依赖于最初的财富捐赠，因而，如果最初的捐赠是不公平的话，那么，它也会是不公平的。而且，导致帕累托最优的整个过程可能会与某些伦理的标准相抵触。在前面的第 11 章中我引用了斯密的著名评论，"我们期待的食物，并不是来自于屠夫、酿酒者或面包师的仁慈，而是来自于他们对他们自身利益的关注"（《国富论》，第 1 卷，第 2 章，第 15 页），马克思对此给出了有说服力的批评。卡恩（1992 年，第 227 页）这样总结了马克思的论点：

> 为了做出符合道德的行动，一个人必须要理性地知道什么是善的，其行为必须由这种理性的知识来驱使。做出自私的举动，让一种善绕到你的背后——不论这样做是多么有利——是不道德的。

然而，在《道德情操论》中，斯密对一只看不见的手的信条做了一些界定：

> 无论一个人被认为是多么自私，在他的本性里显然还是有一些原

167

则的，这使他对别人的命运感兴趣，把他们的幸福视为自己的事情，尽管他除了从中感到快乐之外，一无所得。

（第一卷，第一篇，第一章，第一段）

我已经提到过，经济学家有一种倾向，就是相信任何来自于一种市场均衡的东西都是好的。豪斯曼（Hausman）和麦克弗森（McPherson）在《经济分析和道德哲学》一书的第二章中，给出了这种倾向的最为激进的例子。1991 年 12 月，担任世界银行首席经济学家的劳伦斯·萨默斯给某些同行发去了一个备忘录（很显然是十分认真的），当中他提出建议，发达国家应该向不那么发达的国家出口污染，并支付一定数量的补偿金。萨默斯显然认为，只要双方都对这项交易感到比较满意，并愿意做这项交易，那么这就是好的。

效用最大化的理论并非那么令人讨厌，或许在一个消费者的小的私人经济决策中真的是有用的。例如，在决定我应该在一家高级的法国餐馆还是在麦当劳用餐的问题上，在对这两种选择带来的效用进行比较上是有用的。然而，即使在这样的一种简单的事例中，对在一家法国餐馆和在一家麦当劳吃饭的效用做出精确的量化可能还是困难的，尽管我们可以说前者比后者的效用要大。现在，真实的情况是，如果我们逐渐提高在法国餐馆用餐的价格，在达到某个点的时候，麦当劳就会变得更有吸引力了。为了解释这个现象，经济学家们试图避开对基数效用（cardinal utility）* $U(F, P_F)$ 和 $U(M, P_M)$ 做出说明。相反，他们提出了一个选择（F, P_F）和选择（M, P_M）之间的一个偏爱的排序。一个偏爱的排序对决策来说是必需的，但是它却不能够说明一种基本的功效的存在。

---

* 指像个人的体重或身高那样的在基数的意义上可以度量的效用，它意味着效用逐渐的差别，即边际效用，是有意义的。序数效用（ordinal utility）与它相反，它只是在序数的层面上才有意义。——译者

6. 森，"理性工具"

阿玛蒂亚·森（Amartya Sen），一位功利主义经济学的著名的批评　168
者，在一篇文章的开头就引用了埃奇沃思的论断，即"经济学的第一个
原理就是每个代理人都只受到自身利益的驱动"（森，1977 年）。森接
着说，"经济理论的性质似乎受到了这一基本前提的很大影响"。

在第一小节的其余部分，森声称，帕累托最优（参看我在上文中的
讨论）如果从社会福利的角度来看可能并不是好的东西，如果最初的
财富捐赠是不正义的话。

在第二小节，在一种与我的餐馆选择相类似的情况下，森解释了经
济学家的"被揭示出来的偏爱"的理论。

> 如果有人看到你选择了 x 而拒绝了 y，你就会被人们认为是已经
> "揭示出"了一种对 x 而不是对 y 的偏爱。那么，你个人的效用就会被
> 定义成为一种对这种"偏爱"的简单的数字上的展示，把一种更高的
> 效用给予了一种"偏爱的"选项。使用这一套定义，你就再也不能逃脱
> 把你自己的效用最大化了，除非是由于言行不一……但是，如果你的言
> 行是一致的，那么，不论你是一个一心一意的利己主义者，还是一个狂
> 热的利他主义者，抑或是一个具有阶级意识的激进分子，在这个定义的
> 狂热世界里，你看上去都是在最大化你自身的效用。

森注意到，"这种清楚的利己主义的方法有时候会冠以理性选择的
名义，它所包含的东西不是别的，恰恰就是内在的一致性"。换句话说，
效用的被揭示出的偏爱理论拥有太小的构造了。它似乎太过宽泛了，太
过无关痛痒了。然而，森认为即使它是如此宽泛（或者我会说因为它是
如此宽泛），它还是不能够揭示出义务的观念。效用理论能够通过使一

个人的效用依赖于另外一个人的效用而与同情结合起来。当然，在这种情况下，帕累托最优理论必须要加以改造，森认为它是可以被改造的。但是，义务却不能够被整合到效用理论中去，因为它会使一个人选择将带来较小效用的行为。作为一种整合义务的途径，森建议使用一种元排序（排序的排序）。

希腊人名和术语表

人名和术语参考书目

Cartledge、Millet and Tod（卡特利奇、米莱特和托德）编，*Nomos: Essays in Athenian Law, Policitics and Society*（《诺莫：雅典的法律、政治和社会论文集》），剑桥大学出版社，1990 年。

Joint Association of Classical Teachers（古典学教师联合会），*The World of Athens*（《雅典的世界》），剑桥大学出版社，1984 年。

Liddell and Scott（里德尔和斯科特），*An Intermediate Greek-English Lexicon*（《中级希英辞典》），牛津大学出版社，1945 年。

Simon Hornblower and Antony Spawforth（西蒙·霍恩布洛尔和安东尼·斯波福思）编，*The Oxford Classical Dictionary*（《牛津古典辞书》），牛津大学出版社，1996 年。

Aeschines Αἰσχίνης（艾斯奇尼斯）（约公元前 397—前 322 年）：雅典演说家，以公元前 343 年和公元前 330 年与德摩斯梯尼的两次交锋而闻名。在前一个年份里，德摩斯梯尼控告艾斯奇尼斯在公元前 346 年作为一名使者出使马其顿的时候行为不端，他的演说题目是"论使节"，对此，艾斯奇尼斯也回应了一篇题目相同的演说。在后一个年份里，艾斯奇尼斯在他的题为《反泰西封》的演说中，挑战了泰西封提出的授予德摩斯梯尼一顶金冠的动议，以表示他对国家所做出的贡献的认可。德摩斯梯尼在他的题为《论金冠》的演说中对泰西封进行了辩护。

Alcibiades Ἀλκιβιάδης（亚西比德）：雅典将军。参看"古典时代"的"西西里远征"一节。

alphita ἄλφιτα：大麦饭。

Athestēria Ἀνθετήρια：纪念狄奥尼修斯的节日。

antidosis ἀντίδοσις（捐助替代）：一个被指定提供捐助的人可以免除这项义务，如果他能够提名另外一个更为富有和更为合适的完成这项任务的人的话。如果这个受到挑战的人同意他更加富有，他就必须要承担捐助；如果他认为自己更穷，那么，这个挑战者可以坚持把他的全部财产进行交换来检验他的这个说

法——在这种情况下，作为更大地产的新的主人，这位挑战者自己就将要承担捐助。

170   *apoika* ἀποικία：一块殖民地。

archon ἄρχων（执政官）：梭伦立法下国家的最高行政长官。参看第 3 章 "梭伦的立法"部分。

atimia ἀτιμία：丧失荣誉。失去作为一个公民的一部分或所有的积极的权利。

autarkeia αὐτάρκεια：自足。

banausikos βαναυσικός：一个贬义的形容词，用来表示一种不需要技术的简单的机械劳作。

chorēgia χορηγία：一种支付一个合唱队费用的捐助。

chrēmatistikē χρηματιστική：获得财富的技艺。

Cimon Κίμων（客蒙）：富有而高贵的雅典人，米泰雅德的儿子。从公元前 479 年开始经常出任将军。与阿里斯蒂德一起，他在提洛同盟的形成中发挥了作用，并且指挥了公元前 476—前 463 年的大部分的战役。在欧瑞美顿的战斗中打败了波斯人。在公元前 464 年的斯巴达地震之后，客蒙率领雅典的军队试图帮助斯巴达人镇压黑劳士的起义，但这一帮助的提议却遭到了斯巴达人的拒绝。这次受辱导致了客蒙在公元前 461 年遭到陶片放逐。在陶片放逐结束之后，他在公元前 449 年与斯巴签署了和约。

Cleon Κλέων（克里昂）：雅典政客，一个富有的鞣皮匠的儿子。在伯利克里去世后变得很有影响。在公元前 427 年，他劝说处决所有的密提林人遭到失败。他和将军德摩斯梯尼（不是公元前 4 世纪的那位演说家）于公元前 425 年在派罗斯成功地打败斯巴达人。公元前 422 年在安菲波利斯城外的战斗中阵亡。一个不断遭到阿里斯托芬嘲讽的对象。

dēmiurgos δημιουργός（一个为大众工作的人）：一个技术工人。

diaitētēs διαιτητής：仲裁者，由一位 60 岁的公民出任，实施仲裁。

Dionysia Διονύσια：每年举行的纪念狄奥尼修斯的节日，当中举行大规模的悲剧和喜剧比赛。

dokimasia δοκιμασία：国家的公职人员和议事会的成员在就职前进行的考试。

eisangelia εἰσαγγελία：检举。

eisphora εἰσφορά（战争税）：一种特殊的资产税，通常在战争的时候征收。

Eleusis Ἐλευσίς（埃琉西斯）：阿提卡的一个德莫，在那里有一个得墨忒耳和佩尔塞福涅的圣所，丰产女神。以一个秘仪崇拜而闻名，吸引了来自于全希腊的入会者。

emporikē dikē ἐμπορική δίκη：涉及商人的一桩诉讼。

emporion εμποριον：一个商业场所。

emporos ἐμπόρος：一个商人。

enktesis ἔγκτησις：一个非公民对土地或房屋的占有。这是在雅典可以被授予外邦人个人的很多种特权（另外参看 *isoteleia*）中的一种。

ephēbos ἔφηβος：年满 18 岁的青年男子。

Ephialtes Ἐφιάλτης（厄菲阿尔特）：一个雅典的政客，关于他所知甚少。曾经是客蒙的主要政敌，反对向斯巴达派出军队。在伯利克里的帮助下，他采取措施，在公元前 462 年剥夺了战神山议事会的具有政治重要性的司法权力。随后他被杀死。

ephoros ἔφορος：一位监察官。斯巴达的五位行政长官之一。

epidosis ἐπίδοσις（捐赠）：遵从公民大会通过的一项法规，自愿对国家的贡献。

epiklēros ἐοίκληρος：女继承人。

epōbelia ἐποβελία（赔偿金制度）：给原告的六分之一赔偿金，如果他没有获得陪审员的五分之一的投票的话。

eranos ἔρανος：一个私人俱乐部及其成员为一个公共活动提供的资金，比如公餐。它还有一个特殊的意思，就是无息贷款。

171

Eubulos Εὔβουλος（欧伯罗斯）（约公元前 405—前 335 年）：公元前 355—前 342 年之间最重要的雅典政治家。在"同盟战争"结束之后，他通过作为戏剧基金的一位执行委员的职位，控制了整个雅典的财政，把公共和私人的财富提升到一个可能从公元前 5 世纪以来没有达到的高水平。他通过了一项法律，使公民大会很难把国家的日常税收用在不重要的军事行动上。分配给大众的钱财只占到戏剧基金委员会控制的钱财的一小部分。起初，他试图遏制腓力的力量，但后来倡导和平，到公元前 342 年被主张对抗腓力的德摩斯梯尼抢了风头。

euthuna εὔθυνα：一项对即将退任的国家官员的财务考察。

graphē paranomōn γραφὴ παρανόμων（违法法令诉讼）：一种一个人对另外一个人的法律诉讼，理由是后者提出了一种法律或法规与现行的法律在形式或内容上相抵触。

hetaira ἑταίρα（女伴）：职业的女性表演者，有专长的妇女，应召女郎。参看 *porne*（妓女）。

Hippias Ἱππίασ（西庇阿斯）：公元前 527—前 510 年雅典的僭主，庇西特拉图的儿子和继承人，与他的兄弟希帕库斯为伴。他的统治一开始是温和的。阿提卡的猫头鹰银币的铸造开始于他统治的时期，还有奥林匹亚宙斯神庙的建造。他的统治在希帕库斯被哈墨狄乌斯和阿里斯托戈顿暗杀之后（公元前 514 年）开始变得严酷起来。

horos ὅροσ（界碑）：一块刻字的石头，标志着一块地产的边界。

isēgoria ἰσηγορία：在公民大会发言的自由。

Isocrates Ἰσοκράτης（伊索克拉底）（公元前 436—前 338 年）：雅典最重要的演说家。他曾经向很多作家教授修辞学。他以他的泛希腊主义而著名，据说曾鼓动腓力去试图征服波斯。与柏拉图相比，他的哲学是十分实用的。

isonomia ἰσονομία：法律面前平等。

isoteleia ἰσοτέλεια（税收的平等）：由单独的法规授予某些受到优待的外邦人免交外邦人税的特权。

kalos kagathos καλός κἀγαθός（美与善）：一个自我认可的术语，被雅典的贵族用来

267

描述他们自己。

kapēlikē καπηλική：零售贸易的技艺。

klēros κλῆρος：被分配的、继承性的地产。

krithē κριθή：大麦。

leitougia λειτουργία（捐助）：对很多种公共事业和服务的自愿的资助，比如参与政治的和司法的程序、节庆活动、战争和军费开支的费用，其中最重要的是战船的建造和配备人员的费用。

172　Lycurgos Λυκοῦργος（来库古）（约公元前390—约前325年）：喀罗尼亚战役（公元前338年）之后雅典十分重要的政治家。在一个长达12年的时期内，他在财政的控制上起到了主要的作用，把税收提高到每年大约1 200塔兰特，用于资助军事和建筑工程。他这样做凭借了哪些力量不是很清楚。在政治上他十分疑心马其顿。

Lysias Λυσίας（吕西阿斯）（约公元前459—约前380年）：雅典演说家。他的父亲克法洛斯，一个叙拉古人，受到伯利克里的邀请在雅典定居。他和他的兄弟伯勒马库斯在克法洛斯去世后离开了雅典到意大利南部的图里生活。在西西里远征之后，他遭到放逐，在公元前412年返回到雅典。在公元前403年，"三十僭主"拘捕了兄弟两人，没收了他们的大量的财产。伯勒马库斯被处死，但吕西阿斯逃跑了。这个事件在吕西阿斯名为《反埃拉托色尼》的最著名的演说中得到了描述。

metoikion μετοικίον（外邦人税）：外邦人缴纳的税——每年男人12德拉克马，女人6德拉克马。

misthos μισθός：工资，公共支付。

Mitiades Μιλτιάδης（米泰雅德）：雅典贵族和将军，来自于一个富有的和有权力的家族。他在马拉松战役（公元前490年）抗击波斯人中发挥了主要的作用。后来，由于在帕洛斯的军事失利，他被判处罚金50塔兰特。他的儿子客蒙在他于公元前489年去世后支付了这笔罚金。

Nicias Νικίας（尼西阿斯）：雅典政治家，不情愿地领导了西西里远征，被杀死。很富有，据说在银矿拥有1 000个奴隶。

nomos νόμος：法律，习俗。常常与*physis*（本性）相对应。

ostracism ὀστρακισμός（陶片放逐法）：一种把某位公民放逐10年的办法。它每年在一次特别的公民大会上举行。每个想投票的公民把他希望放逐的人的名字刻写在废陶片上。如果有超过6 000人投票，那个获得了大多数选票的人就会遭到放逐。这种做法开始于公元前5世纪早期，一直持续到公元前417年，在那以后被*graphē paranomōn*取代。一个遭到陶片放逐的人必须在10天内离开这个国家，放逐的期限为10年，但他并没有丧失他的公民权或财产，在10年之后他可以回到雅典继续生活而不必感到丢人或无能。

Panathenaia Παναθήναια（泛雅典娜节）：每年举行的一个向雅典娜表达敬意的节日，每四年举行一次"大泛雅典娜节"。

Pasion Πασίων（帕西翁）（死于公元前370年）：在他的那个时代雅典最富有的银

行家和手工作坊主。他起初是一个奴隶，在比雷埃夫斯有一个银行，后来成为被释奴，并获得了银行的所有权。后来他成为了一位雅典公民，曾经慷慨地向这座城市捐资。他捐出了一块价值 80 塔兰特的地产。他的银行事务交给了他的奴隶福米翁，后来他也变成了一位雅典公民。

peltast πελταστής：拿个名叫 πελτη 的小圆形盾牌的士兵。

Philocrates Φιλοκράτης（菲罗克拉特斯）：与公元前 346 年雅典和马其顿和约的签订关系密切的雅典政客。雅典人对结果的不满使他陷入被指控的危险，公元前 343 年他开始了逃亡生活。

physis φύσις：本性，经常与 *nomos*（习俗）相对应。

polētai πολῆται：卖家。出卖国家的收税等权利的官员。

politeia πολιτεία：一位公民的地位和权利，一种政府的形式（经常被翻译为一种政体）。

proxenos πρόξενος（官方朋友）：一个为国家带来利益的外国公民。一位公共的客人。

puros πορός：小麦。

Pythia Πυθία：德尔斐宣读神谕的女祭司。

sitos σῖτος：谷物。

stasi στάσις：内部的争斗。

sycophant συκοφάντης（诬告者）：一个错误的指控人。一个极好讼的人（不同于英文的意思）。

technē τέχνη：技术，技艺。柏拉图举的 *technē* 的对象的例子是数学、医学、音乐和伦理学（政治学）。他未举例的是修辞学、化妆和美食的烹饪。

theōrika θεωρικά（戏剧基金）：给贫穷公民的钱，以支付剧场里的座位（每个座位 2 奥波尔），但也用于其他用途。

Theramenes Θηραμένης（特拉门涅斯）：雅典政客。他在公元前 411 年建立"四百人寡头"期间起到了积极的作用，但在四个月之后他又致力于积极地推翻它，建立起"5 000 人政府"，一个更加温和的但不是完全的民主政权，在一个短时期被取代了"四百人寡头"。在阿尔基努赛（公元前 406 年），他指挥过一只战船，但没有受到指控，不像那六位将军要对未拯救幸存者负责，被判处了死刑。在公元前 404 年，他参与了"三十寡头"的建立，他自己就是"三十寡头"之一，但他很快就与极端分子发生了争执，尤其是克里底亚，后者将他处死。一种批评性的观点就是把他看作是一个精明的政客，但其他人则把他看作是一个追求真正的政治上的中道的温和派。

Thesmophoria Θεσμοφόρια：向得墨忒耳致敬的妇女节日。

Thrasybulos Θρασύβουλος（特拉西布罗斯）：雅典将军和政治家。在公元前 411 年，他是由萨摩斯的海军建立起来的民主制国家的领导者，以此对抗"四百人寡头"。在公元前 404 年，他被"三十寡头"驱逐，逃亡底比斯，在那里纠集了一批流亡者，占领了菲勒，后来夺取了比雷埃夫斯，并打败了"三十寡头"的军队。在科林斯战争（公元前 395—前 387 年）期间，他在恢复雅典的帝国主义的过程中发挥了突出的作用。在公元前 388 年被杀。

timē τιμή：荣誉，地位。

Timotheus Τιμόθεος（提墨修斯）：雅典将军。在建立第二次雅典同盟中发挥了主要的作用。

triērachy τριηραρχία：一种重要的捐助类型，负责三列桨战舰的建造、维护和人员配给。

trirēmē τριήρησ：三列桨战舰。

xenia ξενία（礼节性朋友）：两个外国人之间，或者一个人和一个外国之间的友好关系。

参考书目

Adams，John（约翰·亚当斯）（1994），"The institutional theory of trade and the organization of intersocial commerce in ancient Athens"（古代雅典商业制度理论和社会内部的商业组织），载 A.M.Duncan and D.W.Tandy（A.M. 邓肯和 D.W. 坦迪）编，*From Political Economy to Anthropology*（《从政治经济到人类学》），黑玫瑰丛书，第 80—104 页。

Amyx，D.A.（D.A. 阿米克斯）（1958），"The Attic Stelai : Part III.Vases and other containers"（阿提卡石碑：第三部分。陶瓶和其他容器），*Hesperia*（《赫斯皮里亚》），第 27 卷，第 3 期（7—9 月），第 163—254 页。

Andreades，A.M.（A.M. 安德里阿德斯）（1933），*History of Greek Public Finance*（《希腊公共财政史》），第 1 卷，哈佛大学出版社。

Annas，Julia（茱莉亚·安娜斯）（1981），*An Introduction to Plato's Republic*（《柏拉图〈理想国〉引论》），牛津大学出版社。

——（1993）*Morality of Happiness*（《幸福的道德》），牛津大学出版社。

——（1999）*Platonic Ethics，Old and New*（《柏拉图的伦理学，旧的和新的》），康奈尔大学出版社。

Austin，M.M. and Vidal-Naquet（M.M. 奥斯汀和维达尔－纳奎特）（1980），*Economic and Social History of Ancient Greece，An Introduction*（《古希腊经济和社会史引论》），第 2 版，加利福尼亚大学出版社。

Beazley，J.D.（J.D. 比尔兹利）（1963），*Attic Red-Figure Vase-Painters*（《阿提卡红绘陶瓶画工》），第 2 版，牛津大学出版社。

Benedict，Ruth（露丝·本尼迪克特）（1948），*The Chrysanthemum and the Sword: Patterns of Japanese Culture*（《菊与刀：日本文化模式》），霍顿·米弗林出版公司。

Blaug，M.（M. 布劳格）（1992），*The Methodology of Economics*（《经济学的方法论》），第 2 版，剑桥大学出版社。

Blue Guide（《蓝色指南》），第 4 版，伦敦 1981 年，第 402 页。

Blundell，Sue（苏·布伦德尔）（1995），*Women in Ancient Greece*（《古希腊的妇女》），哈佛大学出版社。

Boeckh，Augustus（奥古斯特·伯克）(1842)，*Public Economy of Athens*（《雅典公共财政》)，约翰·W. 帕克出版公司。

Brink，David O.（大卫·O. 布林克）(1989)，*Moral Realism and the Foundation of Ethics*（《道德现实主义和伦理学的基础》），剑桥大学出版社。

Brown，A. and A. Deaton（A. 布朗和 A. 德顿）(1972)，"Models of consumer behavior：A survey"（消费者行为的模式：一项考察），*Economic Journal*（《经济杂志》），第 82 卷，第 328 期，第 1145—1236 页。

Buchanan，James J.（詹姆斯·J. 布坎南）(1962)，*Theorika*（《戏剧基金》），J.J. 奥古斯丁出版社。

Burke，Edmund M.（埃德蒙·M. 伯克）(1992)，"The economy of Athens in the classical era：Some adjustments to the primitive models"（古典时代的雅典经济：对原始派模式的一些调整），载 *Transactions of the American Philological Association*（《美国语言协会会刊》），第 122 卷，第 199—226 页。

Burkert，Walter（瓦尔特·伯克特）(1992)，*The Orientalizing Revolution*（《东方化革命》），哈佛大学出版社。

Burnyeat，M.F.（M.F. 伯恩亚特）(1980)，"Aristotle learning to be good"（学习向善的亚里士多德），载 A.O.Rorty（A.O. 罗蒂）编，*Essays on Aristotle's Ethics*（《亚里士多德伦理学论文集》），加利福尼亚大学出版社，第 69—92 页。

Camp，John M.（约翰·M. 坎普）(1992)，*The Athenian Agora*（《雅典的阿戈拉》），泰晤士和哈德逊出版公司。

Cartledge，Paul（保罗·卡特利奇）(1985)，"Rebels & sambos in classical Greece：A comparative view"（古典时代希腊的叛乱和混血儿：一个比较的观点），载 P.A.Cartledge and F.D.Harvey（P.A. 卡特利奇和 F.D. 哈维）编，*CRUX：History of Political Thought*（《核心问题：政治思想史》），学术出版社，第 6 卷，第 1、2 期，第 16—46 页。

Cartledge，Paul，Edward E.Cohen and Lin Foxhall（保罗·卡特利奇，爱德华·E. 科恩和林·福克斯霍尔）(2002)，*Money，Labour and Land*（《货币，劳动力和土地》），劳特利奇出版社。

Casson，Lionel（隆奈尔·卡森）(1976)，"The Athenian upper class and new comedy"（雅典上层阶级与新喜剧），载 *Transactions of the American Philological Association*（《美国语言协会会刊》），第 106 卷，第 29—59 页。

Chadwick，John（约翰·柴德威克）(1976)，*The Mycenaean World*（《迈锡尼的世界》），剑桥大学出版社。

Christ，Matthew R.（马修·R. 克里斯特）(2001)，*Classical Quarterly*（《古典季刊》），第 51 卷，第 2 期，第 398—422 页。

Cipolla，Cario M.（卡里奥·M. 齐波拉）(1993)，*Before the Industrial Revolution*（《工业革命之前》），诺顿出版公司。

Clark，Colin（科林·克拉克）(1957)，*The Conditions of Economic Progress*（《经济发展的条件》），第 3 版，麦克米伦出版公司。

175

Cohen，David（大卫・科恩）（1993），"Law，autonomy，and political community in Plato's laws"（柏拉图《法律篇》中的法律，自治和政治共同体），载 *Classical Philology*（《古典语言学》），第 88 卷，第 41 期，第 301—317 页。

Cohen，Edward E.（爱德华・E. 科恩）（1992），*Athenian Economy and Society: A Banking Perspective*（《雅典的经济和社会：一项金融学的考察》），普林斯顿大学出版社，1992 年。

Crosby，M.（M. 科洛斯比）（1950），"The leases of the Laureion mines"（劳里昂银矿的出租），*Hesperia*（《赫斯皮里亚》），第 19 卷（1950 年），第 3 期（7 月—9 月），第 189—297 页。

Davidson，James（詹姆斯・戴维德森）（1998），*Courtesans and Fishcakes*（《交际花和煎鱼饼》），圣马丁出版社。

Davies，J.K.（J.K. 戴维斯）（1981），*Wealth and the Power of Wealth in Classical Athens*（《古典时代雅典的财富和财富的权力》），阿尔诺出版社，1991 年。

——（2001）"Temple，credit and the circulation of money"（神庙，信贷和货币的流通），载 A.Meadows and K.Schipton（A. 迈多斯和 K. 希普顿）编，*Money and its Uses in the Ancient Greek World*（《古希腊世界的货币及其运用》），牛津大学出版社，第 117—128 页。

Dickinson，Oliver（奥利弗・狄金森）（1994），*The Aegean Bronze Age*（《爱琴青铜时代》），剑桥大学出版社。

Dodds，E.R.（E.R. 多兹）（1951），*The Greeks and Irrational*（《希腊人和非理性》），加利福尼亚大学出版社。

Dover，K.J.（K.J. 多福尔）（1994），*Greek Popular Morality in the Time of Plato and Aristotle*（《柏拉图和亚里士多德时代的希腊大众道德》），哈克特出版公司。

Drews，Robert（罗伯特・德鲁斯）（1988），*The Coming of the Greeks*（《希腊人的诞生》），普林斯顿大学出版社。

——（1993）*The End of the Bronze Age*（《青铜时代的终结》），普林斯顿大学出版社。

Easterling，P.E. and J.V. Muir（P.E. 伊斯特林和 J.V. 缪尔）（1985）编，*Greek Religion and Society*（《希腊宗教和社会》），剑桥大学出版社。

Fine，V.A.John（V.A. 约翰・法恩）（1983），*The Ancient Greeks*（《古希腊人》），哈佛大学出版社。

Finley，M.I.（M.I. 芬利）（1981），*Economy and Society in Ancient Greece*（《古希腊的经济与社会》），B.D.Shaw and R.P.Saller（B.D. 肖和 R.P. 萨勒）编，查托和温斯都出版社。

——（1999），*The Ancient Economy*（《古代经济》），新版，加利福尼亚大学出版社。

Fischer-Hansen，T.（T. 菲舍尔－汉森）（2000），"Ergasteria in the western Greek world"（西希腊世界的艾尔加斯特里亚），载 P.Flensted-Jensen，T.H.Nielsen and L.Rubinstein（P. 弗兰斯特德－詹森，T.H. 尼尔森和 L. 鲁宾斯坦）编，*Polis and Politics: Studies in Ancient Greek History*（《城邦和政治：古希腊历史

研究》），图斯库兰乌姆博物馆出版社，第 91—120 页。

Foxhall，L. and H.A.Forbes（L. 福克斯霍尔和 H.A. 福布斯）（1982），"The role of grain as a staple food in classical antiquity"（古典古代作为一种稳定食物来源的谷物的作用），*Chiron*（《喀戎》），第 12 卷，第 41—90 页。

Frede，Dorothea（多罗西娅·弗雷德）（1992），"Disintegration and restoration：Pleasure and pain in Plato's *Philebus*"（瓦解和恢复：柏拉图《斐莱布篇》中的快乐和痛苦），载 Richard Kraut（理查德·克劳特）编，*The Cambridge Companion to Plato*（《剑桥柏拉图研究指南》），剑桥大学出版社。

Fujisawa，Norio（藤泽令夫）（1980），*Girisya Tetsugaku to Gendai*（《希腊哲学和现时代》）（日文），岩波书店。

Gabrielsen，Vincent（文森特·加布里尔森）（1994），*Financing the Athenian Fleet*（《雅典海军的资金筹集》），约翰·霍普金斯大学出版社。

Gadamer，Hans-Georg（汉斯 - 格奥尔格·伽达默尔），*The Idea of the Good in Platonic-Aristolelian Philosophy*（《柏拉图 - 亚里士多德哲学中的善的观念》），耶鲁大学出版社。

Gallant，Thomas W.（托马斯·W. 伽兰特）（1991），*Risk and Survival in Ancient Greece*（《古代希腊的冒险与幸存》），斯坦福大学出版社。

Garlan，Yvon（伊冯·伽兰）（1988），*Slavery in Ancient Greece*（《古希腊的奴隶制》），修订版和最新版，康奈尔大学出版社。

Garnsey，Peter（彼得·伽恩西）（1988），*Famine and Food Supply in the Fourth Century B.C.*（《公元前 4 世纪的饥荒和食物供应》），剑桥大学出版社。

——（1998）"11.Grain for Athens"（11. 给雅典的谷物），载 Walter Scheidel（沃尔特·沙伊德尔）编，*Citites，Peasants and Food in Classical Antiquity：Essays in Social and Economic History*（《古典古代的城市、农民和食物：经济社会史文集》），剑桥大学出版社，第 183—185 页。

Goldsmith，Raymond W.（雷蒙德·W. 戈德史密斯），*Premodern Financial Systems*（《前现代的金融制度》），剑桥大学出版社。

Green，Peter（彼得·格林）（1973），*Ancient Greece*（《古代希腊》），泰晤士和哈德逊出版公司。

Guthrie，W.K.C.（W.F.C. 格思里）（1975），*The Greek Philosophers From Thales to Aristotle*（《从泰勒斯到亚里士多德的希腊哲学家》），哈珀火炬丛书。

Hansen，M.H.（M.H. 汉森）（1986），*Demography and Democracy: The Number of Athenian Citizens in Fourth Century，B.C.*（《人口统计学与民主：公元前 4 世纪的雅典公民人数》），制度出版社。

——（1991）*The Athenian Democracy in the Age of Demosthenes*（《德摩斯梯尼时代的雅典民主制》），布莱克维尔出版社。

Hansen，V.D.（V.D. 汉森）（1992），"Thucydides and the desertion of Attic slaves during the Decelean War"（修昔底德与狄西利亚战争时期阿提卡奴隶的逃亡），载 *Classical Antiquity*（《古典古代》），第 11 卷，第 2 期，第 210—228 页。

Harris，Edward M.（爱德华·M.哈里斯）(2002)，"Workshop，marketplace and household"（匠铺，市场和家庭），载 Paul Cartledge，Edward E.Cohen and Lin Foxhall（保罗·卡特利奇，爱德华·E.科恩和林·福克斯霍尔）编，*Money, Labour and Land*（《货币，劳动力和土地》），劳特利奇出版社，第67—99页。

Harsanyi，John C.（约翰·C.哈桑伊），*Essays on Ethics，Social Behavior，and Scientific Explanations*（《伦理学、社会行为和科学解释论文集》），赖德尔出版公司。

Hausman，D.M. and M.S.McPherson（D.M.豪斯曼和M.S.麦克弗森）(1996)，*Economic Analysis and Moral Philosophy*（《经济分析和道德哲学》），剑桥大学出版社。

Havelock，Eric A.（埃里克·A.哈弗洛克）(1957)，*The Liberal Temper in Greek Politics*（《希腊政治学中的自由特征》），耶鲁大学出版社。

Heidegger，Martin（马丁·海德格尔），*Early Greek Thinking*（《早期希腊思想》），哈珀－罗出版社。

Hodkinson，Stephen（斯蒂芬·霍德金森）(1988)，"Animal Husbandry in the Greek Polis"（希腊城邦中的动物饲养），载 C.R.Whittaker（C.R.维塔克）编，*Pastoral Economy in Classical Antiquity*（《古典古代的畜牧经济》），The Cambridge Philosophical Society（剑桥哲学协会），第35—86页。

Hoepfner，W. and E.L.Schwandner（W.霍夫纳和E.L.施温纳）(1994)，*Haus und Stadt im kassischen Griechenland*（《古典时代希腊的家庭和城市》），德意志艺术出版社。

Hopper，R.J.（R.J.霍普耳）(1953)，"The Attic silver mines in the fourth century B.C."（公元前4世纪阿提卡的银矿），载 *Annual of the British School and Athens*（《雅典英国学校年刊》），第48卷，第200—254页。

——（1979）*Trade and Industry in Classical Greece*（《古典时代希腊的商业和手工业》），泰晤士和哈德逊出版公司。

Irwin，T.H.（T.H.欧文）(1996)，"Kant's criticism of eudaemonism"（康德对享乐主义的批评），载 S.Engstrom and J. Whiting（S. 恩斯多姆和J. 怀廷）编，*Aristotle，Kant，and Stoics*（《亚里士多德、康德和斯多葛学派》），剑桥大学出版社。

Isager，Signe and M.H.Hansen（西格内·伊萨格尔和M.H.汉森）(1975)，*Aspects of Athenian Society in the Fourth Century B.C.*（《公元前4世纪的雅典社会面面观》），奥登塞大学出版社。

Ito，Sadao（伊藤贞夫）(1981)，*The Polis Society of the Classical Period*（《古典时代的城邦社会》）（日文），岩波书店。

J.A.C.T.，Joint Association of Classical Teachers（古典学教师联合会）(1984)，*The World of Athens*（《雅典的世界》），剑桥大学出版社。

Jameson，Michael H.（米歇尔·H.詹姆森）(1977—78)，"Agriculture and slavery in classical Athens"（古典时代雅典的农业和奴隶制），载 *The Classical Journal*

（《古典学杂志》），第 73 卷，第 2 期（12 月—1 月），第 125—145 页。

——（1988）"Sacrifice and animal husbandry in classical Greece"（古典时代希腊的献祭和动物饲养），载 C.R. Whittaker（C.R. 维塔克）编《古典古代的畜牧经济》，剑桥哲学协会，第 87—119 页。

Johnson，A.C.（A.C. 约翰逊）（1915），"Studies in the financial administration of Athens"（对雅典财政管理的研究），《美国语言学杂志》，第 424—452 页。

Jones，A.H.M.（A.H.M. 琼斯）（1986），*Athenian Democracy*（《雅典民主制》），约翰·霍普金斯大学出版社。

Kain，Philip J.（菲利普·J. 卡恩），"Aristotle，Kant，and the ethics of the young Marx"（亚里士多德，康德和青年马克思的伦理学），载 George E. McCarthy（乔治·E. 麦卡锡）编，*Marx and Aristotle*（《马克思和亚里士多德》），罗曼 - 利特尔菲尔德出版社，第 213—242 页。

Karayiannis，A.D.（A.D. 卡拉亚尼斯）（1988），"Democritus on ethics and economics"（德谟克利特论伦理学和经济学），载 *Rivista Internazionale di Scienze Economiche e Commerciali*（《经济与商业国际科学杂志》），第 35 卷，第 4—5 期，第 369—392 页。

177　Kim，Henry S.（亨利·S. 金）（2001），"Archaic coinage as evidence for the use of money"（作为货币使用证据的古风时代的铸币），载 Andrew Meadows and Kirsty Schipton（安德鲁·迈多斯和克尔斯提·舍普顿）编，*Money and Its Uses in the Ancient Greek World*（《古希腊世界的货币及其使用》），牛津大学出版社。

Kraut，Richard（理查德·克劳特）（1992），"Introduction to the study of Plato"（柏拉图研究导论），载 *The Cambridge Companion to Plato*（《剑桥柏拉图研究指南》），剑桥大学出版社，第 1—50 页。

Lewis，David M.（大卫·M. 列维斯）（1959），"Attic manumissions"（阿提卡的释奴），载 *Hesperia*（《赫斯皮里亚》），第 28 卷，第 3 期（6 月—9 月），第 208—238 页。

Loomis，W.T.（W.T. 鲁米斯）（1998），*Wages，Welfare Costs and Inflation in Classical Athens*（《古典时期雅典的工资，福利花费和通货膨胀》），密歇根大学出版社。

MacDowell，Douglas M.（道格拉斯·M. 麦克道威尔）（1978），*The Laws in Classical Athens*（《古典时代雅典的法律》），康奈尔大学出版社。

Markle，M.M.（M.M. 马克尔）（1985），"Jury pay and assembly pay at Athens"（雅典的陪审员津贴和公民大会津贴），载 P.A.Cartledge and F.D.Harvey（P.A. 卡特利奇和 F.D. 哈维）编，*CRUX：History of Political Thought*（《核心问题：政治思想史》），第 6 卷，第 1、2 期，学术出版社，第 265—297 页。

Mattingly，H.B.（H.B. 马丁利）（1968），"Athenian finance in the Peloponnesian War"（伯罗奔尼撒战争时期的雅典财政），*Bulletin de Correspondance Hellenique*（《古希腊通信通报》），第 92 卷，第 2 期，第 450—485 页。

Meikle，Scott（斯科特·梅克尔）（1979），"Aristotle and the political economy of the polis"（亚里士多德和城邦的政治经济学），*Journal of Hellenic Studies*（《希腊研究杂志》），第 99 卷，第 57—73 页。

Michell，H.（H. 米歇尔）（1957），*The Economics of Ancient Greece*（《古希腊的经济学》），巴恩斯和诺布尔出版公司。

Miller，Richard W.（理查德·W. 米勒）（1992），"Marx and Aristotle：A Kind of consequentialism"（马克思和亚里士多德：一种结果主义），载 George E. McCarthy（乔治·E. 麦卡锡）编，*Marx and Aristotle*（《马克思和亚里士多德》），罗曼－利特尔菲尔德出版社，第 275—302 页。

Millet，Paul（保罗·米利特）（1990），"Sale，credit and exchange in Athenian law and society"（雅典法律和社会中的销售、信用和交换），载 Paul Cartledge, Paul Millett and Stephon Todd（保罗·卡特利奇、保罗·米利特和斯蒂芬·托德）编，*Nomos: Essays in Athenian Law，Politics and Society*（诺莫：雅典的法律、政治和社会论文集》），剑桥大学出版社，第 167—194 页。

Moravcsik，Julius（朱利乌斯·莫拉维斯克）（2000），*Plato and Platomism*（《柏拉图和柏拉图主义》），布莱克维尔出版社。

Morris，Ian（伊安·莫里斯）（2004），"Economic growth in ancient Greece"（古希腊的经济发展），*Journal of Institutional and Theoretical Economy*（《制度和理论经济学杂志》），第 160 卷，第 4 期（12 月），第 709—742 页。

Morrow，Glenn R.（格伦·R. 莫罗）（1993），*Plato's Cretan City*（《柏拉图的克里特城》），普林斯顿大学出版社。

Nagle，Thomas（托马斯·纳戈尔）（1980），"Aristotle on eudaimonia"（亚里士多德论快乐），载 A.O. Rorty（A.O. 罗蒂）编，*Essays on Aristotle's Ethics*（《亚里士多德伦理学论文集》），加利福尼亚大学出版社，第 7—14 页。

Ober，J.（J. 奥博尔）（1989），*Mass and Elite in Democratic Athens*（《民主制雅典的大众和精英》），普林斯顿大学出版社。

Oliver，G.J.（G.J. 奥利弗）（1995），*The Athenian State under Threat: Politics and Food Supply，307 BC to 299 BC*（《受到威胁的雅典国家：公元前 307 到前 299 年的政治和食物供应》），博士论文，牛津大学出版社。

Osborne，Robin（罗宾·奥斯邦）（1985），*Demos: The Discovery of Classical Athens*（《德莫：古典时代雅典的发现》），剑桥大学出版社。

——（1991）"Pride and Prejudice，sense and subsistence：Exchange and society in the Greek City"（傲慢与偏见，理智与生存：希腊城市的交换和社会），载 John Rich and Andrew Wallace-Hadrill（约翰·里奇和安德鲁·沃勒斯－哈瑞尔）编，*City and Country in the Ancient World*（《古代世界的城市和国家》），劳特利奇出版社，第 119—145 页。

Polanyi，Karl（卡尔·波兰尼）（1968），"Aristotle discovers the economy"（亚里士多德发现经济），载 George Dalton（乔治·达尔顿）编，*Primitive，Archaic and Modern Economies. Essays of Karl Polanyi*（《原始的、古代和现代的经济。卡尔·波兰尼论文集》），双日出版公司，第 78—115 页。

Pomeroy，Sarah B.（萨拉·B. 波默罗伊）（1975），*Goddesses，Whores，Wives，and Slaves*（《女神、妓女、妻子和奴隶》），肖肯图书公司。

——（1994）*Xenophon Oeconomicus*（《色诺芬的〈经济论〉》），牛津大学出版社。

——（1997）*Families in Classical and Hellenistic Greece*（《古典时代和希腊化时代的希腊家庭》），牛津大学出版社。

Pomeroy，S.B.，S.M. Burstein，W. Donlan and J.T. Roberts（S.B. 波默罗伊、S.M. 布尔施坦、W. 顿兰和 J.T. 罗伯茨）（2004），*A Brief History of Ancient Greece*（《古代希腊简史》），牛津大学出版社。

Popper，Karl R.（卡尔·R. 波普尔）（1963），*The Open Society and Its Enemies*（《开放社会及其敌人》），第 1 卷，哈珀火炬丛书。

Pritchett，W. Kendrick，Anne Pippin（W. 金德里克·普里切特和安妮·皮平）（1956），"The Attic Stelai：Part II"（阿提卡债碑：第二部分），Hesperia（《赫斯皮里亚》），第 25 卷，第 3 期（6 月—9 月），第 178—328 页。

Raaflaub，Kurt A.（库特·A. 拉夫劳伯）（1994），"Democracy，power，and imperialism in fifth-century Athens"（公元前 5 世纪雅典的民主制，权力和帝国主义），载 J.P. Euben，J.R. Wallace and J. Ober（J.P. 欧本、J.R. 沃勒斯和 J. 奥波尔）编，*Athenian Political Thought and the Reconstruction of Athenian Democracy*（《雅典政治思想和雅典民主的重构》），康奈尔大学出版社，第 103—146 页。

Raepsaet，George（乔治·拉普赛特）（1973），"A Propos de l'utilisation de statistique en demographie grecuqe. Le nombre d'enfants par famile"（关于古希腊人口研究中统计学的使用问题。家庭中的子女人数），*L' Antiquite Classique*（《古典古代》），第 42 卷，第 536—543 页。

Rawls，John（约翰·罗尔斯）（1971），*Theory of Justice*（《正义论》），哈佛大学出版社。

Rhodes，P.J.（P.J. 罗德斯）（1982），"Problems in Athenian *Eisphora* and Liturgies"（雅典战争税和捐助的诸问题），载 *American Journal of Ancient History*（《美国古代历史杂志》），第 7 卷，第 1 期，第 1—19 页。

Robbins，Lionel（莱昂内内·罗宾斯）（1984），*An Essay on the Nature and Significance of Economic Science*（《论经济科学的性质和意义》），麦克米伦出版公司。

Sakurai，Mariko（樱井真理子）（1992），《古代希腊的妇女》（日文），中公新书出版社。

Scarre，G.（G. 斯卡瑞）（1996），*Utilitarianism*（《功利主义》），劳特利奇出版社。

Scheidel，Walter（沃尔特·沙伊德尔）主编（1998），"Addendum to 11.Grain for Athens"（附录至 11. 雅典的谷物），载 Peter Garnsey（彼得·伽恩西），*Cities, Peasants and Food in Classical Antiquity: Essays in Social and Economic History*（《古典古代的城市、农民和食物：社会和经济史论文集》），剑桥大学出版社，第 195—200 页。

Sealy，Raphael（拉斐尔·西利）（1993），*Demosthenes and His Time*（《德摩斯梯尼和他的时代》），牛津大学出版社。

Sen，A.K.（A.K. 森）（1977），"A critique of the behavioural foundations of economic theory"（理性工具：经济学理论的行为基础批判），载 *Philosophy and Public*

Affairs（《哲学和公共事务》），第 6 卷，第 4 期，第 317—344 页。

Starr，Chester G.（切斯特·G. 斯塔尔）（1991），*A History of Ancient World*（《古代世界的历史》），牛津大学出版社。

Ste Croix，G.E.M. de（G.E.M. 德圣克鲁瓦）（1966），"The estate of Phainippus"（法尼伯斯的庄园），载 E.Badian（E. 巴迪安）编，*Ancient Society and Institutions: Studies Presented to Victor Ehrenberg*（《古代社会与制度：献给维克托·埃伦伯格的学术研究》），牛津大学出版社，第 109—114 页。

Stockton，David（大卫·斯托克顿）（1990），*The Classical Athenian Democracy*（《古典时代雅典的民主制》），牛津大学出版社。

Stone，I.F.（I.F. 斯通）（1988），*The Trial of Socrates*（《苏格拉底的审判》），小布朗出版公司。

Strauss，Bary S.（巴里·S. 斯特劳斯）（1991），"On Aristotle's critique of Athenian democracy"（论亚里士多德对雅典民主制的批评），载 Carnes Lord and David K. O'Connor（卡恩斯·洛德和大卫·K. 奥康纳）编，*Essays on the Foundations of Aristotelian Political Science*（《亚里士多德政治科学的基础论文集》），加利福尼亚大学出版社，第 212—213 页。

Urmson，J.O.（J.O. 厄姆森）（1988），*Aristotle's Ethics*（《亚里士多德的伦理学》），布莱克维尔出版社。

van Wees，Hans（汉斯·凡维斯）（2000），"the city at war"（战争中的城市），载 Robin Osborne（罗宾·奥斯邦）编，*Classical Greece*（《古典时代的希腊》），牛津大学出版社，第 81—110 页。

Vlastos，Gregory（格里高利·弗拉斯托斯）（1991），"Socrates contra Socrates in Plato"（柏拉图著作中的苏格拉底对抗苏格拉底），载 *Socrates: Ironist and Moral Philosopher*（《苏格拉底：反讽家和道德哲学家》），康奈尔大学出版社，第 45—80 页。

Weil，Simone（西蒙尼·威尔）（1987），*Intimations of Christianity among the Ancient Greeks*（《古希腊人中对基督教的暗示》），方舟出版社。

Whitby，Michael（米歇尔·维特比）（1998），"The grain trade of Athens in the fourth century BC"（公元前 4 世纪雅典的谷物贸易），载 Hellen Parkins and Christopher Smith（海伦·帕金斯和克里斯托弗·史密斯）编，*Trade, Traders and the Ancient City*（《商业，商人和古代城市》），劳特利奇出版社，第 102—128 页。

Wolin，Sheldon S.（希尔顿·S. 沃林）（1994），"Norm and form：The constitutionalizing of democracy"（规范与形式：民主的制度化），载 J.P. Euben，J.R. Wallace and J. Ober（J.P. 欧本、J.R. 沃勒斯和 J. 奥博尔）编，*Athenian Political Thought and the Reconstruction of Athenian Democracy*（《雅典政治思想和雅典民主的重构》），康奈尔大学出版社。

Wood，Michael（米歇尔·伍德）（1985），*In Search of the Trojan War*（《追索特洛伊战争》），新美国图书馆出版社。

索 引

（词条中的页码为原书页码，即本书边码）

utilitarianism 功利主义 xiv，158；行为
164；亚里士多德和～124，135；
边沁和～158；批评165—166；密
尔和～160—165；柏拉图和～vii，
123；苏格拉底和～128；统治164

utility 效用 x，57，60；亚里士多德
151—153，158；边沁158—159；
批评165—168；埃奇沃思152—
153；康德163；最大化 xiv，58，
128，166—167；密尔160—165；
森168

utility theory of value 价值的效用理论
151—153

Ventris，Michael 迈克尔·文特里斯 4

wages 津贴：参加公民大会72；议事会
72，法庭73；军队73—74；公职
73；剧院73；福利73

wall paintings 壁画4

wars 战争：科林斯战争（公元前395—
前387年）10，173；拉米亚战
争（公元前323—前322年）11；
马其顿战争49—50；伯罗奔尼撒
战争（公元前431—前404年）
7—8，19，20，27，28，49，97；
第二次布匿战争（公元前201年）
12；同盟战争（公元前357—前
355年）10；特洛伊战争6

wealth 财富18，106—107；亚里士多德
155；夸耀52；隐藏53；义务52，

54；分配93；估算108；财富的
数量108；法尼普斯和～64；色
诺芬118

Wealth of Nations（Smith）《国富论》
（斯密）60，138—140

Weil，Simone 西蒙尼·威尔122—123，
125，145，162，166

wine 酒66，86

Wolin，S.S. S.S.沃林48，49

women 妇女：阿里斯托芬24—25，26；
亚里士多德25—26，137；德摩斯
梯尼和～25，26；嫁妆26，31，
148；教育21，26；希罗多德和～
25；吕西阿斯和～23—24，26；
作为神谕15；米诺斯社会4；和
伯利克里的法规24，25；柏拉图
24—25，148—149；伪亚里士多
德26；地位23—26；修昔底德
和～25；和工作19，25；色诺芬
24，25，26，118，156

workshop 匠铺25，65；工匠60；规模
34；拥有奴隶29；亦见 factories

Xenophon 色诺芬：和经济学 xii；论爱
36；《回忆苏格拉底》9—10，59，
65，79；《经济论》24，25，26，
28，59，117—119，143；论苏格
拉底9—10，19；《雅典的收入》
xii，50，59，85，119

Zen Buddhism 禅宗122，133

译后记

这是一本颇具特色的古希腊经济史和经济思想史著作。作者雨宫健（Takeshi Amemiya，1935—）先生是一位日裔美国学者，斯坦福大学著名的计量经济学家。在他五十多岁的时候，为了研读古希腊的著作，开始学习古希腊文。后来，为经济系的学生开设了"古希腊的经济与经济学"这门课。2007年出版了这本薄薄的小书，实际上是他为该课程编写的讲义修改而成。

关于本书的特点与价值，我想从三个方面谈一点粗浅的认识。

第一，本书最鲜明的特色，就是跨学科的研究方法和贯通古今的对话意识。作者在利用现代经济学的理论和方法，对古希腊的经济和经济思想进行考察和分析的同时，也努力吸收和借鉴近些年来西方古典学界对古希腊的历史、哲学和伦理学等相关领域的研究成果，并力图在直接研读希腊古典著作的基础上提出自己的观点。应该说，这种跨学科的研究难度很大，国内外的此类著作并不多见。通过这项新的综合研究，作者试图说明，与现代社会不同的是，古希腊人的经济生活既不是独立发展的，更不是一种占据主导地位的社会活动，而是附属于当时的政治、军事、宗教、哲学、伦理道德等非经济领域，或服从于它们的需要，或受到其强烈的影响。不过，这并不妨碍我们对古代社会的经济状况做出科学的分析和系统的考察。作者认为，把古希腊人的经济生活和经济思想放回到当时的历史和时代背景中去看待，是一种合理的"回归"和"复原"；与此同时，作者力图找到古人和今人的接合点，并展开跨时空的交流。可以说,作者对作为现代经济学的伦理学基础的功利主义思想所进行的种种反思和批判,正是建立在从古希腊人的经济生活和经济思想中获得的启示的基础上,这些启示在一定程度上有助于生活在以经济活动为中心的现代人解决种种困惑。

第二,本书涉及古希腊经济史研究的重大学术问题,计量经济学方法的全面运用是一大亮点。尽管本书涉及的内容十分广泛,但作者讨论的中心问题是古希腊的经济属性问题,即古希腊文明是农业文明还是工商业文明。该问题自19世纪末德国学者提出之后,100多年以来,在西方受到了经济学界、古典学界、历史学界和社会学界等多个学科领域的广泛关注,包括马克斯·韦伯、卡尔·波兰尼、M.罗斯托夫采夫、M.I.芬利在内的很多著名学者,都直接或间接地参与了该问题的讨论,其主流观点几经变化,对立双方的争论延续至今。雨宫健先生的这本著作正是西方学术界近年来对这个问题进行讨论的最新的研究成果之一,计量经济学方法的引入也使本书成为最具特色的研究之一。尽管古代社会缺乏较为完整的和可靠的统计数据,但作者在尽可能多地收集和分析已有数据的基础上,运用科学的计量方法,绘制出一幅关于雅典经济结构和运行模式的较为完整的图景。笔者认为,不论作者的结论如何,成功与否,对于上述问题的讨论无疑提供了一种新的维度。

第三,虽然本书的研究对象是古代希腊,撰写目的主要面对欧美学生和学界,但对中国学者来说,无疑也具有一定的启发意义和参考价值。近年来,古希腊历史的研究在我国取得了较快的发展,其中,古希腊的经济属性问题也成为一个关注的热点。据笔者粗略统计,从20世纪80年代以来,直接或间接涉及该问题的学术论文多达数十篇,专著多部。在中国的外国史研究中,这样的"拳头问题"并不多见。与古希腊相仿,古代中国不但有着发达的工商业,留下了丰富的经济史资料,对经济活动本身也有很多深入的思考,这方面的研究很多,争论和问题也不少。值得注意的是,与西方学界关于"古希腊的经济属性问题"的争论相仿，"中国古代的重农抑商问题"也得到了长期的关注和讨论，而且，中西方这两大史学研究课题还呈现出很多相似和相通之处。[*]究其原因，笔者认为，是由于古代世界各个文明的经济生活既有一些共同的特点和发展规律，也不乏地区的或区域的特色。这种"同中有异、异中有同"的状况为历史的比较研究提供了可能性和广阔的空间。在这个意义上，本书的译介不仅可以加深我们对这个问题在西方学界进展情况的了解，推动国内的相关研究，而且对中国古代的社会经济史和经济思想史的研究也提供了一个很好的参照物。

笔者和雨宫健先生的结识十分偶然。2006年，就在雨宫健先生这本著作出版的前一年，由我的博士论文修改扩充而成的专著《本与末——古代中国与古代希腊经济思想比较研究》由商务印书馆出版。2010年6月，我收到了雨宫健先生从美国发来的电子邮件，信中说他从学生那里知道了我的这本书，很想与我取得联系。没过多久，他就把这本书邮寄给我。起初我并不了解雨宫健先生的学术背景，后来才知道，他是一位世界著名的计量经济学家。之所以主动联系我，不仅是因为我们在古希腊的经济史和经济思想上有着相近的研究兴趣，而且，继古希腊文之后，他正在刻苦学习中文，尤其是中国的古文，准备就古代希腊和古代中国的经济和经济思想进行一些比较研究。

2011年10月，雨宫健先生专程从美国来到北京，在我任职的中国人民大学历史学院为师生们做了一场题为"古代中国与古代希腊的经济和经济学"的学术讲座，不仅吸引了很多本专业的学生，还有不少其他专业和外校的同学慕名而来。在短短一周的时间里，我陪他参观和游览了一些博物馆，也谈了很多各自感兴趣的话题，这次见面让我得以近距离接触并了解了雨宫健先生。他个子不高，目光炯炯有神，话虽然不

---

[*] 参看拙著：《本与末——古代中国与古代希腊经济思想比较研究》，商务印书馆，2006年，第2—5页。

多，但逻辑清晰，简洁明了，一如本书的风格，显现出计量经济学家的做派。他操一口流利而标准的美式英语，不太会讲中文，但十分热爱中国文化，尤其喜爱唐诗，而且还能写上几首古体诗。从谈话中透露出，除了给学生授课之外，雨宫健先生目前还有很多新的研究计划正在展开，七十几岁的他仍旧思维敏捷，精神矍铄，健步如飞，一个人拎着一个小旅行箱往返于世界各地，这样的精神头儿和充沛的学术热情真的很令人佩服。

此后，我们一直保持着邮件的往来。在我提出想把他的这本书翻译成中文的时候，他欣然应允，并撰写了中文版序言。在这里，对雨宫健先生的支持和帮助表示感谢，祝他健康长寿，并期待新作早日问世。

最后，感谢商务印书馆的杜廷广先生为本书的翻译和出版提供的大力帮助。感谢青岛的丁方先生提出的一些数据和计算上的修正。由于译者在语言和专业知识上的种种局限，一定还存在不少问题，希望得到各位专家和读者的批评指正。

王大庆

2018 年 3 月

图书在版编目（CIP）数据

古希腊的经济与经济学 /（美）雨宫健著；王大庆译.
—北京：商务印书馆，2019
（古典文明译丛）
ISBN 978-7-100-17140-3

Ⅰ.①古… Ⅱ.①雨…②王… Ⅲ.①经济史－古
希腊 Ⅳ.① F154.592

中国版本图书馆 CIP 数据核字（2019）第 037062 号

古典文明译丛
古希腊的经济与经济学
〔美〕雨宫健　著

王大庆　译

商 务 印 书 馆 出 版
（北京王府井大街 36 号　邮政编码 100710）
商 务 印 书 馆 发 行
北 京 冠 中 印 刷 厂 印 刷
ISBN 978-7-100-17140-3

2019 年 7 月第 1 版　　　开本 710×1000　1/16
2019 年 7 月北京第 1 次印刷　印张 19¼

定价：55.00 元